制造业投入服务化创新路径探究

沈 飞 著

上海交通大學出版社

内容提要

随着市场竞争的日趋激烈，制造产业的发展转型面临日益显著的要素制约等问题，但制造业同时也在发展过程中分化出投入和产出的服务化倾向，逐步融入制造业的知识主体研发、技术创新、生产网络以及市场竞争与营销等环节及路径，实现过程创新，特别是基于以上环节或路径的投入服务化创新，有别于传统意义形态上的追赶式创新的“整体物化”本质，从而具有独特的创新绩效推动力。本书旨在梳理制造产业借助投入服务化实现过程创新的可行机理，从贸易开放、技术研发、组织生产协同网络等角度剖析投入服务化与制造业创新的内在关联规律，从中提炼出改善制造业创新绩效的有效路径，并结合我国制造业参与全球价值链竞争现实，形成投入服务化创新路径基础上的制造业创新战略体系，以期为我国制造业在经济新常态背景下实现有效结构转型创新提供思路借鉴与对策参考。

图书在版编目(CIP)数据

制造业投入服务化创新路径探究/沈飞著. —上海：上海交通大学出版社，2015
ISBN 978-7-313-13142-3

Ⅰ.①制… Ⅱ.①沈… Ⅲ.①制造工业—服务经济—研究 Ⅳ.①F407.4

中国版本图书馆 CIP 数据核字(2015)第 121718 号

制造业投入服务化创新路径探究

著　　者：沈　飞
出版发行：上海交通大学出版社　　地　　址：上海市番禺路 951 号
邮政编码：200030　　电　　话：021-64071208
出 版 人：韩建民
印　　制：当纳利(上海)信息技术有限公司　　经　　销：全国新华书店
开　　本：710mm×1000mm　1/16　　印　　张：19.75
字　　数：351 千字
版　　次：2015 年 6 月第 1 版　　印　　次：2015 年 6 月第 1 次印刷
书　　号：ISBN 978-7-313-13142-3/F
定　　价：49.00 元

本著作系
2015年浙江省社会科学界联合会研究课题
(编号:2015B096)结题成果
项目名称:浙江省知识密集型服务业创新扩散网络的结构测度及质量协同改进路径探究

2014年浙江省教育厅一般项目
(编号:Y201432018)结题成果
项目名称:浙江省生产性服务业与制造业产业互动发展环境质量测度及改善研究

2014年浙江省社会科学界联合会研究课题
(编号:2014B142)结题成果
项目名称:浙江省生产性服务业与制造业产业互动的环境质量测度及改进路径探索

绍兴市哲学社会科学研究“十二五”规划2015年度重点课题(编号:125532)结题成果
项目名称:绍兴纺织产业低碳生产效率评价与模式创新研究——基于投入服务化的视角

序

近一二十年来，制造业的服务化因成为后工业时代产业结构演化的突出特征而备受国内外学者的关注。呈现在我们面前的这本由浙江越秀外国语学院青年教师沈飞所撰写的《制造业投入服务化创新路径探究》，就是诸多积极探索制造业服务化性质、途径、绩效评价等问题的学术论著中的一个"新成员"。

按照相关学者的分析，制造业的服务化包含着制造业产出的服务化和制造业投入的服务化两个层面的含义。所谓制造业产出的服务化是指相关企业不仅向客户提供有形的产品，而且还提供诸如"成套解决方案"之类的后续服务，从而使客户在购买了该公司的产品后不必为如何解决不同供应商产品服务组件的配合问题而伤脑筋。通过提供各种"一揽子"、"一站式"服务，可使客户能够根据需要随时运用各种预案解决其使用过程中出现的各种问题，从而大大减轻客户的负担和风险。制造企业在这一服务化过程中也实现了价值链环节的延伸和利润空间的拓展。

所谓制造业投入的服务化，从本质上来讲就是作为中间投入品的生产性服务的特性和功能在制造业主体生产与竞争过程中不断凸显和强化的过程。由于制造业企业所面临的需求多样化压力越来越大，由此而导致的竞争强度越来越大，所以将业务边界进一步向具有核心能力的领域收缩和追求更高水平的专业化经营，便成为企业寻求竞争优势的一种带有普遍性意义的重要的战略选择。在这种战略选择的引导下，不少原先作为企业内部价值链环节的研发、设计、财会、营销、咨询等服务职能逐步被分离了出来，而转由其他独立的市场主体去加以运作，由此便形成了相对独立的生产性服务业。显然，生产性服务这种由"内在化"向"外在化"演进的趋势，是专业化分工逐步细化、市场化水平不断提高的必然结果。或者换句话说，生产性服务业的发展是人类社会分工深化的重要结果之一。反过来，生产性服务业的发展又使得制造企业在逐步专业化于生产的同时，获得了更多地从外部市场“购得”研发、设计、会计、金融、营销、物流、信息咨询、设备租赁维修等专业服务的可能，以实现生产性投入的服务化。于是，在制造业企业购入的“中间投入品”中，像零部件、半成品这样的传统的物质性产品的比重就变得越来越小，而上述那些研发、设计、会计、金融、营销、物流、信息咨询、设备租赁维修等方面的服务性“产品”比重就越来越大。由此也可以认为，所谓制造业投入服务化的过程也就是制造业企业向外部市场购入的服务性“中间投入品”比重越来越大的过程。由于从外部获取生产性服务不但成本往往更低，而且在服务的专业性、多样性、便捷性、系统性、可靠性等方面也往往表现更佳，因此学会更多、更好地从外部市场获得各种生产性服务，并在生产和贸易竞争实践中，以资源、人力资本尝试与购进服务的衔接、学习和创新，无疑成了制造业企业提升其竞争优势的重要途径。同时，构建一个使制造业企业能够更加方便地从外部市场购买各种所需服务并逐步实现创新的经济社会环境也就成了一国一地区提升其制造业竞争优势的重要举措。

沈飞的这本《制造业投入服务化创新路径探究》将研究的视角锁定在“制造业投入服务化”这个制造业服务化的重要侧面，并且集中探讨“制造业投入服务化的创新路径”这样一个话题。应该说，这样一个研究视角是颇具挑战性的。做出这种选择既显示了作者较强的学术研究敏感性，也显示了作者积极探索新问题的学术追求。

《制造业投入服务化创新路径探究》一书对制造业投入服务化创新问题展开了多方位的、具有一定深度的探究。首先，基于制造业投入服务化创新区别于一般意义产业创新的特点、动因与条件分析，本书探讨了制造业通过投入服务化实现创新效能改善的相关机理，进而分析了我国制造业通过投入服务化实现这种创新效能改善的可行性；其次，本书在充分认识我国制造业市场竞争现状与对外贸易格局的基础上，剖析并测度了我国制造业投入服务化与FDI引入、外商企业创新研发活动之间的互动性；同时，本书深入分析了在不同贸易参与程度下我国制造业投入服务化创新绩效的空间异质性，并就人力资本等创新要素投入对制造业投入服务化创新绩效差异的影响进行了验证；在综合各种创新路径关联验证与对策分析的基础上，本书就制造业投入服务化如何依托国际贸易和全球价值链生产协作机制，实现有效创新的相关路径问题展开了研究；最后，本书对我国制造业投入服务化创新的政策匹配及动态调整做了比较深入的探讨。应该说，本书的出版对于推进我国制造业投入服务化创新的理论研究和实际工作都有很大的积极意义。

作者在书中做出了以下几点值得关注的强调：①后工业时代制造产业的创新发展越来越显示出对劳动力投入和规模效应以外的技术创新、管理创新等因素的依赖，即对研发创新投入、制度环境创新和市场融入创新等服务化创新的依赖；②服务化要素的投入有利于解决制造业物质要素投入趋紧的问题；③制造业投入服务化的加深，将推动知识生产创新投入，特别是人力资本投入对制造业投入服务化发挥更为突出的效能；④网络协作形态的服务化投入创新既是制造业投入服务化创新的一种更具潜力的形式，也是一个更值得深入挖掘的领域。通过网络协作各方恰当应对相关协作创新风险，将有望获取更高水平的投入服务化创新绩效；⑤在贸易路径下实施制造业投入服务化创新是实现开放型制造业高效转型的关键；⑥我国目前服务化性质的技术创新研发要素投入对整个产业的创新带动作用有待加强，制造业投入服务化创新尚有很大的提升空间；⑦应充分注意我国在制造业投入服务化创新方式和路径选择方面的空间异质性。可以认为，这些强调无论对于企业还是政府有关部门都有一定的参考借鉴价值。

面对制造业投入服务化这样一个重要的产业结构调整和产业组织形态变化的命题，作为一个制造业大国，中国理应积极跟进、有所创新和力争后来者居上。而这种跟进、有所创新和力争后来者居上的创新方式有效实现的重要前提条件之一就是理论工作者相应的理论创新。应该说，这本《制造业投入服务化创新路径探究》正是作者为实现这种理论创新所作的积极、有价值、付出了巨大努力的大胆尝试的结晶。

当然，书中也存在着某些有待改进提高之处。但可以充分相信，在后续的研究中，作者会为实现这种改进与提高做出不懈的努力。

作者是我到浙江越秀外国语学院国际商学院工作数年来所接触的该校诸多优秀青年教师中的一个。作者近年来刻苦钻研、积极申报、成功主持并结项多项科研项目和陆续有系列研究论文发表的学术成绩，奠定了本书的研究基础，而在承担繁忙教学工作和一定行政工作的同时，有如此丰硕的成果产生，足见作者的勤奋、刻苦与执著。作者对科研工作的倾心投入与热爱令我感动，能为其作序我深感荣幸。

在此，我由衷地希望越秀外国语学院，尤其是我所在的国际商学院的青年教师有更多的科研成果问世。同时我也相信，越秀外国语学院，尤其是我所在的国际商学院的青年教师一定会有更多的科研成果问世。

吴解生
于浙江越秀外国语学院中小微企业发展研究所
2015 年 3 月

序二

作为我国经济推进器的重要产业——制造产业，其发展也正面临着产能扩张与增值的目标遭遇资源等要素瓶颈的问题，以及要素运用过程中的效能等方面的综合考验；而我国制造产业在技术追赶过程中的自身创新意识、创新方式与研发模式受诸多因素影响，又进一步产生了对相当数量的制造企业通过技术革新获取创新绩效的制约，使得制造产业创新升级面临诸多难题。

随着制造产业的生产进步和贸易出口增长，发展中国家民众在劳动报酬、生活和消费水平等方面获得了显著提升，原先受制于农产品需求首先满足的产品供给限制条件逐步减少，促成了需求多元化背景下的相应服务产业的分化；在进一步的产出效能提升过程中，产业产出增长以及获利效率的进步又导致了市场对制造产品需求先上升后下降的变动，进一步推进了以制造产业融合为主要特征的服务化要素的产业内专业分化，而后在进一步参与制造业生产的过程中，服务化要素扮演成制造生产参与、融合的角色，基于报酬规模获得逐步的规模化增长；在这一过程中，制造产业进一步融合服务化要素投入其再生产实践，也逐步获得了包含生产前端设计、研发创新以及市场创新服务在内的多项、多环节的创新学习的机会，并逐步获取开放经济状态下的“技术溢出”效益红利。相应地，要素在制造业投入的服务化过程，也推进了服务业对知识、信息等要素的汲取能力，使得其在与制造业投入生产融合的过程中，不仅形成了更高水平的产出以及产品的服务化凝结，而且形成了向制造业生产与市场竞争投入过程的进一步融合，而这种融合在解决制造业资源以及要素趋紧问题的同时，给予制造产业更多的、有别于“物化”技术累积创新之外的、更具选择可能的投入与自主式创新尝试的机会，这对于我国以及广大发展中国家，乃至全球制造产业是至关重要的。因此，依托投入服务化创新的资源、要素组合模式和创新路径，实现制造产业的投入服务化创新，更是推进我国制造产业在当前及后续阶段的国际市场创新竞争能力优化的必行创新之路。

无论是从克拉克森、植草益、斯蒂格勒、泰勒尔以及卡尔顿等相关原版经典作品的引进，还是20世纪90年代以来全国范围内开展的国有企业制度改革实践，产业经济的进步都包含并经历着生产实践革新与学术理论探讨的交织和深化，充满着浓郁的产学研色彩。然而，立足工业化后期的当前中国产业经济，无论是当下纷纷热议的工业4.0等产业发展趋势，还是围绕产业的研究型生产力推动、智力辅助与融入，都成为我国制造产业借助创新手段获得深化发展无法绕开的一个话题。在制造产业向融合了信息以及智力资本要素的复合化产业迈进的过程中，产业要素组合也逐步由购进服务化产品向产品制造的要素服务化转变，这就为制造业进一步以投入服务化获取创新提供了潜在机会，也是中国制造产业经济发展，乃至整个产业经济发展过程中难得的转型创新契机。

产业经济学是利用经济学原理，研究产业生产力发展规律的应用性科学。产业经济学的根本任务是发现产业发展的客观规律，制定适宜的产业政策，指导具体的经济实体的产业发展；无论是中国还是其他发展中国家都必将面临进一步的产业转型升级现实，而其中的创新方式革新以及创新能力与绩效的有效提升更是诸多产经研究问题中的焦点之一。在劳动力资源要素趋紧、产出效率以及报酬水平步入下行通道的背景下，整个制造产业也都将面临如何结合产业运行与生产及市场竞争机制，获取有效改进产业创新活动效能的问题。随着经济全球化的进一步深入，现代技术对传统制造产业的不断深入融合以及民众需求的多元化，制造产业生产方式也发生了深刻变革；不同于以往的生产组织形式，投入服务化对于制造产业的融合性创新，使制造业有机会实现从单纯产品或创新服务的购进，向投入过程性的创新模式以及生产、贸易的融合性实践的重大转变。

沈飞老师的这本专著，也正是基于制造产业这样一个接触世界经济发展前沿面较广的产业的发展现状，结合其本人近几年研究的累积与体会，在深入剖析制造产业服务化要素的投入组合创新的机理及可能性的同时，以当前我国制造产业的进出口贸易、全球竞争现实为基点，开展了制造业以投入服务化提升其创新研发与创新绩效能力的方式和创新风险规避等问题的实证研究。同时，值得欣慰的是，本书研究并没有简单地停留在针对现状剖析的机械化实证上，而是将研究创新落脚于结合制造产业投入服务化创新关键因素关联的对策改进的问题上。可以说，这种实证性质的剖析研究做到了有理和有力，也为读者、制造企业主体以及相关研究机构人员提供了进一步了解与思考制造业投入服务化创新的空间。

同时，我也观察到了这本著作在整个研究过程中对生产性要素扮演制造业创新转型过程中的创新联结角色的重视，在“十二五”规划即将收官和“深改关键年”——2015年充满期盼的春天，该书所做的研究无疑是对当前形势下我国创新性经济和转型升级战略的有益结合，更是对我国制造产业转型升级和深化创新的独到探索。面对书桌上沈飞老师的著作书稿，数载之前他前来我校求学的情形还历历在目，期间我与沈飞老师就产业技术创新相关问题进行过多次较有收效的交流。这本著作的问世，见证了他从前期调研、理论思考到研究方法验证等方面开展深入探求的学术精神。在此，我也鼓励并相信沈老师会坚持在这一领域的深化和拓展研究，并衷心祝愿他在我国经济步入新常态、加快实施创新驱动发展战略的时代大背景下不断实践产学研结合的科研探索，在今后的学术生涯中取得更大的成绩。

党兴华
于西安理工大学曲江校区创新研究中心
2015年4月

前言

随着经济全球化的进一步发展和产业革命的深化，以及中国经济逐渐进入新常态化阶段，我国制造业的发展转型面临更为严苛的要素制约问题。而同时，制造业的生产和竞争已经从对资源以及基础物资要素的投入依赖逐步转向了对服务要素依赖，这种趋势首先产生于战后诸多发达国家经济体内制造业对信息、咨询设计以及服务管理的服务要素引入，并逐步普及于经合组织各国。以IBM、施乐(Xerox)等企业为代表的制造生产方式，发生了包含服务化的革命性转变，并且这种趋势以更多流程化创新的倾向性选择，替代了传统的技术迁移的整体创新研发，推进了服务化要素对于制造业生产前向融合的普遍实现。伴随着服务化在制造业产业竞争与发展中的融合程度深化，逐步形成了投入与产出的服务化两个层次的重要转变。前者主要是指在制造业生产设计、研发、协调控制以及竞争合作过程中，以购进形式的服务来替代物化生产，后者主要是指在产品的市场拓展、产品售后等方面的服务内容购进。从创新角度而言，投入服务化本质上是服务形式要素购进的创新再内化，而产出服务化则主要倾向于创新推进和产业链延续的服务购进。不同于产业通过要素投入追加、引进消化吸收等传统技术创新的“整体物化”形式，制造业服务化在投入过程中的创新具有以“借力”过程化的学习、要素组合机制模仿、效率管理的迁移等形态特征，区别于一般意义上的制造业产业创新，是有崭新意义的。因此投入服务化在制造业创新过程中，更具有削减物质实体要素耗费程度和过程学习与创新效能提升的意义，这也是本书研究制造业投入服务化创新路径的出发点及动因。

制造业的投入服务化，不仅包含了整个产业对服务化需求的增长，还体现了外购服务要素在服务业内部的创新对制造产业的生产与经营绩效的溢出；而制造产业主体若能适时调整创新姿态与思维，以更能动化的内部组织管理、外部统筹协调迎接这一过程，将会从中获得基于服务业规模化、专业化分工带来的创新学习红利。

同时，就制造产业的发展现状来看，已经具备了以下投入服务化创新成形要素，分别是：

第一，物质前提，即现有产业的劳动力、资本要素累积已经为投入过程创新奠定了物质条件。

第二，模式比较优势条件，即制造业投入服务化通过在过程中“边购进、边学习、边创新”的模式，凸显其丰富多元的创新独特比较优势，不仅树立了有别于原始创新的一种崭新创新方式，也为广大发展中国家在创新过程中产生的现实矛盾带来了可行、层次丰富的创新实现解决机制。

第三，创新实现机制，尽管在服务化过程中，投产绩效相比原先物化的创新累积难以衡量，但为广大投入服务化创新实践主体提供了更丰富的技术创新效能提升空间，并且让制造业主体可以在创新过程中能动协调自身资源与组织管理、外部配套，而非技术创新追赶中的被动适应、自我调节。

以上三点预示着制造业具备了借助既有生产及贸易竞争机制，实现服务化要素购进式创新投入，获取创新绩效提升的丰富机遇及条件。这也是今后一段时间内制造业科学转型升级的关键。

本书在考察贸易交流、创新协同组织、外部投资及研发对我国制造业投入服务化创新的带动与绩效溢出作用规律时，一方面力争从理论和实证两个角度，结合实证与规范研究，剖析并探究我国制造业投入服务化借助上述渠道形成创新路径依赖的可行性及效应贡献。另一方面，争取在既有研究理论以及经验研究方面提炼出具有一定系统性的对策体系。为此，本书将分为五个部分，分层次探讨制造业投入服务化创新：

第一部分，包括第一、第二章。主要阐明了研究背景。第一章，导论。提出本书研究目的。通过系统的文献整理以及分析，指出了当前制造业投入服务化相关研究中存在的不足与可深化点。第二章，制造业投入服务化创新及其理论来源，主要阐明相关概念表述，梳理了支撑制造业投入服务化创新研发的相关理论，并针对制造业投入服务化过程中的制造产业、服务行业的产业要素融合机理开展了分析。

第二部分，包括第三、第四章。第三章，制造业投入服务化的知识生产研发创新，主要从宏观角度以研发投入、制度环境创新和市场融入的创新等知识生产研发创新所具备的能力条件为研究对象，分析了制造业投入服务化知识生产研发创新基本形态，以及官产学、产学研结合模式的知识生产研发产出效应；第四章，制造业投入服务化的技术研发路径与创新绩效，主要从中观角度剖析了制造业投入服务化在技术研发创新基础上的投产绩效，以及制造业借助知识生产、研发创新的模式，在投入服务化过程中形成的研发创新绩效提升。

第三部分，包括第五、第六章。第五章，制造业投入服务化的生产网络协同创新，主要验证并剖析了制造业生产组织网络及其内在的创新关联关系，从中提炼制造业投入服务化通过生产协同网络提升创新能力的对策；第六章，制造业投入服务化协同创新风险规避与预警，主要剖析了制造业在利用生产协作网络实现创新过程中所面临的风险及其规避问题，并在创新风险规避的需求以及应对决策分析与验证的基础上，针对制造业投入服务化生产网络协作中协作创新风险预警予以结构化解析。

第四部分，包括第七、第八章。第七章，制造业投入服务化贸易路径的创新及其溢出，开展了要素配置与贸易创新改进与制造业投入服务化借助这一路径的创新效应验证，并从中提取基于制造业贸易实践的投入服务化创新对策；第八章，制造业投入服务化的FDI路径创新，从资源配置效率变化率、技术进步率的角度验证了制造产业基于FDI路径方式的创新能力与效应提升关联，并提炼了相应对策。

第五部分，包括第九章、第十章。第九章，制造业投入服务化基于全球价值链路径的创新战略升级，在总结制造业知识生产与技术研发创新、协同创新及其风险规避、贸易与FDI及各主体生产创新效应与路径探究的基础上，结合制造业贸易生产与竞争网络等现状，探讨了制造业在下阶段以全球价值链竞争方式获取上述各类路径创新能力与效应提升的对策体系。第十章，对全书各篇章的关联验证结果与对策提炼等相关内容进行了归纳梳理，并提出了未来研究领域与深入研究的趋势。

经过验证与实证分析，本书研究总体上得出以下重要结论：

(1) 制造业投入服务化作为产业创新的一个重要标志，就是知识生产研发创新的要素集聚，通过知识生产研发创新，不仅关联着制造业投入服务化的知识生产研发创新投入的能力与绩效，也与制造业如何以相关要素组织生产，并进一步从贸易及生产竞争中获取创新绩效提升紧密关联。

(2) 随着进一步的投入服务化创新研发的展开，人力资本等要素提升了制造业投入服务化的创新能力，知识生产研发活动在产业绩效上的作用也逐步显现。但同时，我国制造业不得不面临投入服务化创新过程中的要素趋紧现实，应该通过现有生产协作网络进行基于贸易、协同等路径，获得投入服务化创新能力与绩效的提升。

(3) 我国制造业企业微观主体处于全球竞争的弱节点地位，外部竞争压力倒逼制造产业的知识生产研发创新，但投入服务化创新对资源要素的溢出效应低于技术、研发资本要素的效应，技术研发创新对于制造业在服务化要素的配置、组合的功能带动欠加强。

(4) 生产协同网络及其创新行为围绕创新环境以及制造业企业微观主体的创新协作能力，构成整个产业的协同创新能力层级差异，而创新风险在企业微观主体规模以及创新能力要素方面存在差异，以创新风险的自我抵御为主要态势的制造业，应该尝试通过协同创新进行贸易与生产竞争过程中的服务化要素投入的创新风险抵御。

(5) 进出口贸易路径具有制造业投入服务化后的研发创新效应及效应的空间异质性，制造产业在进一步通过贸易以及外商直接投资等路径实现学习和创新的同时，需要平衡这一过程中的资源以及要素配置问题，从而在融合服务化要素进行产业转型创新的同时，形成符合经济新常态要求的制造业新型发展模式。

由于笔者科研水平的局限，行文间难免有失偏颇，权当一家之言。若有粗疏之处，敬请批评指正，笔者真诚地希望在读者的批评和帮助中获得改进、再改进。

沈　飞
2015 年 2 月

目录

第一章

导　论

随着经济全球化的进一步发展和产业革命的深化，以及中国步入经济新常态，我国制造业的发展转型面临更严苛的要素制约。纵观全球，美国的先进制造业的产业规划、德国的工业 4.0 战略，其中的智能化工业生产，都将要素需求指向产业服务化，而其中的“智能生产”、“智能物流”，都特别强调了对于产业服务化的投入创新，这也进一步印证并凸显出其对于制造产业的产能、创新等方面的重要意义。针对我国经济新常态下的产业结构创新调整，以及全球价值链竞争压力与社会就业、人民生活需求改善等问题，国务院出台了《关于加快发展生产性服务业促进产业结构调整升级的指导意见》，并强调：要以产业转型升级需求为导向，引导企业进一步打破“大而全”、“小而全”的格局，分离和外包非核心业务，向价值链高端延伸，促进我国产业逐步由生产制造型向生产服务型转变：一是鼓励企业向产业价值链的高端发展；二是推进农业生产和工业制造现代化；三是加快生产制造与信息技术服务融合①。

可见，制造业的服务化转型不仅得到了世界各国的重视，而且也逐步成为我国制造业接轨世界经济以及贸易竞争的大趋势和必然创新方向，而这其中制造业投入服务化促使了更多产品价值凝聚，并分布于“微笑曲线”的两端，从而使得制造业在参与全球竞争的贸易、海外投资及相应过程中的创新得以被新的要素融入方式所激发，进而获得创新的收益。而我国制造业在要素服务化进程中的生产与贸易，同样吸引了外部的优秀创新理念与生产方式，在获得学习机会的同时，可以尝试新的服务化要素融合创新；借助于现有生产网络等组织配合方式，制造业主体间萌生新的要素协同，得以在服务化过程中提升自主创新以及全球竞争的能力。

从人类社会进步的角度来看，获得经济持续增长，增加民众收入，是一个永恒的经济目标。但从全球角度而言，随着资源要素供应趋紧，人类借以促进全球

---

① 国发〔2014〕26 号．国务院关于加快发展生产性服务业促进产业结构调整升级的指导意见[EB/OL]. http://www.gov.cn/zhengce/content/2014-08/06/content_8955.htm，2014-07-28.

各国各地区经济增长的动力要素，已不能也不允许局限于传统的劳动力以及物质形态的资本，然而对于广大发展中国家及地区而言，又在普遍意义上不具备发达经济体所掌握的，以数字化、网络化及高精尖科技等为代表的第三次工业革命等先进技术带来的充分要素红利特征。那么，是否存在一种基于现有技术和国际竞争及世界市场的生产及贸易格局，以进一步引入服务要素，获得技术逐步改善和创新能力提升的机制，并通过加快投入服务化的方式，形成新的、低资源要素耗费的经济增长与创新路径，这也是今后一段时间内，广大发展中经济体摆脱技术与要素供应效率以及环境治理瓶颈，形成新的产业生产与创新竞争所亟待思考的问题。

不过正如上文所说，从单个国家的角度来看，制造业的投入服务化因为包含了前端设计研发、产品研制、组织管理重组、市场营销服务体系等方面的优势，获得了与传统生产要素结合并在产业链两端延伸的机会；但对于发展中经济体而言，由于特定的产业经济增长方式与世界贸易格局现状，整个制造业结合了投入服务化要素的生产，不仅面临制造产品贸易的网络生产协作、贸易进出口以及外国直接投资（Foreign Direct Investment，FDI）甚至对外直接投资（Outward Foreign Direct Investment，OFDI）等路径，在国内或区域内复杂的服务化投入在要素配置与生产竞争等方面的问题，同时还面临发达经济体的多元投资方式对其产生的影响，而上述两类影响作用的力量共同作用于中国制造业，形象地说可谓是“腹背受敌”；当然，任何挑战的另一面便是丰富的机遇。因此，对于发展中国家的代表——中国而言，在复杂国际经济运行和国内经济新常态的双重背景下，进一步梳理出结合投入服务化的制造业创新思路，从中获得继续适应世界制造业产品经济与贸易格局竞争，以及资源约束要求的研发创新及要素配置的能力，是我国制造业产业进行科学、合理转型的关键。通过不同的创新路径，获取进一步的制造业投入服务化要素配置统筹协调能力，从中累积制造产业的创新能力以及组织网络的创新协调性，并获得源自出口、外商直接投资等渠道传递的服务化创新能力改进，这是我国制造业适应经济新常态要求，实现有效转型的侧重方向，更是我国以制造业投入服务化的创新带动新一轮稳健型经济增长发展的根本所在。2014 年 8 月，国务院围绕产业转型的服务化创新、全球价值链竞争的要素服务化参与配置、产业投入服务化及其与信息技术的融合等问题，正式作出全面部署，使得探究并实践制造业投入服务化创新及其路径具备了更丰富的环境条件与政策保障。

近些年来，有关制造业投入服务化的研究文献不断涌现。学界对部分国家或经济体的投入服务化与创新能力及绩效的研究表明，制造业投入服务化的创新不仅受经济体内部技术研发创新及周边创新关联主体的知识生产研发创新活动的影响，而且其创新能力的进一步提升还受制于经济体普遍存在的贸易活动和生产协作网络内部的创新协同行为，且投入服务化的创新能力、风险低御、创新绩效的积累与贸易活动以及外商直接投资等贸易渠道乃至制造业开放经济条件下的全球价值链体系之间，存在复杂的相互作用机制。然而，长期以来，我国制造业总体上独立自主研发创新的基础薄弱，影响了其通过与贸易各渠道互动，获得投入服务化创新能力的提升效率，诸多针对我国制造业以投入服务化方式挖掘产业既有贸易、生产协作、全球竞争条件以及内部技术创新研发、协同创新、联合性质的知识生产研发路径创新能力与绩效的研究，尚处于探究阶段。同时，对于上述各渠道研发创新投入所带动的我国制造业投入服务化创新提升的幅度、关联性及其效应类别等方面的研究，尚未引起足够的重视；为此，本书力争对上述各方面问题作出理论、实证以及对策方面的探讨。

第一节 问题的提出及研究目的

本书的研究动机主要源于笔者在硕士学习和执教期间所做的有关我国产业创新与技术增效方面的研究、部分空间计量经济分析研究以及长期以来笔者对我国产业经济创新实践与创新能力关联及创新绩效增长源泉的思考。而该项研究最终得以顺利完成，则主要得益于笔者有机会主持 2014、2015 年度浙江省社会科学联合会研究项目、浙江省教育厅项目以及绍兴市“十二五”规划 2013、2015 年度重点课题等项目。在这些研究的前期调研及研究开展和样本改进实践的进一步调研过程中，笔者意识到以前做的一些有关产业技术创新方面的理论与实证研究，忽略了一些非常重要的创新增效要素与改进方式结合的思考，从而导致没有从基于要素配置、关联关系、创新绩效等方面的验证与改进加以统筹研究，并进一步开展针对性的探索，疏理创新研发技术增效的路径。

制造业的生产和竞争已经从资源以及基础物资要素的投入依赖转向了服务要素依赖，制造业的服务化趋势首先产生于战后诸多发达国家经济体的制造产业对信息、咨询设计以及管理过程中的服务要素引入，并逐步普及于经合组织各国。制造产业在创新类型的选择上，以成本导向的倾向性替代了传统意义上的技术创新，而这种倾向性在发展中国家的制造产业中尤为显著。同时，随着制造业服务化的深化，制造产业逐步形成了投入与产出的服务化两个重要层次，分别服务于制造产业的生产设计、研发、统筹协调，以及后向的市场竞争与营销的创新，这也使得服务化在整体上区别于传统意义形态的“整体物化”的追赶式创新，制造业主体可以在服务化要素的投入过程中，充分结合自身优势，进行选择性的购进要素创新模仿、学习与技术创新迁移，且这种创新过程不仅仅局限于产品本身，也包含购进服务化要素所对应的组织管理和机制，从而以进一步的成本削减优势，提升了制造业产业主体的贸易与市场竞争力。从某种意义上讲，对于发展中国家的制造产业而言，若能充分挖掘现有生产以及贸易过程中的服务化要素创新信息，实施最大程度的“去物化”创新，将会获得技术创新追赶之外的结构性生产力提升，这也是本书研究制造业投入服务化创新路径的落脚点。

而从现今阶段的制造业的发展来看，无论是发达国家还是发展中国家，都越来越倾向于以流程环节的创新，而非纯粹实体化的技术“整包”跟随策略来实现自身的创新效能提升。其中的投入服务化，在推进企业乃至整个产业在国际市场上的产品接受度与竞争能力方面具有相对优势；当然，通过投入服务化的效率改进提升制造业总体生产效率，也可以成为制造业今后市场竞争的重要对策路径，而这都离不开本书所研究的制造业投入服务化。

学术界针对制造业投入服务化及其创新能力和绩效方面的研究，也有相应的实证和理论方面的探讨，但既有研究集中于制造业投入服务化创新与产出间的绩效关联验证，但忽略了产业所获产出绩效的受制因素，特别是其所对应的创新研发因自身要素配置能力、贸易以及 FDI 和全球价值链竞争渠道的外部交流差异而受到的创新绩效影响作用，未在理论和实证方面作为一个关键要素得以被重视。而现阶段针对我国制造业在投入服务化过程中进行创新的理论探索与实践尝试，同样存在以下不足：

第一，尚未重视或者尚未将空间分析视角引入到制造业投入服务化创新研究的细分领域，既有研究重视了制造业投入服务化的产出绩效，更多的是从时间角度进行了存在性以及机制的实证验证与理论分析，无疑这是对我国制造业产业接轨全球范围产品制造与贸易，进行投入服务化创新的一种阶段性解读及服务化贡献机制的肯定；但如若这种研究不加入制造业投入服务化创新活动的空间特性与实践效果的差异分析，在实质上则是对我国制造业投入服务化过程中的产业现状、创新内部影响因素、生产组织网络乃至贸易网络和全球竞争价值链机制等因素的不合理剔除，而其所获结论也更多地倾向于实施投入服务化决策是否有助于改善制造业的产出及创新，以及通过何种路径依赖或创新机制，方能获得制造业投入服务化创新能力及绩效的改善。而笔者认为，进一步推进我国制造业产业投入服务化对产业创新投入、创新能力以及绩效的改善，不仅在于对可行性、可行领域及路径的探讨，更在于对我国制造业受各类创新所依赖路径的影响，存在何种创新能力的提升，并且受上文所述的各种因素的程度影响如何，也即是要加入制造业投入服务化创新能力与绩效的路径影响的空间分析和比对研究。

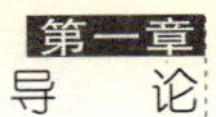

第二，对制造业投入服务化创新的依赖路径做出的影响关联分析，在研究思维上着重于我国制造业创新现实比对上述创新路径，存在何种因素的不足，并试图加以改进；或将研究集中于制造业实行投入服务化创新竞争所存在的优劣势，并倡导扬长避短以获得预期效应。但该类研究在本质上对于投入服务化的产业创新效能改进和路径、对策优化存在一定程度的回避。具体地说，以既有要素的组合、投入服务化要素的创新来适应路径创新的论证与实践，是对我国制造业各因素的匹配性微观改造，虽然基于此类改造，我国制造业参与世界制造品贸易也会就此而发生相应的要素及创新变化，但后者对中国制造业而言，在格局以及创新的态势、性质上并未发生显著而有利的倾斜。为此，通过对创新路径的多元化探索，尤其是基于可依赖路径的探索，不仅包含了针对我国制造业所存在的创新路径依赖程度以及创新能力提升的关联验证，更在于分析制造业自身对比创新可行路径的不足以及创新实施过程的路径关联以及路径效果，从而有利于进一步明晰下一阶段我国制造业适应经济新常态对资源要素组合创新以及环境产出高效率要求下的可行创新模式与轨迹。

目前，国际上关于制造业投入服务化的贸易、外商直接投资的创新能力与绩效，以及外部环境研发创新的技术能力带动和技术溢出，是产业融合以及制造业服务化创新等研究领域的前沿及重点。但以“制造业投入服务化”、“贸易”、“外商直接投资”、“创新绩效”、“创新能力提升”等作为关键词，借助 Elsevier、Springer Link、EBSCO(www. ebscohost. com.)以及中国国内的中国知识基础设施工程(中国知网 CNKI(China National Knowledge Infrastructure))、国家哲学社会科学学术期刊数据库(http://www. nssd. org)、万方以及维普和超星数字图书馆等数据库进行检索，发现相关文献及研究很少，且研究缺乏系统全面性。虽然也有一些学者注意到了这个领域，着手分析制造业投入服务化的创新绩效与创新能力提升的渠道问题，但主要停留于机制存在性探究或某个空间区域验证或经验分析，基于全国制造业视角的广深度、制造业与创新依赖路径关联的切入等研究先导性相对不足。同时，由于制造业投入服务化相对于我国制造业生产、贸易以及创新实践而言，属于较新的研究范畴和探讨对象，且制造业与贸易、产业内部生产的网络组织协作关联，以及外商直接投资的创新实践等渠道，是否能成为我国制造业借助投入服务化获得进一步创新能力改善，从而提升创新绩效的依赖路径，在理论基础、研究方法方面仍然缺乏深入而全面的分析，从而使得对制造业投入服务化创新能力与绩效的路径探索研究，在研究内容、研究价值等方面都缺乏进一步的深化与系统性。

本书研究在考察贸易交流、创新协同组织、外部投资及研发对我国制造业投入服务化创新的带动与绩效溢出的作用规律时，一方面，力争从理论和实证两个角度，结合实证与规范研究，剖析并探究上述渠道对于我国制造业投入服务化创新形成路径依赖的可行性及效应贡献。另一方面，争取在既有研究理论以及经验研究方面提炼出一定程度的对策体系。

因此，本书的主要研究目的，从理论层面上讲，通过埃尔赫南·赫尔普曼(Elhanan Helpman)新贸易理论和新增长理论框架，结合配第-克拉克定理下的产业要素流动、库兹涅茨定理的产业结构变动解释、贝尔的“后工业社会”分化原理，以及迪克西特与斯蒂格利茨(Dixit—Stiglitz, D—S)模型框架、格瑞里茨和杰菲(Griliches & Jaffe)等人的知识生产函数架构，并借助罗默和琼斯等人的(Romer & Jones)内生增长理论，验证我国制造业投入服务化在贸易、FDI及全球价值链等外部渠道上所获的创新研发能力与绩效溢出的关联，并探讨其中的空间异质性关联问题，以及我国制造业在贸易过程中形成的生产协作网络对于其投入服务化协同创新绩效的影响与贡献，并探讨在制造业投入服务化网络协作创新中的风险规避等问题。

综上而言，本书试图回答以下问题：

(1) 制造业服务化以及投入服务化区别于一般意义的产业创新特点及优势在哪里，制造产业的投入服务化创新的动因与条件分别是什么，以及经济新常态背景下我国制造产业是否可以结合其现有生产及贸易、FDI、技术研发和知识生产研发、全球价值链以及协同创新等路径创新机制，通过投入服务化实现创新效能的改善，其创新机理又是什么？

(2) 我国制造业投入服务化的创新借助上述各类创新路径可获得何种程度的技术创新的效率进步，不同的贸易参与程度形成的创新绩效贡献是否存在差异，以及存在何种空间异质性？

(3) 制造业投入服务化与我国FDI引入、创新研发之间的创新研发互动，并在引入规模、产业部类及质量差别等构成因素与东道国控制变量作用下，能够获得何种程度的研发创新质量提升？

(4) 我国制造业投入服务化借助贸易以及全球价值链形成的生产组织协作网，能获得何种程度的创新能力提升，并对不同制造业生产网络协作态势以及制造业所在空间域的人力资本，以及创新投入要素的创新能力提升与绩效获取，存在何种差别化作用？

(5) 结合了制造业投入服务化与创新路径间关联及差异性要素的效应分析，能否实行与制造产业自身创新能力以及贸易、FDI、技术研发、知识生产研发和全球价值链竞争现状匹配的产业创新政策，并能以何种具体的投入服务化创新步骤，实现更高水平的制造业投入服务化创新能力与绩效的获取？

第二节 相关研究与不足之处

一、研究综述

随着经济全球化的进一步深化发展，以及制造业产业创新能力的不断完善，针对制造业及其创新的研究也进一步深化，其中围绕西方发达国家制造业的相关研究要早于我国，并主要集中在制造业服务化的深化和收效机制的分析上。同时，伴随着“后工业化社会”等概念的提出，不少学者将研究精力集中在制造业服务化在全球化经济下的效益增加等问题上。

服务化的概念首先由 Vandermerwe(1998)提出，Vandermerwe 认为服务化主要是指基于企业运用相关物资、要素进行的产品融合服务的过程，并在此过程中，构成其自身价值的一种整合(Sandra Vandermerwe, 1988)。Vandermerwe 同时指出，对于产业的服务化融合，应该以产品信息技术、知识更新、服务咨询以及服务流程实现产业分工的进一步细化。在这一细化过程中，服务元素的融入是产业生产过程的主导，更是实现传统生产方式价值增值的主要途径(Gérard Baglin & Véronique Malleret, 2004)。产业融合性的服务化主要是基于企业在市场战略中开展的新的要素融合生产(Kastalli & Looy, 2013)①，并要求对于全部生产元素加以特定的组合，而这种组合是前所未有的，并且也是区别于从服务部门直接购进可用产品、半成品的制造和创新的方式，从制造业企业微观主体自身角度来看，这种进步是跨越式的(Robinson, Clarke-Hill, & Clarkson, 2002)。

学者们从不同角度定义了服务化，Reiskin 等(1999)②认为产业融合性质的服务化，是一种动态化的过程，它并不是任何活动的开端，也不是一种经济或者产业运行演进的结果，它是接受服务化一方的产业部门在不自觉的要素累积中逐步引入了服务性质的要素，而这种要素又在不自觉的累积中推进了对其所在产业部门的效能优化，从而实现了更高效益的产业融合，因此无论是企业抑或产品，都可能接触产业融合过程中的服务化。从某种意义上说，服务化可以被视为

① Kastalli, Ivanka Visnjic, and B. V. Looy. “Servitization: Disentangling the impact of service business model innovation on manufacturing firm performance.” *Journal of Operations Management* 31. 4 (2013): 169 - 180.

② Reiskin. Edward D. , et al. “Servicizing the chemical supply chain.” *Journal of Industrial Ecology* 3. 2 - 3 (1999): 19 - 31.

“企业从以生产物品为中心向以提供服务为中心的转变”，也是实现传统生产方式与进一步服务要素强化后的新型生产方式组合。以上观点，归纳起来可以认为是将服务化视作制造业或者说与接纳服务化的产业融合与深化的过程，并将价值增值的来源更多地归结为服务而非传统制造。同时，这种进阶性质的服务化融入，至少是起步于制造商的服务性质的资源要素供给，在进一步的服务化费用提供基础上，形成了更为优惠的产品供给价格，而由于这一过程是制造业企业对于服务化引入过程的优化，因此存在大量的成本优势空间。

现有研究关于制造业服务化形成的探讨，主要侧重于制造业在整个国民经济中的地位以及服务业与制造业的互动等方面。虽然在制造业自身发展过程中，其重要地位并没有在知识经济中得以体现，但其产业生产运营的内涵已经发生了深刻而复杂的变化。无论是“服务化”、“服务增强型制造业”还是“制造-服务关联”与“服务经济”研究，都认为制造业与服务业发生了边界模糊乃至两产业互动的变化，而这种变化是由于不断的组织生产现代化，以及知识经济、服务经济的渗透和传统要素在两产业融合的共同作用而成的（Manzini & Vezzoli, 2003）①，并且学者们都认为制造业中出现了明显的服务化趋势，运用服务增强制造企业竞争力并将其作为产品价值增值和创新效应提升的重要来源，是今后制造业普遍发展的模式之一。

其次，针对制造业自身进一步发展的问题，国外学者基本主张是利用产业转移削减那些投资回报较低的制造业的运行负担，并认为投资于发展中国家是一种平衡策略。同时，有学者指出针对不具备成本优势的生产和制造业，应进行尽快的战略转移，并同时在全球价值链中尽快寻找新的竞争绩效提升节点，由此追求附加值和利润更高的环节。因此，针对移向附加值较高的服务环节，Makower（2001）指出，应该通过“服务增强”来逐步提升技术创新过程中的制造业投入服务化需求满足的可能性，这主要是由于在不断的生产竞争中，存在着大量的服务要素迁移，而要素的聚集性主要是基于收益增长的追逐，也即是说应该按照要素的进一步向心运动分离投资与生产和全球竞争的参与力度，从而形成更具竞争优势的生产方式组合与安排，而区别于传统生产要素的服务要素，融合了更多的技术信息、知识信息以及生产组合方式，从而形成了有别于劳动力要素规模的要素合成，以及新的竞争力。Reiskin（2000）认为，西方发达国家早已进入买方市场，随着买方市场的深化和产品同质化竞争的日益激烈，产品的利润渐薄已是不

① Manzini, Ezio, and Carlo Vezzoli. “A Strategic Design Approach to Develop Sustainable Product Service Systems: Examples Taken from the ‘Environmentally Friendly Innovation’ Italian Prize.” *Journal of Cleaner Production* 11.8(2003):851-857.

身组织管理优化，以及传统生产要素有效舍弃、新型创新要素汇集等各类举措。四人均赞同，按照制造业自身优势进行相应程度的服务化技术改造，是制造业投入服务化技术进步的第一步，而同时兼顾制造业自身存在的问题，以及产业进步的约束条件，再进行相应服务业的配套创新，继而开展制造业投入服务化的适应性创新，是制造业今后一段时间进行投入服务化创新的必然趋势。

对于制造业投入服务化的技术创新绩效，还有学者认为，持续、长期的研发投入能够换来逐步的技术进步，并且这种进步发生在制造业内部和服务业内部，但对于技术的跨越，特别是要素在生产部门和服务业之间的跨越，尚且存在一定的门槛。而研发经费的持续累积，以及人力资本的长期开发对于这种门槛的跨越是有益的(Hambrick & Macmillan, 1985)①。当然这类研究在一定程度上回避了如何以制造业技术进步、服务业的自我要素组合更新，来产生对跨产业的技术效率提升，以及如何通过技术创新提高整个区域制造业经济增长的实现问题，而这恰恰也是所有制造业投入服务化技术效能提升的最终归宿。对于我国而言，目前制造业投入服务化的技术进步仍然存在诸如制造业和服务业内部生产要素的效率，以及组合效能提升了，但整体上增长效益不是十分明显的问题，这更是今后一段时间内，制造业投入服务化亟待解决的一个重要问题(李江帆，2005;吕政等，2006;郑凯捷，2008)。

制造业投入服务化的创新研发需要结合市场进行适当的服务水平提升，从而带动相应的技术服务优化，而这种技术带动的优化，不仅仅包含传统意义上的资源要素组合，更是制造业技术研发革新化要求，从而衍生不同类型的制造业投入服务化创新绩效提升的路径模式：第一种，技术驱动型，即按照产业供给一方形成技术的推动，并将这种技术销往市场；第二种，是客户要求型，就是客户需要，倒逼生产，并且依据这种需求生成服务的需求；第三种是市场需求导向型，这种体系一方面结合了技术的发展趋势，采用技术拉动，另一方面是充分地结合了市场的需求，从满足市场需求的角度推出新产品，这样既保证了推出的产品是客户需要的，又确保在技术上相对领先。也就是说，制造业投入服务化的生产效率提升所衍生的创新性、创新效率都需要按照不同的技术需求情况进行分类输出，才能获得较好的产业创新收益(江小涓，李辉，2004)②。

而关于产业的协同创新，无论是熊彼特，还是弗里曼(Freeman, 1997)，都不约而同地指出协同创新是未来创新发展的主要模式，它是对于跨产业，特别是

---

① Hambrick, Donald C., and Ian C. Macmillan. "Efficiency of Product R&D In business Units: The Role of Strategic Context." *Academy of Management Journal* 28. 3(1985):527 - 547.

② 江小涓，李辉. 服务业与中国经济：相关性和加快增长的潜力[J]. 经济研究，2004(1):4 - 15.

产业融合环境下技术创新以及创新效能提升的一种方式革新，即发明创造导致的新要素组合被应用于经济活动中，并在其中体现自身的价值，也就是说“协同创新”中的“创新”实则是可以推动经济发展的经济学意义上的创新。对于制造业投入服务化而言，制造业以及服务业自身的精益化促成了人类在劳动中的分工合作越发精细，从而致使部分要素在制造业内部以及服务业内部获得了剥离基础上更进一步的优化改造，这种改造是基础性的，是在劳动生产中各要素和工序从简单到复杂组合的过程。

布瑞恩·乌西(Uzzi, Brian, 1997)[①]基于23组样本实验分析，验证了产业融合以及协同创新网络绩效，并着重从协同创新网络的结构嵌入性和企业行为、绩效的关系进行了实证分析，两人证实跨产业要素对于产业的创新，特别是制造业投入服务化的创新具有重要意义，而创新网络间的结果层次不一，则是主体按照不同态势嵌入协同创新网络的前导因素，且不同的网络结构，以及不同网络的嵌入性均会对经济行为产生重要影响。Gulati & Ranjay(1998)[②]在针对产业创新协同联盟关系的验证中提出，基于产业融合的创新是普遍的，技术创新在这一结构的扩散中承担着重要的串联角色，并协调了大量的微观主体间的创新利益冲突，而随着创新协同收效的动态变化，创新网络的治理结构与网络动态演化，会对产业融合的协同创新绩效产生显著的关联影响。Carley, Galletta, & Ahuja(2003)[③]指出，虚拟化的联盟组织对于协同创新的行动具有动态化的意义，不一定能为组织生产进一步的技术创新赢得直接的水平改进，但集中化、层级、程度三重维度的协同创新网络有益于推动进一步的投入服务化创新协同效益的获取。

而在进一步的制造业投入服务化改造中，基础要素的组合方式是生产和创新的发生源，而组织者宏观协调了各种组织因素在各自产业内部的优化配置，这是制造业投入服务化自身的创新能力优化，但当制造业微观主体面临更大以及更规模化的创新挑战时，微观主体的决策未必能形成最优化的技术改造，也就是说生产劳动中要素的组合方式反映出在生产过程中要素所有者的合作、组织形态与机制。因此，作为必要条件，制造业投入服务化的技术创新，要求各组织内部形成互动，再以互动的效能换取更广的组织意义，也即是网络内部的协调，这时候要素被融会贯通于各个部门，形成伺服于整个创新网络的有利作用

① Uzzi, Brian. “Social Structure and Competition in Interfirm Networks: The Paradox of Embeddedness.” *Administrative Science Quarterly* 42(1997):35－67.

② Gulati, Ranjay. “Alliances and Networks.” *Strategic Management Journal* 19.4(1998):293－317.

③ Ahuja, Manju K., Dennis F. Galletta, and Kathleen M. Carley. “Individual Centrality and Performance in Virtual R&D Groups: An Empirical Study.” *Management Science* 49.1(2003):21－38.

特性，而更广意义上的合作则为进一步的创新协作奠定组织基础，但同时也会形成对合作者在协同网络内的有机构成逐步变迁至更具网络协同适应性的更高要求。

协同创新主要是围绕创新的目标，以多元主体协同互动为基础，多种创新因素积极协助、相互补充、配合协作的创新行为。协同创新不同于产学研合作，两者在实现目标、合作方式、辐射范围等方面都存在很大的不同，因此，对于制造业投入服务化而言，必然存在如何利用现有组织网络，进行基本要素的产业内剥离和服务化迁移的问题，而作为主要的单位生产，应该更注重基于现有网络的组织内部协作强化，才能实现基本要素的更高效能实现。对此以更为细致的制造业网络分离出适合现有服务业配套的要素，分别针对创新的服务生产、消费、传递、服务市场和产品等，加以创新细化，从而以服务创新战略进行创新研究，有助于提升制造业投入服务化基础创新效能，而基于此，可以形成标准化生产、外部化、远程服务等制造业投入服务化的强化手段。按照市场需求，形成不同的市场化战略可以凭借绑定战略、沟通战略、激励战略、撤退或转移战略，无缝链接制造业与其投入服务化的创新（裴淑媛、韦福祥，2006）。对于制造业投入服务化的创新网络，通过更具规模化的技术协作形成基础网络，将有助于推进服务化对于制造业自身技术进步以及协同创新能力的提携作用。也就是说，作为制造业投入服务化的创新活动发生在一定程度的网络组织中，需要两部类产业共同的产业要素认同，进而借助创新过程中各种正式与非正式合作关系开展要素融入（王大洲，2001）；当然，不能忽视对于制造业投入服务化创新协同网络构建的原则，这种原则不仅涉及基础的微观主体在实施创新研发过程中的基本功能定位，也包含了对制造业、服务业自身技术研发水平与能力在内的准确评估，换言之，对于企业自身以及创新协同网络而言，现在具有多少创新能力以及潜力，并且制造业以及服务业内部有多少要素可支配且用于创新网络协同，是完成制造业投入服务化创新组织完善化的关键。为此，诸如企业间、企业与大学、企业与政府，以及它们相互之间的关系，应该是决定制造业投入服务化创新协同网络组织形态的重要依据，并应据此建立合理的技术扩散与升级模式（陈新跃等，2002）、（郑刚等，2008）。而对于协同创新，制造业投入服务化不仅仅需要做好组织的创新升级要素与机制的配套，更关键的还是通过微观主体形成基本的研发、生产及营销各个相关子系统的有效协同发展，才能显著提升创新绩效，特别是制造业自身在创新过程中的技术、战略、组织、文化、制度、市场等各个要素之间的协调发展，从而促进各制造业主体对于服务化的创新绩效有效提升。制造业投入服务化的协同创新绩效获取需要经过全面协同，一般来说应该经过沟通、竞争、合作、整合、协同五个阶段，才能实现最终的协同创新绩效的提升。而同时，结合制造业投入服务化的基础创新网络，需要深入基于产学研结合的跨区域网络，才有利于充分发挥产学研过程中要素的有效汇集(朱桂龙，彭有福，2003)。张伟峰和万威武(2004)①通过核心网络、虚拟组织网络、第三意大利模式(Bianchi，1998)②的分析，结合创新的参与度和控制度，探讨了制造业投入服务化的自身创新整合以及技术网络的第三意大利模式③的互动效果，从而为进一步测度制造业投入服务化协同技术创新能力奠定了基础。两人同时提出，要提高企业的核心竞争优势，需依据企业情况选取不同的创新网络模式，来吸收和整合外部的资源和能力。

最后，制造业投入服务化的创新网络相对于一般意义上的创新协同具有更高的复杂程度，因此不少学者结合这一点，展开了一系列跨学科的应用研究。王波，任利成，韩树荣(2008)④认为可以从中小企业创新网络拓扑模型的数学描述入手，把复杂网络理论引入相应产业创新的网络领域，并按照现有网络结构逐步分析产业融合创新的绩效与能力提升问题，其中网络的结构态势，是主要的制造业投入服务化协同创新的基础要素，并承担了制造业在引入服务化后的协同网络的创新能力改进的重任。

欧光军，李永周(2010)通过集群知识网络创新能力生成模型的验证，指出对于产业融合的创新而言，其协同能力的提升关键在于网络知识获取能力，这种能力的实质体现为创新能力，主要应在生产网络的基础上，形成以互补或竞争性协同创造新知识为内容、以创新价值为核心的制造业投入服务化协同创新动态能力培育体系，再将这一能力进行有效的集聚，方能获得产业融合及相应技术创新能力的提升。朱海就(2004)⑤认为，产业融合的技术创新能力包含网络的创新能力、企业的创新能力和创新环境三个部分。区域创新能力实际上就是网络的创新能力，但网络的创新能力最终是作用于企业的，创新环境则是支撑条件。应该通过技术创造相应的能力评估，进行分类的精确分析，才能更突出对于制造业

---

① 张伟峰，万威武. 企业创新网络的构建动因与模式研究[J]. 研究与发展管理，2004(3)：62－68.

② Bianchi, Giuliano. "Requiem for the Third Italy? Rise and Fall of a too Succesful Concept." *Entrepreneurship & Regional Development* 10.2(1998)：93－116.

③ 第三意大利(Third Italy)的概念最初是由经济社会学家 Arnaldo Bagnasco 提出的，是指 20 世纪 70 年代经济快速崛起的意大利东北和中部，以区别于意大利经济较为落后的南部地区(第二意大利)和经济较为繁荣但 20 世纪 70 年代以后经济面临重重危机的西北地区(第一意大利)，它具体包括翁布里亚、马尔凯、艾米利亚-罗马涅、弗留利-威尼斯・朱利亚、威尼托、特伦蒂诺-上阿迪杰和托斯卡纳等 7 个大区。同时，第三意大利具有小型甚至微型企业占有绝对优势，以传统的劳动密集型工业为主体，专业化生产程度高度集中的企业集群型产业区(industrial district)三大特征。

④ 王波，任利成，韩树荣. 基于复杂网络的中小企业创新网络构建[J]. 管理观察，2008(5)：35－37.

⑤ 朱海就. 区域创新能力评估的指标体系研究[J]. 科技管理，2004(3)：30－35.

投入服务化等融合性行动的网络分析，并且其中的人力资本因素应被剔除在外，以免影响产业融合网络的技术创新协同。从宏观上讲，网络越密集，各种正式和非正式联系越有效，网络联系越稳定，网络自我更新能力越强，网络的开放性越强，网络越能根植于当地的良好的产业环境，从而催生出更具技术创新效力的协同网络，越容易激发创新；从微观上讲，网络中行为主体的学习能力越强，其创新发生频率越高，创新能力就越强。而对于融合性质的网络，越是具有强大的创新频次，越能推动基础和单个样本的自我技术研发创新，进而是对整个技术研发网络协同创新行动的触发（文婷，李小建，2003）。郝生宾、张涛、于渤（2011）等人基于自主创新能力系统自身角度分析，揭示了企业自主创新能力的形成机制，并从自主创新活动的过程分析识别了企业自主创新能力构成要素，通过分析自主创新能力构成要素之间的协同关系，构建了企业自主创新能力形成的协同机制模型，最终三人指出，企业自主创新能力构成要素之间协同度的评价方法，可用于突破制约自主创新能力形成与提升的瓶颈，并且针对制造业投入服务化网络的自主创新能力提升，认为自我创新能力约束条件的明晰，可以帮助产业微观主体成员采取针对性策略来提升自主创新能力。

另外，随着制造业投入服务化的进一步创新演进，部分参与成员间会形成松散合作联盟，而不同的联盟形式与程度都会进一步影响技术创新。苏竣、陈玲（2002）①指出，跨产业的融合性服务化对于跨产业的技术创新协作具有重要的组合意义，特别是存在多种形式的产业融合创新的可能情况下，技术创新研发的松散形式甚至联盟，可以有效降低风险、分担成本并促进产业化，而政府介入的战略技术联盟的知识产权制度安排模式，催生了基于产业融合的协议转让、研发伙伴、孵化器和合资公司等形式在内的多种联盟创新路径，也推动了进一步的产业融合式的技术协调创新；并强调指出，知识产权制度安排是政府干预战略技术联盟的有效方式，对于现阶段的产业协同创新，政府应该脱离“指挥棒”角色，按照产业融合的基础条件，有选择地运用政府管制与协同网络内部相对成熟的联盟创新路径，进行产业融合扩展的技术协同创新。张睿、于渤（2009）②认为，技术创新研发过程中以联盟等形式进行组合创新，以及要素的重定向配置，是面对激烈产业竞争的重要突破路径，而知识转移是技术联盟主体组织学习和取得外部知识的重要途径。可以发现基于技术联盟的创新协同，是按照外在变量逐步影响内部变量的方式推进制造业投入服务化相应的技术改进，而协同效应的获

---

① 苏竣，陈玲．政府介入战略技术联盟的知识产权制度安排模式研究[J]．中国软科学，2002(12)：114－118.

② 张睿，于渤．技术联盟组织知识转移影响因素路径检验[J]．科研管理，2009(1)：28－37.

取，是通过融合化过程中的产业知识源的知识转移能力、吸收能力转化的不断强化来逐步实现的；借助内部潜在因素的逐步逐层次影响，联盟主体间信息对称性作为外因潜在变量，发挥其对于协同创新网络内部的知识转移效果，进而形成新的技术创新研发体系能力。并同时指出，制造业等产业的逐步创新协同，应借助结合产业融合的联盟知识创新贡献机制特征，进行精准的创新地位与节点定位，从而获取有利的联盟地位，并形成规避技术研发风险，迅速扩大组织的整体知识存量和技术水平，进而有效提升自身的市场竞争力。

二、国内外相关研究中的不足

第一，多数文献研究的内容主要集中于生产协作网络对于制造业投入服务化协同创新的重要性，及两者结合的策略契合可行性的论证，但没有就区域的制造产业生产协作网络现状或既有服务化创新措施进行结合性的实证分析，同时，结合全球价值以及贸易竞争视角建立价值获取，进而研究制造企业生产协作网络策略协同创新的研究也相对较少。

第二，现有研究对于协同创新的网络组织与创新绩效关联、创新导向与创新行为的协同效应等关系进行了条件分析和实证论述，而对于制造业企业服务化生产的创新导向与协同创新、生产协同创新行动以及基于生产协同网的风险协同抵卸及预警等行为影响最终创新产出绩效的贡献程度，尚未有详实的研究。

第三，对于制造生产协作网络与企业主体参与贸易间的比较及成本优势战略和产品差异化战略，目前主要进行的是机理论证或两者简单融合的探讨，未能结合具体区域的制造产业进行结合生产协作网络的现实过程，以及有关流程、功能、产品品牌和全球价值链竞争力等方面的协同创新措施的整合分析。

第四，现有研究对制造业的创新主要选取专利等进行了关联研究，但未就知识生产研发创新主体借助贸易、外商直接投资以及技术研发创新、知识生产研发创新和全球价值链创新等路径，结合人力资本配置、相关制度环境，及科研院所机构等的创新研发投入进行研究，缺乏对制造业基于上述路径获取创新绩效进行联合验证分析，以及有针对性的建议。

第三节 研究框架和主要内容

针对上述问题，本书试图分析制造产业的投入服务化创新研发基础、影响因素以及创新研发能力与绩效的关联因素，结合我国制造产业的生产及贸易基础，论证我国制造业投入服务化进行的要素组合、配置统筹以及依赖于贸易、FDI协作生产网络以及技术研发创新和知识生产研发创新等路径进行创新的能力提升与绩效获取。第一章提出了研究目的，第二章为理论以及方法论的基础，然后在第三至第九章中着重进行了制造业投入服务化创新路径的实证与对策研究。最后第十章简要归纳了本研究的政策含义，并指出未来进一步的研究方向，具体内容安排如下：

第一章，导论。提出研究的目的。通过简要的文献整理以及分析，指出了目前研究中存在的问题与不足，然后给出了本书的研究框架与主要内容，最后总结了本书的贡献和创新之处。

第二章，制造业投入服务化创新及其理论来源。首先剖析了制造业投入服务化过程中制造产业以及服务行业的产业要素融合机理，并从中提出针对制造业投入服务化的各类创新路径的相关理论。主要从产业融合的要素配置以及创新研发的相关服务化投入统筹，以及在这个过程中形成对制造业贸易以及生产协作实践的要素影响等角度，进行了相关理论分析，其中主要涉及的理论有配第-克拉克定理、库兹涅茨定理、贝尔的"后工业社会"分化原理以及D-S模型等，并逐步就制造业产业与服务化要素融合的基础背景，以及形成机理、制造业投入服务化对于产业创新的发展推进意义，和上述路径的制造业投入服务化创新能力与绩效的关联影响进行了探讨与分析。

第三章，制造业投入服务化的知识生产研发创新。根据前两章的分析，可知制造业企业微观主体在进一步的产业转型升级中的创新，不仅仅是产业发展的使命，也是制造业探索如何在经济新常态进程中获得稳定发展的必经历程。随着新一轮产业转型创新的形成和发展，更高的资源要素配置效率成为制造业产业转型的关键，而其中，投入服务化的知识生产研发创新的产出效应也成为制造业产业转型的关键观测点，特别是产业内部的制造业投入服务化要素在生产、贸易竞争过程中更多组合优化，成为今后制造业投入服务化创新的重要关注领域。作为制造业企业微观主体，如何进一步利用现有的资源配置渠道以及方式，按照知识生产研发创新的路径模式，获得投入服务化的创新基础，是本章关注的焦点。通过投入服务化的资本优化组合，可获得基于投产主体技术独立研发增量的技术创新增效，同时，能确保制造业企业主体以更为精准的投入比例平衡好企业的产品市场化运作与企业技术研发活动，从而推进制造业投入服务化知识生产创新研发绩效的进一步增长；而在主体认知到技术创新的知识保护重要性的同时，申请专利为进一步的制造业投入服务化创新提供了必要的保障，从而确保了技术研发以及知识技术创新主体及其活动的积极性。而随着制造业企业自身的技术研发创新能力的逐步提升，制造业企业微观主体在进一步的研发活动中，逐步重视了产品研发的技术经济性，也就是逐步认知到了研发与开发并重，创新与市场接轨。而产学研、官产学等组织模式进一步确保了制造业投入服务化知识生产研发创新的研发能力与绩效的提升。而同时，在促进产业进步的过程中，人力资本相比劳动力投入、资本投入等传统要素，具备了携带知识、创新研发以及技能的活动性质因素，成为制约并影响制造业投入服务化创新能力与绩效的关键因素，并与产品的设计、研发、产出和市场竞争效应息息相关。而知识产权保护、创新生产组织主体等要素，也只有与人力资本要素协调配合，才可以有效促进制造业投入服务化创新能力以及绩效的全面提升。

本章在剖析制造业创新研发发展现状的基础上，从研发资本投入推进研发创新累积、专利申请对创新绩效的扩散、科研院所等主体的创新支撑、人力资本优化传导创新绩效等角度，剖析了基于制造业投入服务化要素配置，以及对后者形成的创新研发能力以及产出规模提升的机制，并从研发创新费用、创新人力资本投入等角度构建知识生产函数，验证基于制造业投入服务化创新的各类样本空间权重回归，同时结合剔除了个体参变影响的不变系数模型，利用最小二乘法的残差方差和，逐一验证残差方差，以获取基于要素配置的制造业投入服务化知识生产研发创新能力与产出空间差异的关联。结果证实：制造业投入服务化知识生产研发创新研发投入、制度环境创新和市场融入的创新与创新产出空间差异呈显著正相关；而科研院所及高校等组织机构对于知识生产研发创新在制造业投入和产出上呈现显著负相关。这对我国下阶段进一步利用知识生产研发创新，推进制造业投入服务化创新能力与绩效的政策启示是：提高制造业产业创新市场化活力，通过市场融合逐步提升制造业企业微观主体的资源要素配置协调能力；强化制造业知识生产研发创新的组织联动，以结合现实生产力的产学研、官产学等多主体创新模式谋求竞争力的增长；促进制造业企业知识生产研发创新的多方运行机制的落实，引入社会化产学研联合创新模式；发挥研发创新人才对技术创新研发能力的推进作用，从知识产权保护等多重激励方式上，促进制造业投入服务化创新。

第四章，制造业投入服务化的技术研发路径与创新绩效。通过上一章的研究了解到制造业投入服务化过程中知识生产研发对于其创新在能力和产出方面的提升作用。而如何利用人力资本、物质资本对制造业投入服务化进行创新绩效的改善，是今后一段时间我国制造业投入服务化创新的必经之路。我国制造业投入服务化在面临国内生产转型以及国外技术竞争压力等产业现状的同时，还面临着如何利用更为稳定的产业内部自主技术研发体系，获得制造业投入服务化创新绩效显著提升的问题。研究认为，核心竞争力为制造业的进一步服务化迂回生产提供了产业融合的可能；而竞争优势则成为不断促进制造产业参与全球技术研发创新竞争的强项凝练剂；人力资本要素逐步推进了制造业企业微观主体内部对关键要素的协调与配合，从而使得制造业有机会在进一步的技术研发创新过程中获得更高的技术增效。

要进一步促进制造业投入服务化的产出绩效，其中的创新投入是必不可少的。而随着经济全球化的进一步深化发展，我国制造业同时面临国内的制造产业结构调整升级、技术研发创新的瓶颈压力，以及国际市场对于要素配置效能提升的产业深化发展的更高要求。核心竞争力通过生产进行要素间的信息传递，在进一步的投入服务化运行过程中，逐步形成了以迂回生产方式推进的产业融合，从而逐步分化出制造业内部的服务化竞争力；而投入服务化的过程，以竞争者所不具备的能力形成两者间的比较优势，服务化过程也为制造业生产产品以及优化自身优势奠定了全球竞争的基础；而制造业投入服务化的进一步研究，需要企业微观主体自身以及整个产业认清全球生产与竞争形势，从而为产业内要素的进一步集聚以及优化配置，提供生产竞争机遇。本章研究从核心竞争力的差别化竞争特色形成、比较优势综合形成技术研发创新绩效、竞争优势动态推进等角度，探讨并分析了制造业投入服务化的技术创新研发推进动力。本章研究表明，应不断强化企业内部培训等手段对制造业内部的投入服务化要素创新角度、创新方式的凝练，并从产业结构要素调整、内生性创新竞争力、共同协作网络的创建等形式，获得制造业投入服务化技术研发创新绩效的增进。

第五章，制造业投入服务化的生产网络协同创新。在进一步的制造业投入服务化过程中，整个制造业产业的生产组织网络间关系，在制造业的进一步组织生产过程中影响着产业创新。因此，本章主要通过探究制造业生产组织网络以及其内在关联关系，来提炼出制造业投入服务化的协同创新的可行对策，从而开辟区别于知识生产研发以及技术创新研发等路径的产业投入服务化创新能力提升路径。本章从协同学的基本视角出发，剖析了制造业投入服务化自身存在的协同化特征，特别是对于其现有组织生产网络的节点、联结及联结作用进行了针对性分析。制造业企业微观主体间的相互作用，受一定的序参量所主导串联，而通过这种串联，所获得的要素配置协同不仅仅是可能的，也是具有系统效应实践基础的，而分布于制造业投入服务化创新主体之间的各类协作创新组织或辅助体，是对这一实践活动的主要推动因素。而作为制造业，在其协同创新的过程中，仍然需要进一步优化筛选参与创新竞争合作的优势要素，从而获得成本效益以及再生产的优化效应。

最后，制造业投入服务化对于产业的贸易以及外商直接投资等方式的参与，为其进一步以主体身份参与包含产学研、官产学等组织形式在内的创新联盟活动奠定了基础。制造业企业微观主体自身在进一步的协同性创新研发中所累积的创新能力，为其在协同创新网络中的竞争地位以及创新步伐形成并累积了原始推进力量，但同时也改变着协同创新网络内部各个主体间的竞争、创新实力对比，以及产品贸易竞争生产网络内的协作节点地位。

本章结合制造业投入服务化，基于现有产供网络态势，验证了微观主体不同类型，以及协同创新的环境差异对于制造业投入服务化协同创新的绩效关联。围绕制造业企业微观主体的创新协作能力，构成整个产业的协同创新能力差别层级，且政府引导、创新协作联盟、人力资本以及创新激励保护措施，都对制造业投入服务化协同创新具有显著的影响作用；其中政策引导，特别是制造业投入服务化协同创新网络具有显著正关联，这对我国下阶段进一步的利用协同创新路径改进制造业投入服务化创新绩效的政策启示是：推进协同创新导向，提升创新网络内部的导向与绩效，推动创新政策引导平台建设，鼓励主体在更广范围内尝试协同创新导向、协同创新实践并行的策略，培训新兴协同创新主体，进一步挖掘制造业投入服务化协同创新的人才，并促使其实现高效的流通。

第六章，制造业投入服务化协同创新风险规避与预警。在进一步分析制造业投入服务化协同创新的绩效过程中发现，前一章所研究的协同创新机制固然对制造业投入服务化创新有益，但也存在必然的风险。因为在制造业企业微观主体进一步组织生产、优化自身要素配置能力与产出规模的过程中，主体间逐步形成了生产协作网络，而这一网络必然包含了既有的组织生产关系和风险抵御的联合协调机制，然而在进一步的组织协同过程中，由于产生了制造业企业微观主体的要素配置能力变更，因此其抵御、预知风险的能力，及其在协同创新生产网络中的能力节点也产生了相应变更，且主体应对风险的决策各有不同，其不同的风险预知、抵御能力作用于原先的协同创新网络，产生了风险信息获取以及损失的个体差异，构成新的协同创新风险。而我国制造业企业微观主体整体上的个体创新比重高于协同创新，抵御风险偏于个体行为，风险抵御的整体性有待改善。

本章首先分析了制造业投入服务化协同创新的主体抵御风险的形态及协同创新风险的特点，并从中提炼出基于制造业投入服务化的服务要素配置以及协同创新等行为所形成的风险差异；在探讨主体对于协同创新风险的不同应对形态以及风险决策需求后，笔者利用层次分析法和粗糙集(Rough Set, RS)进行组合赋权，并结合灰色模糊评价以粗糙集的形式验证了制造业投入服务化协同创新风险应对体系，然后通过粗糙集结合层次分析法(Andytic Hieratihy Process, AHP)进行针对制造业投入服务化生产网络协作中协作创新风险应对决策需求的结构化解析。结果证实：我国制造业投入服务化网络协同创新风险对于协同创新而言，存在90%左右介于“相对较大”与“一般”之间的可能性；而风险的协同创新类型主要取决于制造业投入服务化内容，以及由各类要素的组合差异形成的协同创新主体态势。研究引入的灰色模糊综合评价的预警存在各个维度分布不均的散点化状态，参与样本企业的反馈数据存在各风险预警类型的振荡特征。

第七章，制造业投入服务化贸易路径的创新及其溢出。随着全球经济一体化的推进，制造业借助贸易倒逼产业创新已成为发展中国家实现技术进步的重要途径之一。制造业投入服务化后贸易的迅猛增长及其对国民经济的作用引起了人们越来越多的关注和研究。我国制造业企业微观主体在进一步参与贸易的实践中，逐步改变着主体间的生产协作关联以及创新绩效提升效能；而贸易需求对创新的进一步增长，也倒逼国内制造业投入服务化创新的进一步深化，从而可以克服上述技术创新管理模式的束缚，并最终获得制造业投入服务化贸易的技术进步。

另外，制造品自身的技术以及创新含量都在逐步的贸易实践中获得增进，而新的制造业贸易格局也逐步形成，我国制造业也从中获得借助贸易改进技术创新效能的机遇，以及利用一般贸易等形式进一步获取创新的信息和服务要素投入、配置以及重组改善的市场机遇。通过进一步的技术创新消化吸收，逐步形成基于贸易路径的制造业投入服务化创新改善。

本章从海外贸易输出竞争的投入服务化需求倒逼，以及全球贸易创新竞争的压力传递两个角度探讨制造业投入服务化的要素配置与贸易创新路径，改进其创新效能的机制，并利用科布道格拉斯生产函数构建和分析了我国制造业贸易与投入服务化创新绩效改善的关联机制，结果证实：通过贸易路径在一定程度上实现了制造业投入服务化创新的绩效，然而现阶段我国制造业在服务化要素的投入以及组织配置上，尚未获得上述关联的显著效应；我国制造业自身的贸易技术吸收能力偏弱，且相关的人才配置对于源自贸易的技术创新分析、吸收以及自我创新的实现平台相对缺乏。这对我国下阶段进一步利用贸易路径进行制造业投入服务化创新的政策启示是：优化产业结构，调整服务化投产方向，以便于配合制造业投入服务化的要素组合倾向于贸易生产；扩大服务化自主创新，从而实现基于贸易生产机制的制造业企业微观主体生产协作与贸易活动本身的创新接驳；推进制造业投入服务化电子商务，促进内外市场融合，为制造业投入服务化贸易形成新的技术引进与分析、吸收的实现平台。

第八章，制造业投入服务化的 FDI 路径创新。在针对我国制造业投入服务化创新过程中的外商直接投资（Foreign Direct Investment，FDI）路径分析中，发现 FDI 规模以及质量层次差异也是我国制造业投入服务化的外向型运营中的重要因素，并影响其创新的绩效。全球化生产运作以及制造业全球范围的服务化需求推动，使得服务业国际化在向服务化国际化的演进过程中，形成了大量的传统生产向服务生产模式的变更；而制造业及其服务化的跨国融合，也是两产业间对于资源要素以及生产流程化的全球范畴的互动融入。

在自身产能、生产运营模式的变更升级，以及全球范畴的投产实践中，制造业投入服务化围绕FDI路径逐步形成了创新的规模以及层次差异。对于东道国而言，自身存在的技术比对FDI差异，形成了新的投入服务化创新技术溢出效应获取机遇，而制造业产品自身的生产过程、产品要素以及流程的精细化需求，形成相对于东道国制造产业技术水平比对的FDI引入质量参差。将制造业投入服务化依托于FDI路径的创新溢出效应分解为生产资源配置效率变化率和技术进步率的变化，并依赖距离函数获得修正后的希克斯中性背景下的索洛余值。接着，在考虑了投入服务化FDI内部构成因子差异以及东道国相关因素的控制性差异的不同改进效率的同时，从制造业投入服务化FDI的数量规模、质量差异等角度，以服务化FDI部分产出占比对应的规模经济性、发展区域间规模、技术含量、地方化程度等类别化指标为基础，结合面板回归分析验证了我国制造业投入服务化依托于FDI路径的创新效应及其溢出改进。

结果证实：我国制造业的行业进入技术门槛、劳动力以及政府支持等均构成制造业基于FDI路径的创新效率改进要素贡献差异；制造业与FDI引进特征存在与溢出效益的正关联，但其关联度较低且过程不稳定；投入服务化过程中引入的FDI技术构成占比存在对于制造业改进效率的最高显著性关联，但其仍存在关于规模递减的趋势特征。这对我国下阶段进一步利用FDI路径进行制造业投入服务化创新的政策启示是：进一步细化调整我国制造业投入服务化特色，并将其凝练以顺利配合制造业FDI的引入，政府从中做好技术引导与政策协调；制造业内部根据FDI与我国制造业技术差异，加强针对两者差别的要素集聚；企业自身从要素配置的优劣势出发，以产业协作和产品抱团的方式，汲取FDI路径技术创新优势；增强适合FDI路径技术接驳以及学习承接方面的专门人才培育，以创新模式激发自有制造人才对FDI创新的技术接驳性培养。

第九章，制造业投入服务化基于全球价值链路径创新战略升级。我国制造业投入服务化虽已具备区域集群规模，但仍处于全球价值链低端，本章在系统回顾并总结了制造业投入服务化的全球价值链产业升级战略相关理论成果后，探讨制造业投入服务化的全球价值链（Global Value Chain，GVC）创新升级所面临的问题。在综合了第三至第八章关于我国制造业投入服务化创新能力以及绩效的对外贸易带动、FDI技术等路径研究的基础上，提出要提升我国制造业投入服务化的综合创新绩效，必须充分发挥合作创新协作网络机制，以及全球价值链竞争机制，从而获得层进式的制造业投入服务化创新能力与绩效的提升对策。在这一过程中，需要充分分析人力资本等要素对于制造业投入服务化参与GVC竞争的贡献，同时按照产品环节化的控制，逐步形成配合人力资本变更、创新研发以及生产资本等要素的协同配置。在基于产品研发、开发筹划、生产以及实施市场化竞争运作的过程中，我国制造业企业微观主体还应该充分重视基于精益生产管理方式的集成供应链管理，争取从市场化竞争的需求导向中获取GVC竞争的关键信号，从研发创新再调整的线路中获取通过投入服务化实现GVC竞争创新地位有效提升的机遇，从而进一步获取制造业投入服务化GVC竞争对策。我国各制造企业只有通过更积极地依靠GVC路径的投入服务化创新战略实施，才能提升企业全球竞争力与话语权，最终提高企业在全球价值链中的地位。根据上述分析，本章研究首先确立了符合发展中国家制造业升级发展的投入服务化GVC创新升级路线，并构建基于GVC创新路径的制造业投入服务化创新升级的模型与对策。

本章在结合贸易、FDI等路径形式对于我国制造业投入服务化创新能力与绩效提升的实证验证结果的基础上，剖析了现阶段制造业参与全球价值链竞争过程中存在的不足，并按照精益六西格玛管理的创新机制，剖析了制造业投入服务化的创新投产计划、创新研发实施、效果验证检查和制造业投入服务化绩效优化的处理，分析了我国制造业投入服务化的GVC策略推进路径；并从精益生产方式(Lean Production mode)的创新互动，推演了我国制造业产品的环节化的创新以及逐个工序的创新形成机制，再逐步分析产业环节的创新层级进步机制，从而获得了基于GVC背景的制造业投入服务化创新层级；同时，本章从两个信号回路的视角探究了制造业投入服务化创新的实现渠道，这对下阶段利用GVC竞争推进国内制造业投入服务化创新研发及其创新能力改善绩效的政策启示是：制造业企业微观主体应充分分析自身在贸易、FDI以及协作生产网络等创新路径内的研发创新能力现状；从生产工艺以及局部生产线的视角上逐步获得创新基础的累积；从流水线以及生产组合模式中累积获取产品创新的改进路径；从国内竞争价值链角度构建部分制造企业微观主体的自主品牌创新平台，进而逐步摒弃原有价值链系统最终独立链式创新对策体系。

第十章，总结与研究展望。对全书关于制造业投入服务化创新的产业内知识生产研发创新、协同创新，贸易与FDI创新，以及创新风险规避、对策体系化方面的内容进行了归纳梳理，并就产业融合、协同决策效能、创新研发能力、创新绩效空间域协调等几个方面提出了未来研究领域与深入研究的趋势。

第四节 本书的贡献与创新之处

本书立足于发展中国家产业结构转型调整现实，在国内外产业积极培育和构建技术创新研发能力的大背景和趋势下，以创新作为主线，对我国要素组合配置、知识创新产出研发、技术研发创新的制造业投入服务化创新能力与绩效提升，以及经由贸易、FDI全球价值链竞争等方面提升制造业投入服务化创新绩效的相关文献，进行了总括性以及分章节的系统梳理和详细分析，然后采用理论概括、模型分析以及对策推演的方式，系统全面地对我国制造业投入服务化的创新能力与绩效提升机制和路径进行了规范和实证分析。全书从选题的视角和研究意义、理论基础与研究框架结构，以及验证所需的计量基础理论模型与方法、对策优化及政策含义等方面，进行了富有针对性和一定程度的创新。整体而言，本书对于我国制造业投入服务化的创新机理、实施创新的要素配置与协调，以及投入服务化创新的贸易、外商直接投资、协同创新和全球价值链等路径进行了丰富的理论与实证探讨，并就制造业投入服务化生产与贸易竞争的全过程，特别是基于现有贸易与生产竞争协作网络机制下的创新风险，进行了详细的验证与对策探讨。归纳起来，本书在制造业投入服务化研发创新路径探究及相关问题上主要包含了以下几方面的创新点：

（1）在选题以及研究意义方面，对于制造业投入服务化创新路径的形成以及关联作用机理，形成了系统的剖析与探讨。

结合文献收集与分析发现，以往研究针对知识生产研发创新，主要选取专利等指标进行了关联研究，但未就知识生产研发创新微观主体的自身创新研发、人力资本配置及其所处区域的制度环境，及相关科研院所机构的创新研发投入与制造业投入服务化过程中的知识生产研发创新绩效进行联合验证分析，也缺乏有针对性的建议；而对于投入服务化的知识生产研发绩效验证主要集中于微观企业主体，尚缺乏整个产业在投入服务化之后的投产与绩效的关联验证。而对于制造业投入服务化结合既有生产以及贸易协作网络的协同生产与创新，虽然针对协同创新的机制以及关联因素进行了深入的探讨，但忽视了实施协同创新过程中所受的各种要素制约，且缺乏针对既有生产协作网络及其形成的关联进行服务化要素协作与要素的服务化投入配置等问题的探讨，而其在制造业协同创新过程中的关联影响分析又缺乏产业针对性，且围绕制造业投入服务化的贸易、FDI创新路径的产业创新绩效的分析与验证也存在针对整个产业部门整体效应分析的不足。

另外，在产业创新研发效率的综合评估方面，既有研究主要针对单一部门进行了实证，或以相对静态的角度进行了制造业创新的投入与效率改进评价，其中也不乏服务化FDI机制背景下的制造业增长改进效率评估，但主要是以制造业的自身增长效率改进或影响效应研究为主，而未对影响的具体要素及影响机制进行深入研究，并缺乏针对FDI的行业技术引导、投入规模推进和盈利模式等要素以及东道国的政策、企业吸收创新能力等异质性的进一步影响机制分析。

和总产出的时间序列数据验证指出，随着经济的发展，世界各国的产业经济结构的层进式发展符合国家的经济水平增长步伐，并与后者呈现显著关联，即随着一国国民收入的不断增加，第一产业的比重会逐步削减，进而是第二和第三产业，特别是其中的国民收入以及劳动力投入资源的削减是最为明显的。而后，随着第二和第三产业的相应变化，最后延伸至第三产业的相关劳动投入增加以及收入的增长。

配第-克拉克定理不仅仅包含了对于一国经济发展时序下的产业结构调整变更的机理分析，更是对于不同横截面下各国的产业经济及其结构发展具有很好的解释作用。换言之，人均国民收入水平越低的国家，农业劳动力所占份额相对越大，其余产业对劳动力要素的占有则相对小；而经济的进步从劳动力要素的配置需求上形成了变动，而这其中包含更高阶的要素配置产出效率，从而引发了劳动力要素的份额在基础产业中的逐步递减，而第二、三产业的劳动力所占份额相对越大。配第-克拉克定理通过对产业结构要素的投入探讨，逐步分析了相应的产业结构变动，并且在一国经济以及民众收入水平提高的前提下，进行基于经济增长结果的产业结构变动分析；同时，这一定理的分析以劳动力要素投入的产业间变动为视角，其首先使用的是劳动力这一指标，主要侧重于劳动力这一传统要素的产业变动分析；最后，该定理基于三次产业分类法进行基础分析，这种划分严格遵循了对于三个产业的基本划分。可以说，配第-克拉克定理是严格遵循当时的产业结果及其进步状况的，但同时应该看到，随着之后的经济发展、资本、技术、信息以及知识等要素都逐步融入并参与了产业的发展，这种进步的投入方式，不能简单地套用配第-克拉克定理。

当然，对于产业的融合，配第-克拉克定理尚有可解释空间，根据配第-克拉克定理，产业进步与经济增长是按照基本生产方式运行而展开的，其中当第一产业，也即是农业满足了人们的特定需求弹性后，出现了产业收益弹性下降趋势，接着依次是第二和第三产业，笔者观察到这一定理对于我国制造业投入服务化产生机理的解释是可行的，也就是说制造业投入服务化对于产业进步而言，是要素在产业间流动，进而是更高层次协调分配的演化过程。

而随着工业产业针对性的投入规模增长，使得多处实现了“报酬递增”后，在传统劳动力以及资本要素配置下的产业获利收益弹性的削减，这促使产业革命向更高技术以及服务密集的领域做出尝试(Reiskin, et al., 1999)，而后随着产量的加大，单位成本下降的潜力逐步扩增，必将进一步推动工业的更大发展。

同时，可以看出作为产业融合，基于配第-克拉克定理的产业进步，是按照需求以及效率进步而获得的。首先，无论是我国的制造业对服务要素的需求，还是服务化应用的需求，抑或是制造业服务化，都是因为民众收入以及生活水平进一步提升，带来了相较于原始产品需求的多元化，而同时，基础农产品的需求因为满足条件或者所谓的控制条件在减少，从而引导人们的需求向农产品以外的类型发展，这就是分化的开始，也是要素逐步撤离传统产业，进入制造品的过程。遵循以上原理，产业经济以及获利效率的进步又导致了市场对于制造品的相对需求开始上升然后下降，再部分地让位于服务业。当然，从传统农业向制造业，进而是服务业的需求递增，并不简单地意味着边际需求的恒定，而是不断地增加，这主要是由于伴随着要素在产业间转移，要素的价格发生了变化，从而折合成相应的产品价格也逐步递增。其中的利益驱使更多的投产主体进入相应产业，此时更多要素也逐步集聚至相应的产业，形成了相较于传统意义上的第一和第二产业更为优化的产业层次，这样一来，丰富的产品供给赋予消费者更多的选择，并促进了市场交易品所引致的丰富边际需求。而对于进一步的产业融合，相对于其他产品，服务业不会表现出很高的边际需求。但若把服务业扩大到包括为企业提供的服务，融合后的服务业相对需求将是上升的。

另外，要素在产业间转移的动因如果按需求来进行解释，那么产业或部门间效率差异，则是制造业服务化或者产业融合的重要诱因。这主要是因为参与制造业生产的初期是以大量的劳动力要素累积来换取效能的提升，并且“制造品的一个静止的相对需求将会导致该部门就业劳动力比例的下降。甚至当制造品相对需求增加时，人们仍然可以一般地预期，该部门的就业劳动力在长期的比例是下降的”。而相比第一产业，制造业的劳动生产效率提升还伴随着产业部门内生的技术创新效率，这种伴生作用是具有聚集规模特征的，而第一产业在形成之初，并不具备技术创新的聚集内化功能，因此通常情况下，农业不具备制造业劳动生产率的上升速度。因此，根据配第和克拉克的观点可以推测，制造业的产业要素集聚规模化生产形成的效率将快速超越农业，虽然后者也获得相应要素效益产生的产业进步，但同时，前者具备产品类别和市场需求丰富的优势条件，从而形成了相较于农产品以及农业更高的要素集聚动因条件。以此类推，相应服务业的效率也同样得到显著的改善，但由于社会经济生活对服务业的各个部门的需求比生产率增加来得更为迅猛，因而服务业中劳动力的相对比例也相应迅速地获得了提高。

二、库兹涅茨定理对产业结构变动的解释

库兹涅茨定理，解释了产业结构变动的原因，特别是针对各国工业产业结构由劳动密集型向资本密集的转移，并且实现了这类转移下的价值增值的原因。

根据库兹涅茨定理，要素在产业间转移，主要是基于以下几种理由：

第一，经济规模在产业效率带动下的增长，也就是说随着经济的增长以及要

素的增加投入,资源的使用获得了在各个产业部门内不断增加累积的机会,这就是规模效应,这种规模效应不仅改变了要素投入在各个产业部门的不断累加,而且也推动了更高产业部门效率配置下的各种资源优化。

第二,随着产业要素的不断转移增进,技术效率备受关注,并且形成新的技术研发需求,从而进一步带动要素的优化配置,也就是说,更高的技术要素配置,形成了更高的产业效率回报,虽使得一国技术研发支出上升,但要素在产业间转移形成了新的技术效率回报,从而带动要素在各个产业的重新分配,这就是所谓的技术增进效应。

第三,随着经济的不断增速提升,要素的重定向配置方式不断改变着产业内要素的流向,同时也伴随着要素投入配置优化下的集聚,而逐步转向更高效率的部门,产业主体逐步开始尝试以技术革新的方式,进行相应的科研攻关,从而带动了更高市场收益效应指导下的市场结构、市场行为和市场绩效,并形成了相应关联,这也进一步促进要素因产业汇集而形成了新的产业结构布局。也就是说,技术的进步不是单向线性地影响了产业与市场结构,市场要素以及产业要素分布也重新得以调整。而同时,随着一国收入水平提高的过程中,市场机制不断完善,自然资源在交易中受自我调节的市场机制影响会减缓其对环境的恶化。在早期发展阶段,自然资源投入较多,并且逐步降低了自然资源的存量;当经济发展到一定阶段后,自然资源的价格开始因其稀缺性而逐步上升,产业被迫降低了对自然资源的需求,并不断提高自然资源的使用效率,同时促进经济向低资源密集的技术发展,进而是相应的产业结构变动、调整与制造业服务化的进步。

三、迂回生产促进效率改进及产业融合

根据奥地利迂回生产理论,相对更为曲折的生产过程以及方式组合,首先形成的是相对更为复杂的生产冗余,但在规模经济方式运作下,这种迂回形成的是更为复杂的生产分类,进而是相对更为专业的分工,从而形成了在此基础上的规模化效率(袁业虎,2014);格鲁伯和沃克(Grubel & Walker, 1993)[①]同时指出,在这种分化下,融入生产的不仅仅是传统的资本以及劳动要素,更是相对具有机制意义的生产模式,而这就包括了配合制造生产的服务。两人认为服务在传统生产领域上的应用不仅提供了生产高效率的便利,而且使得专门化的服务供给变成可能,从而带动了知识、技术以及信息在服务业和传统生产制造部类间的传递。而后 Francois & Reinert(1996)等学者基于此观点,提出迂回组织生产会最终将上述专业分工组织,以及技术、知识等信息以组合的形式,反馈至重新组织

---

① (美)格鲁伯,沃克.服务业的增长:原因与影响[M].陈彪如,译.上海:上海三联书店,1993.

的劳动以及资本等基础要素中，进而被导入生产过程，从而实现这种融合服务的制造生产的显著进步。当然，迂回生产组织形式不仅仅是产业间实现融合生产的创新，更是产业再生产过程对于资源要素重组的创新，Dllek Cetindamar Kakaomerlioglu & Bo Carlsson(1999)等人认为融合生产是在全球化市场经济变革下的最好应对模式，它不仅为制造业提供更高的产业复合效能，而且在生产流程的各个环节专业性上有了明显的提升。同时，为两个部类的专业效率提升提供专门化发展的可能性。Raa & Wolff(2001)强调复合型生产解决了制造业以及服务业领域各自的资源要素组织效率提升滞缓的问题，而传统生产的进一步服务化运用本身，就是降低资源组织消耗的便利性做法，但这这一做法的逐步规模化扩展下，制造业以及参与其中的服务业都获得了探究自身能耗、资源效率问题的机会，从而为进一步的制造业投入服务化生产组合的要素单位效能改善奠定了基础。因此，笔者认为这种基于外包、外购的灵活生产方式为制造业以及服务业的各自要素单位效能创新提供了前提与生产组织空间。

四、产业分工、融合推动的高阶创新

随着全球化经济的深入发展，低附加值价值制造逐步被排挤了竞争空间与市场地位，市场的进一步需求要求制造的价值核心需要，由利润向创新甚至服务方向进行积极变更。就制造业自身而言，需要引入服务来降低基础资源要素的能耗水平，而对于服务业而言，有待于进一步提升产业分化及其相应的生产效率(Cyert & Goodman, 1997)①，这就为两产业基于分工的融合提供可能。制造业投入服务化的本质是制造企业在生产经营过程中越来越倾向于投入服务要素而减少实物要素投入的过程(Park, 1994)，这一过程不仅能提高制造企业生产效率，还能降低生产过程中对自然资源的依赖程度，从而减少对资源的过度消耗和对环境的破坏(姚小远，2014)。

另一方面，制造业对于服务化的外向剥离为后者的交易费用和资源要素运用成本的削减奠定了基础，并同时抵消了再生产投入所形成的规模扩张，而这也为进一步的要素单位效能创新提供契机(Filson, et al.，2000)，因此，两产业在融合过程中的成本约制，是形成制造业投入服务化的基础，也是服务业推进其产业进一步分工的前提条件。

最后，制造业投入服务化对于高效生产以及要素生产效率的汲取，并不仅仅以劳动力、资本要素的削减为机制，更在于按照服务化对其生产流程的替代获得

---

① Cyert, Richard M., and Paul S. Goodman. "Creating Effective University-industry Alliances: An Organizational Learning Perspective." *Organizational Dynamics* 25.4(1997):45-57.

投产规模的增补(Koschatzky, 2002)①,从而开辟制造业进一步的低资源要素消耗创新研发。这是制造业及其依赖于制造业投入服务化融合所形成的创新高阶形式,也是评价一国制造业是否获得制造业投入服务化真正综合性质创新能力改善的判断标杆。

五、贝尔的“后工业社会”分化原理

贝尔(Bell, 1997)②选取以美国为代表的发达资本主义国家,以中轴原理为核心展开“后工业社会”的论述,并认为基于社会现实的复杂性,以及观察视角的多元性,产业的复杂化是一种必然趋势,也是产业经济运行的社会化结果。他首先提出任何的产业进步与融合都可以被解释成包括经济、技术和职业制度在内的综合演进,并主张不同于传统的工业社会,产业技术进步与创新是由高科技引发的。而佩西则认为作为信息产业革命的产物,服务化是工业化的资本主义发展的又一个阶段(佩西,1988)③。世界性的信息科技产业革命引起了经济产业结构的变化,产业结构的变化导致社会结构的变动,所谓“后工业社会”就是发达工业社会的社会结构变动的产物。在阐述后工业社会的形式特征的过程中,根据贝尔的观点可以将现代社会按照产业核心划分为第一产业,也即是农业、第二产业即工业与制造业;第三类,主要指服务业;并指出随着社会的进步,第三类是社会后工业化转变以及未来发展的主流趋势,这种趋势不仅包括既有生产要素对于产业的分化和布局,也包含了产业参与群体在各个行业内部不同的覆盖程度,这种覆盖程度主要涉及了参与向制造业融合过渡的贸易、金融、运输、保健、娱乐、研究、教育和管理。贝尔认为一般意义上的产业创新社会主要包含以下特征:

第一,经济结构从商品生产经济转向服务型经济。后工业社会首要也是最简单的特征就是:大多数劳动力不再从事农业和制造业,而是从事服务业。

第二,专业和技术人员阶层处于社会的主导地位;职业分布以技术阶层的崛起为特征。所谓职业分布,不仅指人们在何处工作,还指他们从事何类工作。

第三,技术理论知识逐渐居于中心地位,成为社会革新和制定政策的源泉,并对技术的发展具有规划和控制功能;工业社会是生产商品、协调人与机器关系的社会。后工业社会则是围绕知识,为了创新和变革,实施社会控制和指导而组

---

① Koschatzky, Knut. “Networking and Knowledge Transfer Between Research and Industry in Transition Countries: Empirical Evidence from the Slovenian Innovation System.” *The Journal of Technology Transfer* 27.1(2002):27-38.

② (美)丹尼尔·贝尔.后工业社会的来临[M].高铦,等译.北京:新华出版社,1997.

③ (意)佩西,人类的素质[M].薛荣久,译.北京:中国展望出版社,1988.

织起来的社会;这样也就形成了必须从政治上对经济以及产业构成加以管理的新型社会关系和新型结构。

第四,未来方向是技术控制和技术评价。根据新的技术预测模式,后工业社会有可能掌握进行社会变革的新手段,也就是对技术的发展进行规划和控制。

第五,新的智能技术兴起并成为产业主体在进行技术研发创新决策的工具,即能否以全新的要素组合,获取决策以及更具有智能生产与智能效率的技术,换取新的产业增长。

作为理论的核心部分,贝尔所依赖的中轴原理在强调社会观察多元性的同时强调重点性原则,并且认为中轴与非中轴不是直线的因果决定关系,而是观察选择角度不同造成的相对结果,且具有中轴的多样性、变动性,这主要是解释了为何在产业结构变动过程中会形成跨产业的融合,而这种融合又是基于不同的要素组合融入而引起的。在这里,贝尔的"后工业社会"虽然是从描述、说明角度阐释了社会结构以及生产结构变迁的一种新现象,但却包含了基于知识、技术及其在生活中的地位和作用的变化,并强调上述变动导致的经济社会变迁,并且依据经济社会运行的核心作用机制针对产业及经济和社会运行目标进行了相应的阐述。

根据贝尔的观点,后工业社会包含以下特征,首先在经济层面:从产品生产经济转变为服务性经济,是进一步的产业分化促进了要素在产业的转移,并且这种转移是互动而不可逆的,它的运行是以技术进步、效率提升为中轴而展开的,同时,不同产业的不同规模优势在融合创新后,分别对不同要素产生足够的吸引力,这种吸引力是形成串联要素配置的产业重构的关键;其次,在职业分布层面:专业与技术人员阶层处于主导地位,这大大改变了原先以产业工人决定的产业经济收益机制的历史,甚至随着技术革新的进一步深入,逐步形成了部分要素替代原始的、基础劳动力,更有甚者对人力因素进行了驱离,而这一进步现象的中轴是技术以及劳动力要素的投入绩效,以及创新在上述投入绩效中的贡献;再次,在运行的未来方向发展方面:贝尔认为后工业社会的转型变化本质上是依赖于技术的产业结构变动的运动,也就是说这一层面的变化轴心是技术进步,随着控制技术发展以及人们对技术进行鉴定和产业应用的逐步广泛与深入,形成了大量的技术应用的推广,并对于技术串联的因素带动和整体转移产生了巨大的推动力,再由人力资本所携带的信息以及技术,逐步在各个产业部门间的转移,进而促成了各个产业的融合。

这一理论对于制造业服务化融合的主要解释贡献在于,随着产业的进步以及生产要素在不同产业间的进一步集聚,出现了围绕收益回报中轴核心,以及持有核心知识或技术的专门人才从传统生产部门分离后的向心集聚,而这都是制

挑战。

其次，知识生产研发创新由于进一步推进了产品生命周期的显著缩短，从而从客观上带动了制造业企业微观主体为适应市场竞争而进行更为迅捷的创新生产（Isaksen, 2001），也就是说这是一种循环的推进。当然，制造业微观主体在进一步的知识生产创新研发活动中，由于需要大量的投入成本，不仅面临企业经营风险，而且其技术更新、经营应变性的压力都有所增加，最终致使部分微观主体被市场以及技术创新压力所淘汰。

最后，知识生产研发创新由于进一步推进了我国制造业投入服务化实施主体企业的资源要素配置效率，从而从客观上进一步加剧了制造业企业微观主体之间的市场和创新技术改革的竞争（Tödtling & Kaufmann, 1999），这种竞争的核心阵地已经不仅局限于产品和服务领域，更是前移、扩展到了研究发展阶段，从而在客观上推动了更多制造业企业微观主体对于产品以及资源要素的重视，并推动了制造业投入服务化的要素组合与重新配置的知识生产研发创新，在竞争中形成了基于研发创新的市场主攻方向以及资源整合的有效性（Janzen & Degenaars, 1998）①，并对制造业企业微观主体的研发（Research & Development, R&D）提出了更高的要求。

另外，作为一项保护并推动产业内部原始创新的基本制度，知识产权制度对于制造业投入服务化创新具有重要意义，也是制造业企业微观主体实现知识生产研发创新进步的重要推动力量（Berends & Romme, 2001）。而在推动过程中的知识生产研发创新人员及其参与活动被承认和激励的程度，也是进一步推进我国制造业企业微观主体，实现产业要素向服务化转移的保障机制。对于制造业企业微观主体而言，想要保持住竞争优势或不在竞争中被淘汰出局，必须始终保持知识生产研发创新活力。这不仅仅是企业内部吸引知识生产研发创新的人才要素的问题，更是企业以何种形式以及程度和力度，保护既有创新成果或创新活动过程的主体参与者的利益问题；而这一问题的妥善解决将帮助制造业企业微观主体在进一步的市场以及创新竞争中，实现知识生产研发创新研发能力以及市场竞争力的层级跃迁。可以说，知识生产研发创新的效益，在很大程度上取决于创新者和创新成果之间的产权关系，以及社会对创新成果产权的保护状况，知识生产研发创新活动的水平在很大程度上取决于知识产权制度的不断完善（Fisher, et al., 2000）。近200余年来，美、日等国纷纷构建起知识产权战略体

① Janszen, Felix HA, and Grada H. Degenaars. "A Dynamic Analysis of the Relations Between the Structure and the Process of National Systems of Innovation Using Computer Simulation; the Case of the Dutch Biotechnological Sector." *Research Policy* 27. 1(1998):37 - 54.

系，推进本国以及面向全球产业竞争的知识生产研发创新，这也从另一侧面说明，随着制造业对于产业的服务化要素引入、配置和产业重组应用的重视，投入服务化过程中的知识生产研发创新会越来越凸显出其对于产业创新的有效贡献(Schiuma & Lerro，2008)。而在这一过程中，参与知识生产研发创新的企业微观主体、周边竞争者，连同实施组织知识生产研发创新的科研院所、高校等主体，逐步得以实现围绕制造业投入服务化要素的重组配置的活动，进而进一步强化了知识生产研发创新主体群的协作；最后，政府也在进一步的知识生产研发创新过程中，逐步注意到了政策倾斜与支持对于知识生产研发创新的重要性，特别是在我国制造业转型升级的过程中，各个企业微观主体为进一步实现能动创新，需要在服务化要素的组合配置中，实现更高效的要素组织及生产。

第二节　文献回顾

知识生产函数由格瑞里茨(Griliches)于 1979 年首次提出[1]，他主张以知识作为一个生产创新的运用过程，并认为应该以知识生产研发创新作为生产和产业增长的创新资本投入要素(R&D input)来看待。格瑞里茨的知识生产函数之后被逐步应用于关于创新知识生产和制造业生产创新绩效增长方面的研究，并成为这一研究领域重要的理论框架工具，之后的研究逐步将知识生产函数列为创新溢出在经济产出贡献报酬研究领域的重要方法，并逐步扩展至微观主体之外的制造业经济研究领域。Seufert，S. & Seufert，A. (1999)[2]认为，基于知识生产研发创新的组织体系结构可以分为三部分：即一是知识行为主体(包括个人、部门、企业等)；二是知识主体之间的关系；三是各知识主体在它们关系中所运用的资源和制度及由此构建起知识网络，从中可以看出，基于知识生产研发创新的活动，是一种具备协同性质，以及多组织实体交互的创新实践行动。作为衡量创新能力在其绩效溢出方面重要因素的知识生产研发创新，学者杰菲(Jaffe，1989)认为，作为生产函数还可以度量微观企业主体的创新生产经济在知识生产研发创新方面的产出，以及相关科研机构的直接对应性创新产出。Bartol &

① Griliches，Zvi. “Issues in Assessing the Contribution of Research and Development to Productivity Growth.” *The Bell Journal of Economics* 10(1979)：92 - 116.

② Seufert，Sabine，and Andreas Seufert. “The Genius Approach：Building Learning Networks for Advanced Management Education.” *Systems Sciences*，1999. *HICSS - 32. Proceedings of the 32nd Annual Hawaii International Conference on*. IEEE，1999.

Srivastava(2002)[①]认为，经济增长的知识化是新经济增长理论产生的根本原因，因此以知识生产函数模型为基础的研究成为新经济增长理论发展的一个重要分支。

关于制造业的知识生产创新研发，学者 Asheim 和 Isaksen(2002)及 Martin Andersson & Karlsson(2006)[②]等人认为，制造企业进行一定程度的集群化创新，主要依赖于丰富的市场创新信息供给，并通过综合产业集聚过程中的人力资本、市场机制进行进一步的网络合作，由此来逐步形成更高的知识生产创新研发投入绩效。Pang Lo Liu(2005)认为，随着经济全球化的进一步深入发展，制造产业不仅面临着技术竞争和科技革命的推动，还面临着知识创新研发的竞争压力。而进一步的产业快速发展以及技术创新为企业参与市场竞争奠定了基础，从而出现了竞争对手间互动的节奏明显加快、客户需求变化迅速等特征，企业被迫适应新的商业环境；而与此同时，商业市场竞争以及技术创新的推动也进一步激化了组织内部对于要素组合配置的变革创新，也即是产生了内部和外部因素对于组织生产创新研发的推动。

同时，Gima 等人(2006)认为，随着新技术的推动，制造业新企业在对外直接投资过程中逐步形成了知识生产研发创新的鲜明特色，基于对上述企业群体的验证发现，随着市场竞争的逐步激烈，部分企业以市场运作机制导向的策略不一定适应新的知识生产研发创新浪潮，从而被市场淘汰，但部分企业由于结合了市场需求以及技术革新的产品增值亮点，获得了知识生产研发创新与市场策略的双赢。

关于知识生产创新研发投入及其对于创新能力提升作用的关联，Kortum(1993)针对知识生产创新研发投入与研发经费及创新主体的专利产出进行了样本实证验证，并证实其关联弹性系数约为 0.6；Li，Liu & Zhao(2006)[③]认为，中国制造产业的技术进步不仅仅得益于市场的竞争机制，更在于利用了结合投入要素引向服务化的方式，从而获得生产效率的提升。制造业企业面向更激烈的市场竞争，由于进行了自发式的知识生产研发创新，获得了进一步挤占国际市场的机会；当然，制造业企业微观主体在进一步的研发与生产竞争中，应该处理好

① Bartol，Kathryn M.，and Abhishek Srivastava. "Encouraging Knowledge Sharing: The Role of Organizational Reward Systems." *Journal of Leadership & Organizational Studies* 9.1(2002):64-76.

② Andersson，Martin，and Charlie Karlsson. "Regional Innovation Systems in Small and Medium-sized Regions." *The Emerging Digital Economy*. Berlin Heidelberg: Springer，2006. 55-81.

③ Li，Yuan，Yi Liu，and Yongbin Zhao. "The Role of Market and Entrepreneurship Orientation and Internal Control in the New Product Development Activities of Chinese Firms." *Industrial Marketing Management* 35.3(2006):336-347.

企业利益导向、市场需求导向和创新绩效导向的平衡，从而才能获得基于知识生产研发创新的创新绩效提升。Calanton，Garcia，& Dröge(2003)认为，企业要进一步适应知识生产研发创新，不仅仅要从企业战略以及市场策略上进行结合性分析与实践，更应该利用现有的要素生产与组织网络，逐步实现密切结合竞争环境，特别是产品自身环境竞争性的知识生产研发创新，从而为企业获得相应的技术竞争力铺垫。而廖中举(2013)指出，制造业的研发投入与其经济增长绩效存在显著的正关联，并证实制造业在知识生产研发创新增长过程中的专利发明中介影响作用相对高于新产品。赵瑞芬、王俊岭、岳建芳等人(2012)基于制造业产业集群研发创新绩效的实证结果，提出产业集群有助于制造业知识生产研发创新以网络状的学习，克服自身的经济竞争原状态地位，而获得因创新参与积累的自身经营效应，并进一步累积有助于制造业创新绩效增长的知识生产研发创新及能力。吴玉鸣(2006)借助常系数空间滞后模型、空间误差模型、变系数回归模型以及地理加权回归模型，验证了我国省域知识生产研发创新的关联因素，其获得的主要结论有：我国省域创新能力的贡献主要来自企业研究与开发投入，大学研究及其与产业微观主体的联合创新尚未对我国区域增长形成显著关联。同时，吴玉鸣通过局域地理加权回归计量分析发现，产业内部的知识生产研发创新以及人力资本创新要素都对产业技术进步产生了显著正关联。吴爱华、苏敬勤(2012)根据专用性程度不同，将知识生产研发创新归纳为源自于人力资本的创新突破性，以及渐进的突破创新，并认为一个企业或者一个产业乃至一国的知识生产研发创新能力也由人力资本的创新突破性，以及渐进创新突破性构成，且两者存在一定程度的协调性。两人选取企业规模、R&D投入、环境规制以及市场需求、竞争强度等控制变量，进行产业知识生产研发创新能力与绩效间的关联验证，并证实：人力资本的专用性越强，渐进性产品创新能力而非突破性产品创新能力越强。但知识生产研发创新中的人力资本要素并未显著影响后者的渐进式突破创新；而对渐进性产品创新能力来说，弱专用性人力资本有利于新产品绩效，而强专用性人力资本不利于新产品绩效。

综上而言，现有研究针对知识生产研发创新主要选取专利、人力资本等因素进行了关联研究，但未就知识生产研发创新微观主体的自身创新研发行为、人力资本配置及其所处区域的制度环境，及相关科研院所机构等主体的投入与制造业投入服务化过程中的知识生产研发创新绩效进行联合验证分析，从而导致制造业投入服务化在知识生产研发创新方面的对策建议的集中性不足。

第三节 制造业投入服务化的知识生产研发创新能力提升机制

一、研发资本投入推进研发创新累积

研发投入是影响一国或地区知识生产研发创新能力的重要累积变量，特别是对于发展中国家而言，FDI（外国直接投资）、进口贸易和国外专利申请都是形成研发创新的重要资本投入来源（Aghion & Tirole，1994）[①]。但现阶段我国的制造业不仅仅面临市场竞争的压力，还需要整合资本、技术、人才进行技术突破与创新（Argyres，1996）。因此，对于广大制造业企业微观主体而言，目前的独立知识生产研发创新中，提升自我创新能力的关键要素还在于从 FDI 以及贸易的过程中，及时捕捉国内外技术差异与市场需求信号，进行制造业企业微观主体的抱团创新，一方面解决研发资本投入的存量问题，一方面紧跟制造业国际竞争步伐。

同时，从我国制造业企业微观主体的投入资本运营现状来看，进一步研发投入过程中的有条件资本化是一种相对稳妥的做法，也为制造业投入服务化创新做好了必要的资金准备。这主要是由于，制造业企业无论是国有企业还是民营企业都存在一定程度的研发投产比不足，更直观地来讲，制造业企业的研发投入力度普遍相对过低，而通过部分比例的投入费用资本化，不仅能触动投产主体参与投入服务化的独立知识生产研发创新活动，而且能确保制造业企业主体以合理的投入比例，平衡好企业的产品市场化运作与企业技术研发活动，也即以有限的资源投入实现研发创新活动与创新能力的提升（Beneito，2003）[②]，否则，过度或过低的技术溢出创新投入，都将不利于制造业企业微观主体的创新积极性与创新能力累积。另外一部分比例的投产研发费用资本化的运作方式还推进了制造业企业微观主体对资源配置的综合利用（Martinsons，1993）[③]，促使制造业企业内部的研究与开发项目、企业未来收益的紧密结合，从而进一步增强了产业持久的创新竞争力，这主要是因为制造业企业会完全依据技术创新对企业长远发

① Aghion，Philippe，and Jean Tirole. “The Management of Innovation.” *The Quarterly Journal of Economics* 109(1994)：1185－1209.

② Beneito，Pilar. “Choosing Among Alternative Technological Strategies：An Empirical Analysis of Formal Sources of Innovation.” *Research Policy* 32.4(2003)：693－713.

③ Martinsons，Maris G. “Outsourcing Information Systems：A Strategic Partnership With Risks.” *Long Range Planning* 26.3(1993)：18－25.

展的重要性、产品线相关性以及配比性原则，开展相应的服务化资源融入与主体内部的协调性配置，而不至于过多购进关联性指标相对较低的服务类别的要素，以这种方式所形成的制造业投入服务化知识生产研发，促成了每个投产与研发的真实高效性，更能体现企业的经济实力，从而提高知识生产研发信息决策的有用性。

二、专利申请对创新绩效的扩散

当今世界的产业竞争从某种意义上讲是创新成果的竞争，而成果的客观呈现的一个重要形式便是专利成果。这主要是由于，在不断深化发展的产业经济运行过程中，要素密集程度逐渐从最初的劳动力中抽离，步入资本要素，进而再是信息、服务乃至知识要素，特别是随着高新技术产业的不断发展，传统制造业也面临产品技术含量提升的压力。而这一过程的必然结果便是更为丰富的产品价值形成成果，这种成果不仅仅形式多元化，而且价值呈现状态也各有不同，但最为集中的则是专利成果。就世界范围来看，美国、日本当仁不让成为实际专利大国，其中日本年均专利申请量达 40 多万件，紧追其后的是美国的 20 余万件以及德国的 15 余万件，上述两国在全球五百强企业所属国中的专利申请比例也是最高的[①]，即对于发达国家而言，专利申请已经成为衡量其产业知识创新研发能力的重要指标数据。

因此，要维护产业创新成果，将创新或技术改进的成果予以客观化是一个明智的选择，因此知识产权的专利申请与保护成为了这一路径的具体实现形式。换言之，传统制造业间的竞争，实质上变成了知识创新和技术创新成果化和规模化的创新竞争，而两者竞争的焦点又聚集到了关于知识产权的竞争，于是，以知识产权竞争机制形成的专利成为了制造业投入服务化过程中提升自身技术创新研发能力的又一重大指标，专利申请及其获取也成为提升一国或区域自主研发创新能力与独立知识生产研发创新活动的重要实现机制。

三、科研院所等主体的创新支撑

随着一国的技术进步以及产业创新研发的深化拓展，越来越多的国家倾向于以产学研、官产学的模式组织进一步的技术创新研发，其中科研院所作为串联产学研或者官产学组织的重要角色，对于产业技术革命与创新活动具有重要地位(Markusen, et al., 1996)。这主要是由于，目前我国制造业整体上受制于市场的程度，高于受制于技术创新突破的程度，也就是说，我国制造业企业微观主

---

① 美国的力量变化：10 年来的一些轨迹（下）[EB/OL]. http://theory.people.com.cn/GB/136457/17868896.html，2012-05-11.

体目前主要担忧产品是否能卖出去，而作为整个市场"担忧"的却不是产品的销售状况，而是日益增长的多元化需求是否能被满足，特别是对于产品中是否包含信息、技术等高附加值，这也成为当今制造产品市场上聚焦的关键问题，而同时，这种矛盾不仅影响了产品的市场竞争力，更在更深程度上影响了我国制造业投入服务化过程中的知识生产研发创新，且受到制造业企业微观主体自身的投产费用限制，产业发展周期中有许多创新行动有所约束(Pyka & Jel, 2000)。因此，对于广大制造业企业微观主体而言，深度知识生产研发创新或更大规模创新资金主要来源于当地政府等相关部门(Parmigiani & Mitchell, 2009)，而此间，政府可根据制造业所在区域的产业特点优势及现状，动态调整或增加对科研院所研发资金的总量投入(Nelson, 1987)，以稳定制造业企业财政支出的增长机制。同时，政府应立足于制造业投入服务化的全局，可从产业结构调整、调整创新与原始创新间的比例控制等角度，实现制造业投入服务化技术创新的最低风险组合(Romijn & Albaladejo, 2002)。

最后，作为在制造业投入服务化的创新，仍面临机遇与挑战并存的问题，但同时可以观察到，制造业投入服务化的进一步技术创新研发举动，仍是基于长远利益与短期利益的平衡(Lewis & Yao, 2001)。简单地说，政府的制造业投入服务化技术创新研发资金供给主要是以科研院所及其项目为对象，而这一机制为科研院所开展科技创新收效评估以及创新项目是否留存和继续进行提供参考，从而为制造业企业微观主体、高校争取更大规模的投产研发资金奠定了制度基础。

四、人力资本优化传导创新绩效

经典贸易理论认为在参与国际竞争和产品贸易的过程中，产业相同的比较优势可以被不同的国家或地区所拥有，即一国具有的比较优势，其他国家也可能具有(Steensma & Fairbank, 1999)。同时，在如今开放的全球化经济背景下，还要注意各国间比较优势的动态变化特征，这不仅是国际贸易深化发展的进步趋势，更是世界各国以自身资源要素的优势挤占国际贸易市场竞争的必然结果。一个发展中国家不可能长期拥有其国际贸易中占优势的资源要素禀赋，同样，任何一个发达国家或地区也不可能同时拥有多项基于产业要素集聚的国际贸易或产业运行的资源要素禀赋优势(Combs, Michael, & Castrogiovanni, 2004)①；而同时，任何发展中国家都有可能通过一定的国际贸易交流，获取提升自身国际贸易资源要素禀赋优势的机会。换言之，想要获得国际贸易的胜利，不断提升自

① Combs, James G., Steven C. Michael, and Gary J. Castrogiovanni. "Franchising: A Review and Avenues to Greater Theoretical Diversity." *Journal of Management* 30.6(2004):907－931.

身对于资源要素禀赋的创新组合实力，是其关键所在(Fulghieri & Sevilir, 2003)①。我国曾在相当长的一段时间内以劳动力资源要素禀赋占得了世界贸易的先机，获得了至关重要的发展，在这一过程中，中国制造业获得长足的进步和必要的原始累积，然而其他发展中国家在这方面也具有相同的比较优势。因此，我国制造业在进一步的生产、贸易以及知识生产研发创新的竞争过程中，是否能发挥本国的比较优势将取决于本国劳动力与其他发展中国家劳动力的竞争优势的比对，而这其中最重要的便是人力资本要素。

从林毅夫论证亚洲"四小龙"(1994)②增长发展的原因分析中可以发现，人力资本作为重要的知识信息以及生产或者服务过程中的技术携带要素，具有其他传统生产要素所不具备的优势，而这一优势也离不开人力资本要素参与到各国的产业进步以及产业的分化、融合，其中就包含了人力资本要素参与产业技术研发，并从原先的低报酬产出产业向相对高报酬产出产业的自由流动与转移(林毅夫，1999)③。人力资本参与产品研发、产出增效以及市场效应的提升，乃至产业的融合创新，都是人力资本要素结合基本生产要素，推动原先产业获得进步的重要机制。而这又进一步推动了产业内的比较优势战略在一国或某地区的持续延续(曾卫锋，2000)，人力资本带动的知识生产研发创新动力，促使了经济发展的每一个阶段的技术优势得以提升，并获得其他资源要素禀赋的共同优化的机会，从而维持经济的持续增长并提升资源禀赋的结构效应。根据赫克歇尔-俄林(1986)贸易理论，可以进一步推断，参与知识生产研发创新的人力资本在企业内部的高效率层次化分工，首先促进产业内的产品价值增值与企业增效，再通过一定的生产合作关系，将产品或技术推广于产业内部，促进产业自身的技术优化并将之应用于生产和贸易中(Galán, Galende, & Gonzalez-Benito, 1999)④；随着贸易和国内生产的进一步增进，国内产业和国际贸易的结构逐渐朝着该国或地区的优势产业及资源要素禀赋优势一方进行侧重调整，形成了产业结构和贸易结构的变动；然而在接下来的长期贸易发展过程中，该国或地区会经历与其持有相同或类似资源要素禀赋或产业优势的同质化竞争，于是要么在竞争中获胜，要么该国或该地区转变自身产业及资源要素禀赋优势(Kiratt & Lung, 1999)。在这个过程中，对于我国制造业而言，制造品贸易的出口会经历从一种资源要素

① Fulghieri, Paolo, and Merih Sevilir. "The Ownership and Financing of Innovation in R&D Races." *ECGI-Finance Working Paper* 18(2003).

② 林毅夫，蔡昉，李周. 中国的奇迹：发展战略与经济改革[M]. 上海：上海三联书店，1994.

③ 林毅夫. 中国的奇迹：发展战略与经济改革(增订版)[M]. 上海：上海三联出版社，1999.

④ Galán, J. Ignacio, J. Galende, and J. González-Benito. "Determinant factors of international development: some empirical evidence." *Management Decision* 37. 2(1999): 778 - 785.

禀赋逐渐向另一种资源要素禀赋的结构性转变，这种转变在现阶段看来，已不应该再是劳动密集，而应该是基于熟练劳动力基础上的技术熟练程度改进后的要素禀赋，也就是说，我国制造业产品在今后的贸易和生产发展过程中，必须经历以人力资本密集型产品为主，然后发展到以技术甚至知识密集型产品为主的过程转变。

而随着产品贸易以及产业的进一步发展，只有基于人力资本进行的创新研发和产业的不断升级才能使一国要素禀赋的比较优势得以持续发挥(Rogers, 1996)，进而获得产业的自身知识生产研发创新能力的提升，从而促进产业以及贸易经济的发展(Hart-Landsberg & Burkett, 1998)。达斯在对日本—亚洲新兴工业化经济—东南亚国家—中国、南亚国家的经济增长剖析中(迪利普·K·达斯，1999)①指出，“亚洲奇迹”符合“雁行模式”，也即随着世界各国特别是某一集中区域内，各个国家或地区贸易主体的产业进步和人力资本对本产业知识生产研发创新能力的提升促进了经济主体的技术创新竞争力的增强(Layton, 1971)。林毅夫认为，上述这一现象产生的背后便是大量的产业内人力资源参与产业知识生产的创新研发，使得具有不同产业创新能力层次的主体在产业结构调整过程中，从不再具有比较优势的产业直接移到下一级阵营中(林毅夫，蔡昉，李周，1999)。而后随着20世纪90年代，诸多发展中国家的各类产业比较优势的交叉重叠，吸引了更多人力资本竞相参与产业内贸易以及生产的创新研发竞争，与此同时，各国产业的技术创新研发能力进一步提升，这其中也包含了大量与日本等国在制造业产品方面的研发竞争，而此时东南亚的泰国和马来西亚等国开始了重在工业化创新研发与第三世界各国市场的直接竞争，从而形成上述两国产业内平均超过15%的劳动力参与知识生产研发创新，中国、拉美诸国以及东欧国家也逐步加入这一行列，使得产业内知识生产研发创新带动了各国相应产业的技术竞争力提升。而后，连同中国在内的东盟各国，为产业进步所注入的人力资源，在一定程度上有效地提升了各国在世界贸易竞争格局中的比较优势地位，且已经逐步超越了发达国家之间的竞争(Muscatelli, Stevenson, & Montagna, 1994)。因此，无论是劳动密集型、资本密集型还是技术密集型，对于任何一国而言，应当随着资源禀赋的提升而不断地使国内产业升级。

五、市场化推进创新效能提升

“企业需要政府的时候，政府无处不在；企业不需要政府的时候，政府无影无踪”，这是制造业投入服务化对于知识生产研发创新过程中市场化环境的一种期

① (加)迪利普·K·达斯，亚洲出口构成及比较优势的变化[J]. 国际贸易译丛，1999(5)：1-11.

望性描述(Gomulka, 2006),也就是说,制造业投入服务化要从对外开放和协同创新中获得累加甚至扩大的效应,关键的一点便是以更大程度的知识生产研发创新为起点,进行依托于政府、结合市场的创新过程与创新能力的共同进步(Anon,1998)。而独立自主式的创新并不是一蹴而就的,更是受到多种因素动态化的影响,特别是对于当前经济运行条件下,投入服务化本身就是一种针对制造业进步的高要求(Sherwood, 2000)。因此,通过一定程度的市场化的创新实践,对于制造业而言,应该是结合市场需求的高紧密度的创新,换言之,当前阶段我国制造业投入服务化需要按照市场需求,进行知识生产研发创新。这一原则的贯彻应基于当前市场的需求,即能否满足市场和社会的需求。市场的需求是变化的,各个制造业企业应该首先结合市场最前沿的需求,进行投入服务化的思考,并结合自身知识生产研发创新的能力,再基于对市场及其变化的最深刻理解,确立完全结合市场需求的、独立的知识生产研发创新的市场价值和社会价值(Hunt & Morgan, 1996),这既是制造业企业微观主体自主创新的起点,又是赢得市场、获得高效知识生产研发创新能力的关键点,也是通过制造业服务世界市场需求,形成自主研发与协同性制造业投入服务化创新的终点。

对于广大制造业企业微观主体而言,能够从一开始就紧扣市场的需求,其知识生产研发创新对于投入服务化过程中的创新能力的提升是显而易见的(Guan & Ma, 2003)。因为从企业个体角度而言,其所能掌控的市场信息有限,而结合市场需求,必然是经过技术层次筛选和优化的,也是诸多企业技术创新的共同趋向,这种集体的方向性取舍与人才、技术、服务以及信息的走向必然是一致的,从而将帮助企业获得更多资源要素的集聚(Asheim & Isaksen, 1997),但从制造业企业微观主体自身的技术创新能力提升实效来看,通过市场化的技术创新研发的同时,还要求微观企业主体能否通过适度的结合性创新,实现其市场价值和社会价值。从产业要素的角度来看,集中于企业的各项要素对于技术创新而言,并不是简单的数字相加,其内部的逻辑性是要依靠市场对于制造业投入服务化的生产技术,才能得以重整和有序化(Isaksen, 2001),这种有序化不仅仅体现在人力资源等要素的层次排列、劳动力资源的成熟度集中性上,还表现在信息相对于市场创新需求联系的紧密程度,而这个过程也主要是依靠制造业企业微观主体自身的不断市场化创新来形成的。

制造业投入服务化过程伴随的技术创新,对于制造业企业自身而言也是一对矛盾共同体。因为就制造业企业微观主体而言,在既定资本以及人力资本要素条件下,既要突出制造业发展,又要占得市场先机,是矛盾而难以兼顾的(Vilanova & Leydesdorff, 2001)。特别是对于那些先期注重技术研发生产的制造业企业微观主体,一般都在技术研发出来后,自觉与不自觉地把新技术带来的市场利润获取作为最终目的，致使最新研发创新成果变成了套利工具，虽然这种行为无可厚非，但却在客观上影响甚至阻碍了制造业投入服务化过程中的知识生产研发的持续展开，并使后者只能流于形式，而无法转化成制造业企业微观主体参与国际市场竞争所需的更高生产力；另一方面，对于制造业企业微观主体而言，同样面临独立自主研发项目投入高、周期长、占用资金多的问题，这往往也造成企业在获得技术累积后，无法高效实现其市场目标(Love & Roper, 2002)。但无论是完全自主研发创新，还是结合市场的局部研发，都在一定程度上提升了研发团队的攻坚能力以及制造业企业微观主体的知识生产研发创新积极性，所不同的是，充分结合市场需求进行的独立自主研发创新，能更高效地平衡市场需求、研发目标与企业自身研发创新(Hansen, 2002)。因此，市场化程度成为制约并影响制造业企业微观主体知识生产研发创新能力的重要因素，它具有推动我国制造业微观主体的知识生产研发创新进程与创新能力提升的能力。

制造业企业微观主体在进一步的产业研发创新过程中，借助于各种要素累积的向心凝聚，进一步获得了产业内部竞争力，同时伴随着贸易竞争，形成了新的全球价值链竞争的节点排序(Jones, Lanctot, & Teegen, 2001)，这期间向心凝聚的各要素获得进一步的创新能力提升贡献，从而形成了进一步的产业链关系，制造业企业微观主体在进一步的竞争中，因为需要切合市场化实际需求，继续深化其独立自主创新，而发生了基于新的全球价值链竞争框架的创新要素协同(Lanctot & Swan, 2000)，且在其获得进一步全球市场竞争中的产品价值优化的同时，实现了产品贸易过程中的各层次创新，从而形成其更大的商业价值，而与此同时，各向心集聚的要素对产业内部的知识生产创新研发能力提升作用得到更显著的凸显与明确化。

第四节　基本模型构建

知识生产函数最先被应用于分析一国及其空间内部研发创新生产在其绩效增进中的不同程度的贡献，也就是所谓的空间溢出差异。一般用生产投入、创新的劳力投入及相关技术等因素进行衡量，其一般模型为：

$$Y = F(X, K, \psi) \tag{3.1}$$

其中 Y 描述整个基于投入服务化研发创新的产出，而 K 和 X 刻画了制造业投入服务化知识生产研发创新投入资本和人力资本投入，该项主要由制造业投入服务化创新的各项知识生产研发费用在各期时序中的累加值以及科研人员知识生产研发创新全时当量构成，ψ 表示随机扰动项。相关研究为进一步探究产业研发创新与产出、创新能力间的关联，及前者对于创新产出溢出的空间差异，逐步将研发投入程度及人力资本的创新因素纳入研究范畴中，之后 Jaffe (1989)[①]等人做出了相应的修正，从而为创新生产的关联影响模型纳入了包含扩展因素在内的各种因子，Jaffe 等人的研究主要按照以下模型进行分析验证，即：

$$Q_i = AK_i^{\alpha} L_i^{\beta} \sigma_i \tag{3.2}$$

上式中，A 表示的是围绕 i 个观测项累积的知识生产研发创新绩效报酬反馈影响，Q 刻画的是制造业知识生产研发活动及其强弱程度指标变量，K 度量微观企业主体的研发创新投入经费，L 代表制造业投入服务化创新的人力资本投入，而 α、β 代表的是上述两类自变量的对应投入弹性系数，σ 对应了这一研究模型所包含的各类随机扰动项。在大量现有研究的不断累积过程中，知识生产研发创新的累积与产出溢出关联关系被逐步证实，遵循 Griliches-Jaffe 基本模型思想的现有研究也更接近创新投入与空间溢出差异的现实，并具有空间创新与地区溢出报酬差异研究范畴的经验借鉴意义。为此本章基于制造业投入服务化创新过程中的知识生产研发创新，针对制造业创新主体的生产、经营投入服务化创新资源、资本投入与其创新绩效的空间差异进行关联的实证检验，试图获得知识生产研发创新与制造业投入服务化创新绩效关联关系的规律，从而为制造业投入服务化创新经济的进一步发展及合理规划提供可行的对策建议。据上述分析，本章研究所需的基本验证模型为：

$$Q_i = AK_i^{\alpha_\chi} L_i^{\alpha_\chi} \sigma_i,\ (\chi = 1,\ 2,\ 3,\cdots) \tag{3.3}$$

式中，Q、K、L 变量刻画意义与上述模型意义一致，A 刻画的是基本验证模型所对应的制造业企业微观主体的各方面服务化投入创新在最终绩效报酬反馈方面的影响因素，χ 表示上述待验证各空间样本。

本章采取专利数作为被解释变量的折算指标，以增强创新空间溢出报酬差异的研究意义。而关于所构建模型解释变量的具体指向内容，主要选取了目前对于研发创新投入方面研究中相对较为普遍、数据可获得的人力资本、研发创新环境制度、创新活力以及相应的研发投入等要素，其中推动制造业企业微观主体进行知识生产研发创新与创新的内外部组织机构要素，主要有科研院所及相关研发机构，及其组织结构和制度，并针对这一变量以分部门的形式进行验证；另

① Jaffe, Adam B. "Real Effects of Academic Research." *The American Economic Review* 79.5(1989): 957-970.

和，而 S_2 及 S_3 则分别对应了上述变截距模型及普通模型中的最小二乘法残差方差和，n 对应各时序的横截面观测累积量，T 表示样本时序期，K 则为上述三类模型中的解释变量数。根据上述分析，模型协方差检验分析应首先验证假设二，经 F 值检验若导致原假设拒绝，则进一步检验假设一，以此类推，以便于运用变系数模型进行检验。

结合上述分析，本章针对三类模型逐一进行残差方差验证，结果为 $F_2(42, 7) = 7.978$，$F_1(36, 7) = 4.215$，而显著性为 1%时的 F 统计值为 $F_{1\%}(30, 7) = 5.97$，$F_{1\%}(40, 7) = 5.97$，其中以 30 替代原始自由度 36，以 40 替代原始自由度 42，因此前述原假设二拒绝，而假设一成立，也就是说以固定效应变截距模型，进行进一步验证。

接着，研究借鉴了泽尔纳等人提出的加权方法(Zellner, & Arnold, 1962)①剔除有可能的样本界面异方差与自相关(Wang, Zhao, & Chen, 2010)，并利用广义最小乘法 GLS(Generalized least squares)进行模型参数估计以确保估计量的无偏和一致性，经验证后的制造业投入服务化知识生产研发创新 GLS 回归分析结果如表 3-3 所示。

表 3-3　制造业投入服务化的知识生产研发创新能力与绩效的 GLS 模型估计

model(模型变量)	regression coefficient (回归系数)	Std.(标准差)	T 值	P 值
P	−0.329 208***	0.078 453	−4.250 017	0.000 1
I	−0.123 337 1***	0.002 223	−55.465 71	0.000 0
E	0.036 023***	0.009 697	3.715 489	0.000 6
U	−0.075 598***	0.001 893	−39.707 03	0.000 0
V	0.043 654***	0.001 191	36.707 09	0.000 0
S	0.154 987***	0.003 471	44.640 47	0.000 0
EX	0.906 817***	0.013 421	67.556 25	0.000 0
固定效应				
_csj_C yzrd.	−0.099 157			
_dnyh_C ser.	−0.314 357			
_hgh_C bhr.	0.090 931		AVE. R^2	1.000 000

① Zellner, Arnold. "An Efficient Method of Estimating Seemingly Unrelated Regressions and Tests for Aggregation Bias." *Journal of the American Statistical Association* 57.298(1962):348-368.

（续表）

model(模型变量)	regression coefficient (回归系数)	Std.(标准差)	T值	P值
_xn_C xgx.	1.152 987		F	27 490 657
_db_C ner.	−0.366 657		DW	2.030 169
_xb_C nwr.	−0.291 548			
_zbws_C ccr.	−0.172 209			

注：表中小写字母 yzrd、ser、bhr、xgx、ner、nwr、ccr 分别对应长江三角洲和沿江地区及东南沿海地区、环渤海区域，以及西南及广西地区等地，以及东北地区、西北地区、中部五省地区***为1%显著性水平检测。

如表3-3所示，各解释变量均通过了1%的检验置信度，说明选取变量的模型解释力度是显著的，而调整后拟合优度整体达到1.000 000，对应的德宾-沃森(Dccrbin-Watson，DW)值则为2.030 169，接近2的标准，说明了模型选定的正确性，东北、西南及广西地区报告了知识生产研发创新的制造业投入服务化绩效相对最小和最大的固定效应结果。

第六节 主要结论与政策含义

本章基于2000—2013年我国制造业投入服务化样本数据，借助最小二乘法OLS，结合蒙特卡罗实验方法，最终以遵循ROOK相邻规则的简单二分权重矩阵，进行了针对我国知识生产研发创新与制造业投入服务化创新能力、绩效的空间加权验证。获得了以下颇有价值的重要发现：我国制造业投入服务化创新研发过程的各变量因素关于知识生产研发创新投入及产出的内在联系，也形成了包含人力资源配置、创新主体自身研发投入、科研院所与高校投入等方面的制造业投入服务化创新绩效的对策线索；此外，空间内部各地域差异也为本章的对策提供相关的差异化发展方向。

第一，根据模型验证报告结果来看，样本选取范围所涉的空间中，存在创新研发投入的空间差异，长江三角洲和沿江地区及东南沿海地区、环渤海区域，以及西南及广西地区等地与空间内其他空间域存在显著的变截距差异，特别是长江三角洲和沿江地区及东南沿海地区存在显著的科研向经营现实生产力转化的优势，而东北地区、西北地区、中部五省地区表现出不同地域的知识生产研发创新生产与制造业投入服务化创新绩效的空间溢出差异，这不仅与各地市的自身制造业投入服务化创新基础相关，也与其所实施的创新机制与鼓励措施、力度、所涉范围有密切关联。

第二，科研院所是推动地方制造业投入服务化知识生产研发创新的重要力量，但对于这一力量的推动机制，结果都倾向于科研院所的制造业投入服务化创新绩效不显著，与吴玉鸣(2006)的结论一致。相比而言，本章由于修正了模型中关于各创新投入细分构成要素，获得了样本所在空间制造业投入服务化知识生产研发创新绩效的科技创新投入显著性关联验证，当然结果呈现的是负显著，这主要是由于目前我国各区域空间形成了较显著的制造业投入服务化创新重视和大量的微观企业主体自身研发的投入，并且周边院校、科研组织的配套投入研发也获得了显著的增长，但同时研发主体集中呈现出低经费或相对低成本、小规模的特征，并且往往具有短期回报时效的优势，这在一定程度上解释了空间创新绩效显著负相关，而空间之间的差异也进一步说明不同研发投入程度、密度造成各地制造业投入服务化创新产出的不同。

第三，验证过程中的制造业企业微观主体自身研发创新投入规模及人力资源等配套配置，更能体现出其制造业投入服务化知识生产研发创新产出报酬的溢出差异，根据表 3－3 验证的结果可知，实施制造业投入服务化知识生产研发创新的样本主体，每增加 1%的投入研发，可对应溢出 0.036 0 个百分点，也就是说制造业主体在投入服务化过程中的自主知识生产研发创新投入在创新的溢出上相较科研院所及高校而言，都是显著的，并形成较强的创新能力显著性验证结果，且无空间溢出差异，这就说明对于各实施科研增进绩效的主体而言，应充分重视制造业投入服务化创新自身在创新投入上的重要作用，这也是科研推动知识生产研发创新产出递增的内生原因所在，也揭示出地方政府应该积极培育一定量的大规模、实力相当的企业主体进行有效且具有后发、持续优势的创新。

第四，高校等科研院所也列入本章研究的进一步模型验证，同样，类似于吴玉鸣(2006)的研究结果，高校、科研院所并未对制造业投入服务化创新产生显著正关联影响，本章进行的制造业投入服务化创新模型截距最小二乘法结果虽为负相关，但也从侧面证实了高校及科研院所对于制造业投入服务化知识生产研发创新，其对应产值的影响性还是弱的，这主要是由于目前部分科研院所及主要高校，未能与研发主体创新实现有效对接，前者主要集中在生产型创新研发投入，而后者则主要定位于研究性院校、科研院所建设，但脱离最前端的生产实际，因此造成相关创新研发投入不能兑现相应的产值增进。

第五，关于科技工程创新人员相关投入，从验证结果中得知，研发创新人员每获得 1%的增长，可以带来制造业投入服务化创新绩效 0.906 8 个百分比的增长，这就充分说明了，制造业投入服务化创新与日常生产模式类似，都存在创新投入与产出报酬的高人才依赖特性，这也揭示出各地政府及相关组织部门应该主动引进知识生产研发创新人才，当然在这一过程中应该注重人才引进的规格性、结构性与适度性，从而形成更好的制造业投入服务化创新产出与投入配比，获得更高的创新绩效。

最后，关于样本对应自身体制属性，主要集中反映的是制度等环境因素在进入研发创新相关运营过程中的创新投入影响，而本章研究所选取的非国有化程度则在实质上反馈了相关主体的自身融入市场化程度，验证结果为每递增 1 个百分比的非国有化市场融入度，制造业企业微观主体获得对应创新能力的 0.154 987个百分比，也就是说对于实施制造业投入服务化创新行为的主体而言，市场化程度也是较为显著的影响因素，故而对于广大制造业企业微观主体而言，应充分重视自身体制特色，在融入市场及市场化的过程中，应高度关注制造业投入服务化知识生产研发创新的市场化对接；而各地政府在出台相应的创新与生产转化刺激的政策过程中，应该集中力量促进更多的制造业投入服务化知识生产研发创新成果转化及交易的配套政策的形成、实施与推广。

围绕研究结果，本章形成了以下对策建议供参考：

第一，提高制造业产业创新市场化活力

首先，针对研究样本空间的制造业投入服务化知识生产研发创新与能力和对应空间创新绩效增长的差异溢出，研究认为应切实培育、提升制造业投入服务化创新的内部推动型竞争力。目前我国进行制造业投入服务化创新，基础良好，平台丰富，而对应的产品和运营背景也具备良好的保证（严成樑，周铭山，龚六堂，2010）①，但从本章结论来看，实施制造业投入服务化知识生产研发创新之所以还未获得更高的研发创新绩效，主要原因在于其自身创新在投入、资源配置方面的协调性不足，因而改善知识生产研发创新在制造业企业微观主体内部的强度，以及创新竞争力是问题的关键所在，各地政府可以就具体的制造业投入服务化创新投入进行针对创新绩效增进发展的结合性评估及建议；而针对于低持续、低增值空间域和高能耗的相关制造业投入服务化创新项目则要强化引导、统筹，特别是其中的传统项目在我国二、三线城市空间，存在大量的重复、低利竞争，不仅稀释了制造业企业微观主体本可以集中的科研投入力量，而且间接促进了各空间域间围绕制造产业特点的具有原始性、高持续和高利益回报的区域间创新壁垒及负面惯性的形成。

其次，我国制造业经济由于资本组织自发性相对突出，存在天然的管理规模化灵活的优势，不仅产权明确，而且在经济利益方面的最大化追求，使得其自身

① 严成樑，周铭山，龚六堂. 知识生产、创新与研发投资回报[J]. 经济学(季刊)，2010(4)：1051－1070.

的管理费用大大降低，这就意味着目前制造业企业微观主体，可以经过独立自主研发创新而获得创新运行的有效费用降低（赖明勇，张新，彭水军等，2005）①。而相对较为灵活的管理机制，以及适合中国国情的销售和市场占有策略，使得我国制造业企业，在近20年的经济和社会发展中扮演着推动我国经济前行的重要角色，并成为当地最具活力的产业和企业主体力量，而我国制造业又具有专业技术研发规模化资源汇集与发展特征，在制造业企业中制造产业形成的是一个显著的研发规模化，即根据市场生产协作关系形成的某一特点产品，在一定范围区域内的进一步专业化协作，从而形成的完备的产品设计理念、款型、配套、主体生产和最终消费的统一链条。而制造业企业最凸显的特色莫过于每个企业以较小的占有规模夺取市场的专业化细分市场，进而获得专业化的配套协调运作生产，而相对灵活和自由的进入退出机制，使得制造业获得了相对成熟完善的市场自我配套运行机制，进而获得了相对空间的差别化优势。同时，制造业投入服务化知识生产研发创新获得了相对较高的研发规模化竞争优势，这不仅表现在其相对国内其他产业较高的知识生产研发投入费用占比上，也表现在其对于周边其他产业和民众就业的实效带动上。近年来，制造产业获得了与其他产业的紧密联系，不仅形成了较强的产业辐射，也使得原先相对较小规模的企业群逐步经过协作生产链条的聚合获得了一定的研发规模化优势，而正是借助于制造产业这一相对较高的技术密集要素聚合带动能力，企业才得以相对集中地获得自我技术更新和生产推动优势（龚六堂，谢丹阳，2004）②；而产业自身特色也进一步推动了制造业企业的自我分工协作探究与效率提升，同时，制造业产业的自身实际特色对于产业内相对较低门槛的技术外溢提供天然支持，有利于制造业企业及其协作的外部交易费用降低和外部创新与经济增长结果的获取；当然，制造产业各企业节点能主动结合市场需求，进行品种、款式、规格和价格及市场覆盖占有等多方面的深入调研，从而获得相对较高的市场把握程度，也为制造产业的发展提供了宝贵信息。当然，部分制造业企业还是能以较强的科技进步，进行有关设备、制度和生产的全方位革新管理，不仅严格推行标准化管理，而且用于突破技术获得新兴市场，虽然仍摆脱不了国外严酷竞争的市场事实，但以低利润进军，并以科技和制造业产品的微弱竞争优势逐步壮大，成为我国制造业企业微观主体的可行策略。

最后，巩固良好的制造业企业竞争市场经济秩序。需要注意的是作为一个

① 赖明勇，张新，彭水军，包群. 经济增长的源泉：人力资本、研究开发与技术外溢[J]. 中国社会科学，2005(2)：32-46.

② 龚六堂，谢丹阳. 我国省份之间的要素流动和边际生产率的差异分析[J]. 经济研究，2004(1)：45-53.

运行于现代化市场经济体下的基本经济组织结构，制造业企业应兼顾投入服务化技术创新法制化配套与治理升级（唐清泉，卢博科，袁莹翔，2009），因为作为社会主义市场经济体制的基本要求，一个健康向上的社会主义市场经济是不允许混乱或缺乏治理的经济组织继续运行的，故而从这一角度，建议各地政府应密切关注当地制造业企业发展治理中存在的制度环境、法律法规及治理等方面的不良现象，从规范化制度角度入手，严惩严治各种破坏当地制造业研发创新秩序的各类行为，做到监督市场运行的同时，维持制造业创新在机制上的公平合理、手续的正当合法、运行秩序的有条不紊，从而为制造业投入服务化知识生产研发创新的健康成长创造良好的环境与制度保障。为此，各地政府应该积极树立相关思路与配套措施，争取以更完善的知识产权保护及竞争氛围、文化培育来促成制造业投入服务化创新向现实生产力的高绩效转换；而作为制造业投入服务化创新实施主角的企业，自身也应充分意识到创新对于自身发展的根本意义，一定要结合自身发展进程及市场特征，从人力资源、组织管理、效能提升等角度形成针对制造业投入服务化创新的合力。

第二，强化制造业知识生产研发创新的组织联动

根据研究证实，我国制造业投入服务化创新绩效增长发展中所进行的知识原始创新及其相关技能创新，因不能兼顾和激发科研院所、高校的潜能，而误失有助于制造业企业微观主体获得原始高额利润的突破性创新良机，研究认为，应不断促进外部科研对于推进组织机构的市场化、生产型研究功能的实现；而针对现阶段我国制造业投入服务化创新过程中制造业企业微观主体创新能力提升，以及制造业投入服务化创新绩效溢出报酬增长的带动缓慢，以及部分创新主体长期停滞于低利润、低持续能力创新的情况，研究建议，应该积极鼓励院所、高校等组织机构与各地企业形成良性互动的产学研纽带、创新人才及高效产能的培育网络（齐孝福，高国力，2006），摒弃现有制造业投入服务化运行过程中过于前端或者过于狭隘、过度超越生产现实的创新方向定位，以市场、以制造业企业微观主体为准，以需求、以发展为方向和路径开展科研院所及高校的市场化知识生产研发创新对制造业投入服务化的对接应用，从而进一步激发其创新的组织协调功能。

在做好产学研、官产学等组织形式的制造业投入服务化创新的过程中，同样不能忽视激励机制的完善，特别是加大对于技术人才和经营人才的激励。从美国硅谷的成功经验可以看出，一方面，作为技术创新的吸引核心，需要大规模的企业形成产业创新的集聚以及过硬的产业化运作能力；另一方面，硅谷成功的制胜法宝在于对人才的重视，这种重视集中表现在硅谷企业普遍实行的当期报酬激励和股权激励、期权激励相结合的激励机制，从而高效地吸引集聚流动性的知识携带体——人才来硅谷进行创新投资和技术研发，并有效地调动了技术人才和经营管理人才，使其创造力和管理能力得以被激发，从而多快好省地实现高水平和上规模的新技术产业化，可见突出的激励机制是美国硅谷成功的关键性要素。因此，对于我国现阶段的制造业投入服务化而言，其技术创新及创新能力提升首先呼唤的是一种兼顾了效率和公平，且包含风险与收益对等、激励与约束相结合等基本原则的优化激励机制。同时，这种机制应该突出对于制造业企业微观主体在创新研发过程中的核心人员的利益保护，这种保护不仅仅体现在对于创新程度的界定，更凸显在对于独立知识生产研发创新行动过程中的核心团队、主要工作量完成人、对于技术的核心突破作出重大贡献的人员、在独立知识生产研发创新决策中形成重要思想或行动决策的人员、全面负责相关技术攻关项目或以某种形式完成项目技术突破的人员等，并对由上述核心人员完成或部分完成的制造业投入服务化过程中的技术突破的利益形成保护。

同时，资源等要素优势推动制造业企业微观主体进一步规模化发展。纵观我国经济与社会发展的主要布局，我国制造产业起着带动整个国民经济发展不可或缺的主要地位和作用，诸如各区域的差别化、资源和环境等优势，以及大量的人力资本优势，都是使其成为制造业企业微观主体制造产业成长的关键所在（陈傲，2007）[①]。另外，对于制造业产业而言，相对丰富的其他产业配套覆盖与集聚，也成为推动制造产业发展的必要所在，其中涉及的各种相关产业在创新过程中不仅仅是齐头并进的竞争关系（吴晓波，张超群，窦伟，2011），也是互相支取各种原料、半成品、辅助材料的合作关系，在这种网络关系节点中，资源要素配置进一步推动了制造业产业的知识生产研发创新能力的提升。而我国部分区域作为全国经济区域发展中的后发优势一方，虽然起点相对较低，但为其中各种规模不一的知识生产研发创新参与者的企业主体，及其相对灵活多变的市场竞争提供了选择空间和相应的机遇（赵峰，魏成龙，2004）；而制造业自身产品及细分市场的接入点较多，也为资本要素累积与规模实力相对薄弱的制造业带来了市场竞争利好；而当地政府相对较重视的政策倾斜也为进一步进行针对知识生产研发创新的资金、技术与人才吸引奠定了基础。

第三，完善制造业主体知识生产研发创新的多元运行机制

首先，从职能部门的定位出发，继续完善自我服务监督的方式方法，以及服务水平的提高；在制造业企业中加快鼓励相应服务性机构和政府派出服务机构的入驻，并从政策上加以优惠；要通过对知名服务机构配套设施的完善引入来加

① 陈傲. 中国工业行业技术创新能力差异及影响因素实证分析[J]. 科学学与科学技术管理，2007(11)：81-84.

快制造业企业内的服务升级化竞争，并从创建初始到最终配套完善形成可行化操作体系。基于制造业产业发展现状，应坚持“竞争主导运作、政府导向发展、鼓励社会化多元投入、制造业外各资源互动”的原则进行多元主体联动创新。其中特别需要注意制造业投入服务化知识生产研发创新中的微观企业主体，应充分注意政府在制造业市场化推动中的引导与导向，而此时政府也应积极妥善地制定相应的制度规范和市场进入限定条件，在政策供给与配套上应注重对新企业在规模方面的积极鼓励，促进广大有意于制造产业投资的潜在企业获得有效入驻。

其次，应充融入市场竞争机制与意识，将更多的制造产业空间域发展过程中碰到的各类问题，尽可能回归于市场竞争机制，而不是行政管控；企业行业协会应积极作为，鼓励企业进行各方面的行业与产业信息协调、互相沟通，发挥中间体的连接沟通作用，促进我国制造业企业微观主体在知识生产研发创新方面的协调进步。同时，建议尽快完善制造业投入服务化的基建与相关软硬件配套。作为任何一个产业投入服务化的正常运行发展，其重要条件在于各种服务业相关要素对应的成熟配套落实。特别应确保水、电、路各种基础设施建设的建成与优化，从而有效提升制造业企业的对外吸引力和内部运作能力；而对于制造产业而言其最基础的依赖，应该在企业内部做到一一落实、步步到位，此外，政府也应尽早确立并实施相应的咨询服务工作，以及相应等级金融担保、信用担保、创业与适应性上岗技术管理咨询、团队创业与咨询活动。

再者，要适应制造业投入服务化发展的综合环境保障机制。制造业投入服务化知识生产研发创新还需要与城市化的综合协同发展保持一致，因为任何产业经济及专业化发展都是区域经济和社会建设发展的重要组成部分，并且在上述验证中的部分区域，不仅应结合政府、行会和企业协会及市场专门化组织协同制定，符合我国制造产业结构调整的重大产业布局与制造业企业发展规划，更应以各种要素的吸引鼓励政策为主，进行我国制造业资源的综合化利用开发，并用于配置制造业投入服务化建设配套。根据工业化发展要求，推动城市综合经济体的就业、市场、生产与咨询等各个环节领域的建设；并按照城市现有竞争优势进行新经济增长点的培育，完成向工业化和城市化的综合发展，以适应市场需求为重点转型方向，结合制造产业投入服务化在知识生产研发创新进程中的就业及公众服务为创新转型特色，进行制造产业企业研发创新环境制度的社会化改善，从而建成真正由制造产业发展带动的投入服务化知识生产研发创新与创新能力提升的环境保障机制。

同时，地方政府要在制造业企业微观主体群中，率先综合化规划制造产业发展的布局目标。我国政府对于制造业企业的知识生产研发创新发展起着重要的引导作用，为此建议我国地方政府应积极发挥其资源汇集与引导作用，同时结合我国制造业的地域特色和资源要素的竞争比较优势、制造产业发展特色，进行研发创新过程中具有我国独特及后发优势的发展规划，从区域和差别化的优势进行深入研究，选择适合于制造业投入服务化知识生产研发创新的发展目标，并着手进行具有结合国情、省情、考虑市场的综合化发展规划，充分结合全球产业链发展的我国制造产业参与全球价值竞争的节点现状，进行精简、高效、明晰的产业竞争布局，从而有效防止各种不合理或冒进的制造产业规划布局。

最后，政府要针对制造业投入服务化的知识生产研发创新，实施政策供给的合理规划与有效制定。在进行基于制造业投入服务化知识生产研发创新规划的同时，应注重其产业方面政策供给的科学性和有效性。不仅应从产业发展因素角度考虑，形成适合向本区域周边企业进行鼓励和引导其向心集聚的特定化产业配套，以及适合我国产业进一步细化发展的制造产业及产品市场，而且要做足针对我国制造业资本要素相对薄弱现状的投资吸引工作，在投产门槛条件上进行有关手续费、申办和审批费的精简、降费，争取减免的同时，做好手续办理时的高效服务与服务满意度优化工作，甚至在条件允许的情况下，逐步开放“零费率”投资和研发创新集聚地，从而形成企业负担的显著减轻；政府方面还可以通过针对特色产业化技术研发规模化的资助或基金等举措进行外部宣传和产业内推动，提升制造业企业微观主体的国内国际知名度，同时推介其进行适当的知识生产研发创新的定期回访，以有计划的组织活动促进企业家间的沟通，通过各种途径实现制造业企业多方关注与发展参与实践（闵宗陶，杨秀云，2001）[①]，并鼓励引入完善的政策及措施配套。制造业企业的基础设施投入是其发展的必要前提，只有一定的资金才可获得发展的基础，并逐步形成制造业企业发展的良性循环。由于政府的合理科学定向，因此投资对于制造业企业发展而言具有乘数效应，并且相应地能获得一定资金和政策支持下的获利回报，因此更应该以政策支持为导向，进行各种资源要素和政策配套的吸收利用，进而获得产业知识生产研发创新效应的产生与利润的形成（宋海荣，董景荣，刘超，2007）。也就是说，最终制造业投入服务化知识生产研发创新的政府支持，与产业应形成一种双赢甚至共赢的局面。为此建议我国当地政府坚持宏观引导搭建制造产业创新建设框架的同时，积极实施微观服务体系完善，并进行相应的配套改善。

第四，发挥研发创新人才对知识生产研发创新能力的推进作用

根据本章关于制造业投入服务化知识生产研发创新及主体创新能力提升，以及对应制造业企业微观主体创新绩效增长的高人才依赖的验证结论，建议各

---

① 闵宗陶，杨秀云．寡头垄断：优化产业市场结构的选择[J]．当代经济科学，2001(4)：70-74.

地应高度重视人才引进结构性规划布局及适应性措施配套。本章证实了人才要素的创新产出报酬的重要显著性，而对于诸如我国的制造业企业微观主体的发展及制造业产业群而言，逐步高度集群化的产业，对于大批量的人才吸引及产业劳动力迁移无疑具有显著的关联作用，但需要注意的是人才吸引及劳动力迁移，并不必然地意味着创新层面的人力资源集聚，从验证结果中也不难看出，其应是一个组织适应机制的资源配置问题。因而对于广大企业，特别是进行制造业投入服务化创新的企业而言，不仅要关注其自身对于创新型人才的引进问题，更应该注重人才引进的结构性，及其组织适应性和匹配度等问题；而各地政府则更应从全局角度剖析人才流动过程中的创新经营、综合服务等方面对制造业投入服务化创新绩效的推动效能，争取以更合理的人才吸引政策、措施的落实来盘活地区创新人力资本配置，形成对广大制造业企业的投入服务化创新绩效的有效提升。

关于制造业企业微观主体在创新产出的过程中受制度影响，以及创新主体的制度要素对于创新产出的市场化融入及转化的重要影响，应逐步优化市场导向的创新推动机制。从本章验证结果来看，作为非国有体制的这一属性因素，形成了对于体制环境方面的重要制造业投入服务化创新绩效产出因素，因此建议政府应该充分结合这一空间的有利现实条件，将眼光拓展至生产与知识生产创新绩效之外的市场因素——技术市场，即以创新的成果性要素替代原先封闭的自组织内部创新向产能转化的机制，各政府相关机构则更应将多元化的机制转变作为工作抓手，切实落实各类体制阻碍性质因素的消除，争取以更具市场配合度的环境和机制组合来换取制造业投入服务化知识生产研发创新绩效的生成；当然，也应积极思考与周边地市的创新投入机制改善和市场环境治理、措施供给，从而基于制造业投入服务化创新生产网络，提升创新互动机制的经营绩效转化能力。

综上所言，对于空间经济的新型增长而言，其受到空间内微观创新主体的生产经营及人力资本，及其自身创新投入和环境，以及机制、科研院所及高校相关研发投入的影响，而其中，进行制造业投入服务化知识生产研发创新的主体在这方面的研发特别受到创新人力资本及自身经营创新投入的影响，且相关环境机制和科研院所及高校的相关科研与研发推动也是必不可少的，在加强各地创新主体企业自身科研投入结构科学性和有效性的同时，各地应注重对创新人才配置和培育机制的调整改善，并结合科研院所及高校的力量，获得进一步的制造业投入服务化知识生产研发创新投入突破，以形成更高的制造业投入服务化创新绩效产出。

第七节 本章小结

随着市场经济的进一步发展，制造业投入服务化创新逐渐成为地方获得经济增长及其企业创新绩效的重要模式，针对研发创新生产行为、人力资本投入及环境制度，以及科研院所、高校等创新主体，及其体制属性等因素，就制造业投入服务化知识生产研发创新投入及绩效溢出关联进行了验证。通过知识创新模型及协方差检验，借助最小二乘法的残差方差分析，进行基于面板数据的修正C-D模型的空间加权回归计量分析。结果显示，制造业投入服务化创新研发投入、制度环境创新和市场融入的创新与其知识生产研发创新绩效空间差异呈显著正相关；而科研院所及高校等组织机构对于制造业投入服务化的知识生产研发创新在投入和产出上呈现显著负相关。

第四章

制造业投入服务化的技术研发路径与创新绩效

通过上一章的研究可知，制造业投入服务化过程中知识生产研发对于其创新能力和技术溢出具有提升作用，同时发现，要进一步促进制造业投入服务化的产出绩效，其中的技术创新投入是必不可少的(李成刚，吴涛，2007)[①]。而随着经济全球化的进一步深化发展，我国制造业不仅需要面临国内产业结构调整升级的瓶颈以及技术创新的压力，还需要面临国际市场需求对于产业要素配置效能提升的深化发展的问题。与此同时，制造业核心竞争力通过产业生产进行要素间的信息传递，在进一步的投入服务化运行过程中，产生了与迂回形式的生产方式的融合，从而逐步分化出制造业内部的服务化竞争力；而投入服务化的过程，以竞争者所不具备的能力形成比较优势，为制造业产品以及优化自身优势奠定了全球竞争的基础(李伟铭，崔毅，陈泽鹏等，2008)；而制造业投入服务化的进一步发展，需要企业微观主体自身以及整个产业认清全球生产总体趋势，从而为产业内要素的进一步集聚以及优化配置，提供生产竞争机遇。

制造业企业微观主体在进行技术研发创新过程中的人力与资本要素投入，构成了创新投入的两大主体，且对于制造业投入服务化的技术增效是显著的(李武威，2013)[②]，但各类技术研发创新要素与制造业投入服务化之间并非简单的线性关联，且投入研发创新的资本要素作为财力投入，并结合对于人力资本创新的鼓励推动作用，形成对于制造业投入服务化创新的制衡因素；而人力资本作为产业中最重要的携带因素，在技术改进、创新研发活动等环节突出其对于制造业投入服务化的改进，对于后者的创新绩效带动具有核心意义(张宝建，胡海青，张道宏，2011)[③]。

---

① 李成刚，吴涛. 技术创新投入结构与创新绩效的关系研究[J]. 技术经济，2007(12)：23－27.

② 李武威. 外资研发、技术创新资源投入与本土企业创新绩效的关系研究[J]. 情报杂志，2013(2)：191－195.

③ 张宝建，胡海青，张道宏. 企业创新网络的生成与进化——基于社会网络理论的视角[J]. 中国工业经济，2011(4)：117－126.

本章研究结合创新投入、创新产出绩效的视角，以结构方程模型验证了制造业投入服务化技术研发创新投入在人力和财力两个维度及其互动关联的假设，并基于模型修正，以及变量结构特征，进一步验证了制造业投入服务化技术研发创新投入与创新绩效的关联。具体结构安排如下：

首先针对制造业投入服务化的技术研发创新进行了现状分析，并结合国内外研究资料，梳理了针对制造业投入服务化技术研发创新及溢出效应的理论分析与实证检验文献；接着，按照核心竞争力差别化形成创新竞争力、比较优势综合形成创新绩效、竞争优势动态推进产出创新绩效的角度，剖析了我国制造业投入服务化与技术研发路径下的技术创新增效的关联关系；然后，以 R&D 注资、科技投入(也即地方创新拨款与财政总支占比)、地方财政投入等因素，构建了我国制造业投入服务化技术研发创新财力投入的第一变量；按照技术研发创新科技活动人员数、R&D 人员数、专业技术人员数，构建人力投入第二变量，再结合结构回归方程验证了技术创新研发与我国制造业投入服务化创新绩效间的关联；最后，提炼出针对我国制造业依托于技术研发创新的投入服务化创新路径，并与实践现状结合，形成应对性策略。

第一节　问题的提出

随着世界工业的进步，制造业产业逐步历经了现代化发展各阶段，并且承担了世界工业的原材料和能源物质材料供应的重要角色，因此对全球工业化而言必定是基于制造业的产业创新而获得的全部产业的创新(Becker & Pain, 2008)[①]。制造业不仅仅为全球工业聚集了必要的劳动实体要素，更为更多产业的半成品以及零部件的配套奠定了基础。因此，从某种意义上讲，制造业的现代化发展就是全球工业的现代化发展(Cohen & Levinthal, 1990)，而其中制造业针对产品及生产环境的进一步技术研发创新能力提升，意味着全球工业水平的整体提升。制造业之所以成为全球产业经济发展的支柱，也是因为其具有的其他产业所不可替代的产业配套功能。而制造业在自身发展的同时，也以不同形式的渠道进行着外部资源的获取，以及基于外部资源的技术研发创新，例如制造业以外商直接投资等形式，实现着资源要素在全球范围内的流动，以及技术和创新在各国之间的流转。当然，制造业由于突出的劳动力要素需求特征，也有力地

① Becker, Bettina, and N. Pain. "What Determines Industrial R&D Expenditure in the UK?" *Niesr Discussion Papers* 76. 1(2008):66 - 87.

解决了全球产业发展过程中的劳动力就业问题，尽管这种解决方式已经逐步被流水线和机械化所替代(Grupp & Mogee, 2004)①。但不可否认的是，随着近年来我国乃至全球的制造业创新竞争的日趋激烈，以及要素配置的全球层面趋紧，制造业和全球其他产业一样，面临进一步的技术研发创新挑战压力，并逐步显现出对于后者的强烈依赖。全球的制造业贸易不仅仅在推进贸易规模的扩展，更在产品的附加值竞争中逐步显现出对于技术研发创新的需求依赖。随着各个不同行业的参与技术创新研发竞争，不同规模企业以及不同竞争实力的企业微观主体，也进入到了整个产业的竞争合作关系网络中，相应地，形成的技术创新研发程度也有所不同，并发挥了其对于不同要素市场的价格影响作用。(Gompers & Metrick, 2001)②。

另一方面，制造业在制造工艺、产品特征优化、生产效能以及组织管理和销售后续服务等方面的技术革新，都促进了制造业企业微观主体的技术研发创新的进步(Beeker & Pain, 2008)。而随着中国制造业逐步的扩展，及相应产业规模、财税、技术创新等方面的逐步改进，使得我国入世后的制造业产业贸易获得了显著的进步，制造业也一度成为我国入世以来增长最快的产业。而作为我国GDP增长的主要构成力量，占据40%以上比重的制造业，在当今市场以及国际贸易竞争中，需要进一步解决通过技术研发创新提升自身创新能力与产出绩效的问题。从我国整体的产业发展状况来看，贡献一半以上财税的制造产业，自20世纪90年代以来，便占据了全部贸易产品的至少80%、外汇收入的70%，更在2011年达到顶峰，成为我国GDP增长构成贡献占比超过50%的贡献源，并且根据《中国制造2025》规划，我国制造业在未来10年内都会转型升级③。我国各项政策措施也逐步规范了制造业产业转型升级发展，特别是与服务业要素相关联的融合以及创新战略的定位(张亮，2006)④。以上种种因素均为制造业投入服务化的技术研发创新奠定了基础。

综合而言，制造业产业的发展不仅仅是其自身产业结构调整变动的必然，更关系到我国各个产业部门的发展；制造业研发创新能力的提升，已经不是简单的引进技术消化吸收的路径探求，而是结合制造业发展现状，以进一步的技术研发

① Grupp, Hariolf, and Mary Ellen Mogee. "Indicators for National Science and Technology Policy: How Robust are Composite Indicators?." *Research Policy* 33. 9(2004):1373 - 1384.

② Gompers, Paul A., Joy L. Ishii, and Andrew Metrick. Corporate Governance and Equity Prices. No. w8449. *National Bureau of Economic Research*, 2001.

③《中国制造2025》全文[EB/OL]. http://finance.ifeng.com/a/20150519/13716029_0.shtml, 2015 - 05 - 19.

④ 张亮. 我国服务贸易与GDP的协整分析[J]. 国际经贸探索, 2006(3):50 - 54.

创新带动微观主体的自主创新能力以及全面提升市场竞争力的策略选择。而我国的制造业以及全部产业的长远发展,也成为其创新持续发展的基础,更是我国广大制造业企业微观主体进行进一步研发创新的必经之路。

由于存在罗默(Rivera-Batiz & Romer, 1991)①和琼斯(Jones & Willams, 2000)②的两大观点,即创新研发投入与产业技术研发创新绩效是否存在显著正关联的对立观点,因而在研究领域也相应地出现了验证方式与模型及工具所致的差异问题,而这些问题的关键在于制造业对于其组织内化购进服务化要素的接驳创新,是属于何种性质的研发创新。这一区别当然首先源自验证制造业投入服务化技术创新效能的定位,即侧重于制造业投入服务化要素组合的服务化程度差异,还是服务化要素购进与制造产业主体内部的一般生产方式间的比重,若侧重于服务化程度差异,则偏向于产业主体的投产决策对其投入服务化生产的影响。Romer(1990)的核心假定是 $\phi = 1$,对应制造业投入服务化的投入要素服务化程度产生对整个制造产业产能增速为 $\gamma_A = \sigma L_A^{\lambda}$ 的贡献,获得一个解释制造业投入服务化要素组合的向心递增函数,即形成相应的研发创新投入与创新效能形成正显著互动;而Jones(2000)的核心假定是 $\phi < 1$,那么,可以在制造业投入服务化要素购进与传统生产方式比例临界点处,获得另一个相应的制造产业产能增速贡献: $\gamma_A = \delta L_A^{\lambda} A^{\varphi-1}$,显然要素购进与传统制造生产方式在未跨越上述临界点之前,并未形成显著的制造业投入服务化技术创新收益。因此可以看出投产的服务化要素购进存在与传统制造生产的规模对比、投入要素的服务化程度间的制约和动态作用关系。所以,无论制造产业是否跨越服务化或传统生产平衡制约关系,以及研发创新在制造业内部创新实践的要素服务化程度如何,都应该以现实生产和产业创新的角度,在研发创新实践的全程中实时、动态地关注其效能,特别是基于技术的研发创新对于制造业投入服务化创新的绩效提升(Scherer, 1982)。而学者们从微观、中观角度都对此做出了有力的实证研究(Griliches and Lichtenberg, 1984),并且总结了产业实施技术研发创新的改善路径(Jones and Williams, 2000、Stokey, 1995③、Reis and Sequeira, 2007④),但整体而言,学术界和生产实践部门的经验更倾向于按照投资回报角度来测度

---

① Rivera, Luis A., and Paul M. Romer. *Economic Integration and Endogenous Growth*. NBER, 1990.

② Jones, Charles I., and John C. Williams. "Too Much of a Good Thing? The Economics of Investment in R&D." *Journal of Economic Growth* 5.1(2000):65-85.

③ Stokey, Nancy L. "R&D and Economic Growth." *The Review of Economic Studies* 62.3(1995):469-489.

④ Reis, Ana Balco, and Tiago Neves Sequeira. "Human Capital and Overinvestment in R&D." *The Scandinavian Journal of Economics* 109.3(2007):573-591.

产业实施技术研发创新的效能，本章也将借鉴这一分析框架，从中观角度通过技术研发创新的产出绩效来测度制造业的这一投入服务化创新路径的优势所在。

区别于上一章的知识生产研发创新，技术研发创新指的是实施主体利用现有生产组织方式与协作网络关系，结合人力资本、劳动力投入、创新研发资本投入实施提升产品附加值以及企业生产效率的内生性技术路径改进方法，对于企业主体以及产业发展具有重要的现实意义，甚至对于产品供给市场和民众更多商品需求的满足也具有积极的革新意义（Cornwell, Schmidt, & Sickles, 1990）。根据 Prehalad & Hamel（1999）的观点，技术创新研发对于社会生活需求，以及民众的生活水平、生活方式都产生着积极意义。而产业的技术研发创新进一步地优化了基于材料革新的要素组合；企业核心竞争力建立的关键以及这种优势的来源就是技术创新，且技术创新需要企业的研发行为才能够实现。包括微电子技术、互联网信息技术、材料科学的产业技术研发创新进步等在内，都成为产业革命过程中投入服务化形式的创新升级转型的重要推动力量。

而随着全球化竞争进一步加剧，制造业作为联结全球资源要素的重要产业，其自身的进一步发展一方面推动着全球经济增长，另一方面也受全球资源要素配置的共同作用影响（Catherine, et al., 2004）。在各个产业的共同发展下，技术研发创新逐步在各个产业之间产生效率的竞争机制，也就是说，无论是对于传统制造业产业微观主体也好，还是对于新能源、新材料等新兴信息产业也好，通过一定量的生产要素协调、配置、重组都会促成进一步的生产竞争力以及技术研发创新竞争力的进步，而这也是我国制造业参与全球贸易以及生产竞争，利用国外先进资本、技术以及组织管理模式，对照自身在技术研发创新方面的不足，并优化要素资源配置的重大机遇（Hirschey & Weygandt, 1985）。因此，对于我国制造业投入服务化的技术研发创新而言，接下来的策略中心应该集中在打破国际垄断、参与全球贸易、整合资源、增强核心竞争力优势等几方面上。

另外，我国制造业经历的改革与创新，在产品局部创新改良、功能优化等方面均获得了显著的进步；而随着世界制造品贸易市场的进一步需求扩展，以及民众对于制造品技术水平提升的需求增进，制造业再继续按照原先的生产研发创新线路，扩展产品的局部附加值，已经无法适应当下状态的全球竞争了，更不能以有效组织各类要素的传统竞争生产方式来直接占据世界市场优势（Bosworth & Rogers, 2011），而进一步地提升制造业创新产品的内涵服务因素，以较高的服务附加值提升产品总体的市场竞争力，才是制造业投入服务化进一步发展的关键。对照美、日等国的制造业投入服务化战略发展情况，我国制造业的进一步发展不仅要处理好如何利用现有生产要素实现投入服务化过程中的进一步技术研发创新与整体技术引进的平衡问题，而且还要学会基于国际贸易、市场竞争等路径，获取进一步提升投入服务化技术研发创新绩效的实现方式(Nam, Ottoo, & Thornton, 2003)。这种转变，与其自身进一步扩展技术研发活动，投入适当比例的人力资本进行创新研发密不可分，并与制造业企业微观主体在全球价值链活动中的竞争现状与节点地位产生紧密关联。同时，为进一步缩短我国制造业产品与全球制造业产品的差距，以及制造业投入服务化的技术研发创新的国别距离，我国制造业企业微观主体更应该尽快依托有条件的研发活动，进行产品、工艺、流程的创新，从而获取基于产品导向以及市场需求导向的投入服务化要素运作能力提升，并在进一步的技术研发创新活动中，获得要素累积，并将其有效地转化为市场竞争实力和产业创新能力。

第二节　文献回顾

自熊彼特(Schumpeter, 1912)[①]提出创新理论以来，产业甚至企业内部的研发创新活动进一步获得重视，并且成为推进产业进步以及企业参与市场竞争的重要影响因素。熊彼特同时提出，技术研发促进了企业内部资源要素向创新生产方式集聚，也进一步促进了产业利润的新型增长，并进一步带动了产业内部的技术创新实践。熊彼特赞成利用技术研发创新来提升企业主体对于技术创新相关知识、信息的识别、消化，并在进一步的市场竞争中将其转移至外部，获得技术外溢的收益，再反过来促进技术创新及再生产。阿罗(Arrow, 1962)[②]认为，市场的完全竞争对于产业的技术创新研发能力提升，是一种机制性的促动作用，完全竞争更有利于企业适应市场结构，并逐步发展技术创新。

之后，Mueller(1962)、Myers(1969)、Cohen, Levinthal(1990)等人提出知识研发创新是创新生产的组织前提，也就是说，只有创新生产围绕知识研发的协作才能构成并进一步拓展生产主体间的联系，从而进一步获取基于联系和协作的技术研发创新能力提升。Goldar & Renganathan(1997)通过对印度制造业产业研发创新活动的分析，指出企业进行基于既有生产协作网络的创新，是发展中国家制造业创新的基础形式，这主要是由于发展中国家制造产业并不具备强大的独立自主创新能力和生产机制的背景，特别是其仍然依赖于输往全球的制造

---

① Schumpeter Joseph A. "The Theory of Economic Development." *Cambridge, MA: Harvard University Press*, 1912.

② Arrow, Kenneth J. "The Economic Implications of Learning by Doing." *The Review of Economic Studies* 29(1962):155 - 173.

品贸易流向获得生产要素集聚。当然越快地从这一集聚过程中剥离出技术研发创新的条件与生产机制，发展中国家的制造业就越能接近全球竞争的产品附加值水平，从而获得高效的制造业技术研发创新能力提升机遇。Bowonder & Richardson(2000)①认为印度制造业的进一步发展，主要得益于相对自由的劳动力迁移，以及企业导向的技术研发创新。基于对印度制造业企业的考察分析，两人同时指出印度的制造业产业进步主要是基于微观企业主体的公司导向性创新，而其整个制造业的资源要素的组织协调与重新配置的程度及水平，尚未能帮助印度制造业解决产业技术研发创新能力改善的问题。David(1995)指出发展中国家的制造业技术研发创新对于发达国家的技术追赶普遍存在，需要其利用进一步的服务化要素的创新。也就是说，技术研发创新能力与绩效的进步在发展中国家和发达经济体内越来越普遍，再沿用原先的生产组织模式与生产要素进行技术研发创新，不能高效解决日益显著的技术差距问题，而同时，广大发展中国家制造业共同面临产业劳动力资源要素的匮乏和要素价格频繁上涨等问题。而投入服务化能够在生产流程和产品部件技术构成水平提升方面促进发展中国家制造业上述矛盾问题的解决。

而同时，要提升发展中国家制造业的投入服务化水平，不能忽视的一个因素便是研发活动(Kumar & Aggarwal, 2005)，因为研发活动紧密联结了要素组织与生产创新，从而为技术研发创新的效率提升提供必要条件，也促进了产业投入服务化过程中的研发创新积极性。胡永平(2007)基于宏观经济运行以及微观企业运行角度，分析了我国制造业投入服务化的技术研发创新可行性，并从政府鼓励政策提供研发贴息贷款以及企业规模、地理位置、企业自身的创新水平、服务化的融入程度、产品的出口规模、产业属性等角度，进行了我国制造业实施投入服务化技术研发创新的对策研究。刘运国，刘雯(2007)从上市公司2001—2004年的样本研究中发现，企业高管削减技术研发创新投入成本是造成上市企业创新能力削弱的直接原因。

关于创新投入与产出绩效间的关联，世界各国学者从企业、区域乃至国家等各个层面以及创新投入产出绩效间关联、绩效影响因素及评估指标等视角开展了深入研究。较早的研究者诸如Schere以及Schmookler分别于1965、1966年在其对专利发明与产能以及创新与经济增长的关联研究中，提出关于创新为主体带来技术优势的观点，他们认为较高的创新技术资源包括科学家和科研经费在内的人力、财力投入扩展并增强了科技竞争力，从而引发创新的技术专利产

① Bowonder, B., and P. K. Richardson. "Liberalization and the Growth of Business-led R&D: The Case of India." *R&D Management* 30.4(2000):279 - 288.

生。而内生经济增长理论(Endogenous Growth Theory)和新古典经济增长理论(Neoclassical Growth Theory)学派的代表学者以不同的研究途径证实了关于创新的技术进步与经济增长间的正相关关联。索洛(Solow, 1956)[①]赞成创新为技术的进步促进规模生产的资本边际下降,进而使相关产业的生产率得以提升。Lucas(1998)[②]则从人力资本角度提出科技创新能够增加人力资本对技术研发的产出贡献,从而为生产企业人均产出提供持续增长的可靠保证。Grabowski(1968), Pennings, Macmillan, & Hambrick(1986)基于对大量企业样本的实践调研,从微观层面实证的角度提出了企业研发创新投入的长期积累,有利于企业积累丰富的创新竞争经验进而走向竞争的成功。罗默(Romer, 1989)经研究发现知识具备的正向外部溢出不仅能推动产品和设计的创新,更以存量积累的形式提升企业产能、投入方式转变和产业经济增长。我国学者张运生等(2004),周青等(2003),曾德明及袁健红(2003)等人构建了高新技术产业的技术研发创新投入、绩效关联指标和评估模型,并证实技术研发成为高新技术产业追赶国际技术水平的重要渠道。

综上所述,现有研究对于投入服务化的技术研发投产的绩效验证主要集中于微观企业主体,尚未对整个制造业产业经过服务化要素的投入、形成配置效率以及生产研发创新效能的测度。因而,本研究试图在国内外现有研究的理论基础上,就制造业投入服务化开展基于技术研发路径的创新投入与绩效的实证研究,并在此基础上给出制造业投入服务化的技术研发创新及其绩效稳定而持续发展的可行性建议。

第三节 制造业投入服务化技术研发路径的创新绩效形成机理

一、核心竞争力差别化形成创新竞争力

"核心竞争力"理论来源于企业管理理论,作为企业战略理论的前沿,最初由著名管理学家普拉哈拉德(C. K. Prahald)和加里·哈默尔(Gary Hamel)提出,所谓核心竞争力指的是对于任何一个竞争实体,即个人、国家或区域能持续获得

---

① Solow, Robert M. "A Contribution to the Theory of Economic Growth." *The Quarterly Journal of Economics* 70.1(1956):65-94.

② Lucas, R. E. "On the Mechanics of Economic Development." *Econometric Society Monographs* 29 (1998):61-70.

竞争优势的能力，它是任何竞争实体所具备的经得起实践考验的一种恒久性能力。它还包含了任何组织或个人在面临竞争困境或激烈竞争时，取胜于对手等能力的集合。

核心竞争力自被提出后，便得到广泛认可与传播，这一理论的应用逐步扩散至针对一个国家、一个区域甚至若干个国家形成的国际区域集团的相关能力分析（Prahalad & Hamel, 1990）。后来被延伸定义为在资源利用、产品开发、生产、市场开拓及服务中，与其他地区相比具有较大的竞争优势，具有不易被其他地区所模仿或学习的综合能力与素质的集合。作为核心竞争力，其形成具有独特性（Barney, 1995）：即无法被其他组织或个人加以简单效仿；利益性：即能通过核心竞争力获得较高的利益收获；市场性：具有充分的经济和市场价值，并在极大程度上逐步满足经济和市场不断发展的要求；恒久性：具有竞争力持久的特性；规律性：具备持有主体的规律性。之后的产业竞争力和区域竞争力等理论分析都被纳入核心竞争力的范畴，也具备以上特点。核心竞争力是一种凝练的发展模式，而非固有的，因此对于制造业在投入服务化过程中依托于技术研发获取自身的核心竞争力而言，也是制造业企业微观主体在不断的投入服务化创新演变过程中逐步累积起来的（Roberts, 1995）。

由于制造业投入服务化本身具有的制造业产业延展性，即将生产或服务延伸至一个产业之外，但又在制造业和服务业中各有叠合（Ehie & Olibe, 2010），因此制造业投入服务化的核心竞争力形成是一个覆盖两产业特性的综合过程；利益性的体现，主要依赖于核心竞争力自身在制造业和在服务业相应的持续性，以及制造业投入服务化本身与服务业的紧密联结程度（Banker, Watta, & Plehn-Dujowich, 2011），简言之，制造业投入服务化过程同时验证了其是否能有效凝练出服务化对制造品的价值提升，主要是以这一过程后的产品市场评判来决定的。而制造业投入服务化的创新投入是否具有独特性，也主要取决于服务化引入制造业过程中的引入变量是否具有独特涵义，以及独特性对于制造业产品本身而言的价值溢出。

一般而言，制造业投入服务化产品的核心竞争力凝练，存在与竞争力可获得和可积累性方向的规律，也就是越不容易积累的核心竞争力，越具有集中化特性，且其持续恒久性也越强（Gibson, et al., 1991）。而叠加性，主要指的是对于任何竞争个体，是否具备一项以上的核心竞争力的叠合，而对于制造业投入服务化而言，本身就是一个产业融合综合化的过程，因此核心竞争力对于制造业而言，不是其普通市场竞争力的叠加，而是制造业各有机组成部分的功能叠合，并组建成新的核心竞争力功能集合（Levin & Mowery, 1985）。从核心竞争力的凝练机制来看，制造业投入服务化能借此获得超越两个产业创新能力与绩效的基础，即实现了制造业投入服务化后的经营管理在更高层次的规范化，因为服务化的过程就是一个对各方条件更高要求的有效满足，也就是制造业和服务业内部基础竞争力管理的升华，这种升华是提升制造业投入服务化的创新投入换回更多绩效的过程(Coles, Daniel, & Naveen, 2006)。

同时，在资源竞争分析过程中，逐步实现了制造业投入服务化过程中所凝练成核心竞争力的诸多竞争力的筛选以及筛选原则的优化。通过进一步的制造业服务化过程，能有效明确制造业中有哪些有价值的竞争力可以被用于构建制造业自身在投入服务化后的核心竞争力(Mcguinness & Morgan, 2000)。

最后，基于制造业投入服务化，更加明确其在这一过程中的创新投入是针对制造业目前的产业对手，形成投入服务化过程的组织研发创新效能与对手间的匹敌程度的清晰判别和行动决策，从而明晰与微观主体的竞争对手间的强弱势，以及应该采取何种战略战术，应对竞争者及市场的挑战(Bottazzi, 2001)。

综合而言，制造业投入服务化通过自身的核心竞争力剖析与形成，逐步累积起自身的创新投入与绩效间的紧密关联。

二、比较优势综合形成创新绩效

亚当·斯密(Adam Smith)[①]于1776年论述绝对优势理论时指出:“如果一件东西在购买时所费的代价比在家里生产时所费的小，就永远不会想要在家里生产……如果外国能以比我们制造便宜的商品供应我们，我们最好就用我们有利的产业生产出来的物品的一部分来向他们购买。”也即是说，不同于他人或其他组织的个性化区别优势，是影响产业发展和经济运行的重要决定因素；而大卫·李嘉图(David Ricardo)[②]也在1817年提出比较成本贸易理论，并类似地论述道:一个国家即使在各种生产方面处于成本劣势的条件下，也可通过生产相对成本劣势较小的商品出口换取成本劣势较大的商品，进而取得比较利益，也就是说比较优势是竞争主体形成相较于对手无可比拟优势的决定性因素。

比较优势理论对于制造业投入服务化的创新研发与绩效间的关系也有很强的指导意义:比较优势的形成正好符合发展中国家制造业投入服务化的过程，即将一种不再具有优势的产业经过一定程度的改造，如资源成本方面的差异，形成特色产品等，来进一步凝练制造业自身的新生优势(Miller, Ronald, & Peter,

① (英)亚当·斯密. 国民财富的性质和原因的研究(上册)[M]. 郭大力，王亚南，译. 北京:商务印书馆，1972.

② (英)大卫·李嘉图. 政治经济学及赋税原理[M]. 郭大力，王亚南，译. 北京:商务印书馆，1976 .

2009)。对于制造业自身而言,可以是很多种优势的组合优化,比如交通以及地理或区位优势,从而便于制造业在投入过程中向服务化要素形成更为高效简洁的配置实践(Beason & Weinstein, 1996);也可以是生产资源优势,即符合区域或地方的特色和优势或是天然禀赋,诸如矿产、土地、气候条件等自然因素的优化;同时也可以是社会资源优势,通过长期的社会资本,特别是其中的人力资本要素累积,获得制造业投入服务化的要素自由流动。

比较优势对于制造业投入服务化的另一种形成性意义在于,比较优势相较于核心竞争力存在相对更短的形成周期,但又有相对更为灵活的变更特性(Lawrence & Weinstein, 1999)①。制造业投入服务化过程中的创新是对制造业以及服务业自身的比较优势的一种平衡,即没有必要将每一个产业中的最优比较优势,作为制造业投入服务化后的待选比较优势,但也不能将比较弱势作为投入服务化的待选项。而投入服务化过程本身就是将两产业中的相对优势集中,并进行基于要素组合配置的逐步更优化,形成既有别于制造业又有别于服务业的产业综合比较优势。

三、竞争优势动态推进产出创新绩效

竞争优势是专门针对一国或其一个产业层面而提出的概念,竞争优势明显地以竞争实践作为描述对象,根据迈克尔·波特的定义,一国竞争优势指的是其产业创新和升级的能力,也就是该国获得生产力高水平及持续提高生产力的能力的总和(Porter, 1981)。换言之,针对一国或其产业的竞争优势主要是以产业的生产力水平进行刻画的。竞争优势对于制造业投入服务化的创新绩效提升具有特定的解释机制:为进一步推动制造业以及服务业的进步,并促进基于制造业和服务业融合的投入服务化下的一国或某产业的经济及生产力发展,两产业进行有效的要素配置共享、流通以及融合,并在进一步的技术环境、经济全球化及市场竞争中加以实践,而受经济全球化以及一体化程度的影响,制造业投入服务化的技术研发创新获得了基于技术进步背景的产业竞争力提升机会;同时,竞争优势进一步推动了部分产品以及相关竞争环节的迁移(Javidan, 1998),例如以往的最终产品的竞争前移到了产品开发、甚至科学研究阶段,而由此形成的制造业研发创新能力及绩效的显著提高也显而易见。随着产业投入服务化的进一步优势凝聚,研究开发和创新能力具有了至关重要的意义。但同时需要注意,对于制造业投入服务化而言,其相应的资源要素禀赋可能因此而受影响,因为这一过

① Lawrence, Robert Z., and David E. Weinstein. *Trade and Growth: Import-led or Export-led? Evidence from Japan and Korea*. No. w7264. National Bureau of Economic Research, 1999.

程本身就包含了两产业对于共有资源要素的更合理重新配置，但资源要素并未因此而增多，所以间接导致了两产业间因为竞争优势的争夺而不能兼顾要素禀赋的结果(Torkkeli & Tuominen，2002)。竞争优势对于制造业投入服务化的改善，通过合理配置资源、优化产业结构等等，来形成强大的竞争力，一旦到了这一层面，那么制造业、服务业以及其他行业的繁荣则是依赖于周边产业是否有效获取相关资源，从而从侧面推动了一国其他各个产业为争取更高竞争优势而进行的创新型要素投入及技术研发创新的实践举动，也进一步解释了为什么核心竞争力、比较优势最终都要转化成为创新方式进而是竞争优势，来促进相关产业的自我改良与技术创新。

第四节　制造业投入服务化的技术研发路径的创新溢出效应

根据美国著名管理创新学者 Chesbrough(2003)[①]在其著作《开放式创新》一书中提出的创新概念，产业创新应该依托于企业将封闭性质的内源性创新及其投入，异步地扩展至对外部市场和资源的整合式创新上，并通过对两者的协调均衡在进一步的创新背景竞争中获取高绩效产出和最终的盈利。本章研究遵循财力和人力资源及原始数据可获得性，以投入为切入点反映制造业企业微观主体自主创新和引进，以及介于两者间的不同组合所引致的创新绩效改进，借鉴余泳、陈龙、王筱(2015)[②]的方法构造结构方程模型[③]。对于创新投入产出绩效的面板数据模型，以政府专项 R&D 注资、政府科技投入、地方创新拨款与财政总支占比及地方财政投入等要素，构建制造业投入服务化技术研发创新的财力投入的第一变量；创新科技活动人员数、R&D 人员数、专业技术人员数构建技术研发的人力资本投入第二变量，来进行相应的实证研究。需要说明的是，鉴于本章研究视角着重于整个产业中观层面创新的关联验证，暂时忽略对企业内部个体相关的创新人力投入。

关于制造业投入服务化技术研发创新产出绩效变量的衡量，本章研究将创新成果数量从创新企业及政府和科研院所创新活动的不同角度，分解为企业创

---

① Chesbrough，Henry William. *Open Innovation*：*The New Imperative for Creating and Profiting From Technology*. Boston：Harvard Business Press，2003.

② 陈龙，王筱. R&D 投入、非 R&D 投入与技术创新绩效作用机制研究——以中国高技术产业为例[J]. 科技进步与对策，2015(6)：66－71.

③ 本章验证的技术研发创新绩效对应结构方程模型的基础变量包含了技术研发投入与技术创新绩效，并以其作为投入、产出性质变量构造模型，模型结构按投入与产出性质变量的选取及假设而设定。

新技术合约数 ACT 及其所涉金额 SCT；专利方面分为发明专利量 AIP 和专利申请 APP 及授权量 APU，以及 EI 及 SCI 高规格期刊的收录论著量 PAP 等变量，而创新成果质量则用获国家和省部级成果奖项量 NDR 加以刻画。最终的创新产出成果用制造产业均产值 API、企业工贸及创新技术总产值 DTP 等衡量指标表示，统计时序与投入类要素、创新产出类数据处理方法同上章，数据来源同上章不再赘述，其中 NDR 参照全国各省科学技术厅与本章统计时序内公布数据信息。

经验证，制造业投入服务化技术研发创新绩效衡量变量及模型拟合的描述性指标统计如表 4－1 所示，分别以拟合优度卡方 x^2、自由度 *DF*、近似误差均方根 *RMSEA*、绝对拟合 *P*、标准拟合 *NFI*、相对拟合 *CFI*、非正态化拟合 *TLI*、相对自由拟合卡方、拟合优度 *GFI* 及调整拟合优度 *AGFI* 指标，其中表征模型拟合检验质量的绝对拟合 *P*(0.191)、调整拟合优度按变量分值较平均分值间的 *AGFI*(0.907)及拟合调整过程与原始数据对结果波动的动态影响的近似误差均方根 *RMSEA*(0.059)等报告结果说明了拟合状况良好，符合预期。

表 4－1　技术研发创新结构方程模型拟合整体评估

拟合指标	检验值	修正后拟合指标	修正后检验值
拟合优度卡方 x^2	709.81	拟合优度卡方 x^2	468.13
自由度 *DF*	171	自由度 *DF*	173
似差均方根 RMSEA	0.059	似差均方根 RMSEA	0.007
绝对拟合度 *P*	0.191	绝对拟合度 *P*	0.309
标准拟合度 NFI	0.812	标准拟合度 NFI	0.916
相对拟合度 CFI	0.906	相对拟合度 CFI	0.915
非正态化拟合 TLI	0.834	非正态化拟合 TLI	0.938
相对自由拟合卡方 x^2/df	4.371	相对自由拟合卡方 x^2/df	2.649
调整拟合优度 AGFI	0.907	调整拟合优度 AGFI	0.962

关于制造业服务化技术研发创新投入与绩效，本章提出 H1～H6 假设，分别为 H1：创新人力投入与创新成果数量存在正向关联；H2：技术创新人力投入与创新成果质量存在正向关联①；H3：技术创新人力投入与创新产出成果存在正

① 模型初始态缺一自由度解释：据结构方程模型规则，将创新成果质量的一个维度 NDR 路径系数设定为 1。

向关联；H4：技术创新财力投入与创新产出成果数量存在正向关联；H5：技术创新财力投入与创新成果质量存在正向关联；H6：技术创新财力投入与创新产出成果存在正向关联。经验证，H1～H6均通过验证，各变量间存在正相关关联。基于制造业投入服务化创新过程中人力、财力投入的紧密联系作用，本研究将制造业投入服务化创新增设下列假设，即假设H7制造业投入服务化创新系统的财力资源要素投入和人力资源要素投入耦合相关。同时以2000—2013年间制造业数据作为输入数据，并对比增设假设7及耦合关系前后其他假设H1—H6的验证结果进行模型的修正①。

经Amos 7.0软件模型检验及基础数据分析，如表4-2所示，H5、H3分别以相关系数0.012和0.006 9及*P*值0.263和0.173的报告结果，其他相关假设中未通过检验。而经修正后的模型通过了对原H3、H5及增设H7假设的支持。

表4-2　制造业投入服务化技术研发创新结构方程回归及修正后实证检验结果

验证假设	回归相关系数	*P*系数/*Sig*	结果支持性	验证假设	修正后回归关系数	*P*系数/*Sig*	结果支持性
H1	0.261	0.029	支持	H1	0.241	0.045	支持
H2	0.279	0.013	支持	H2	0.315	0.002	支持
H3	0.006 9	0.173	不支持	H3	0.231	0.012	支持
H4	0.498	0.026	支持	H4	0.351	0.013	支持
H5	0.012	0.263	不支持	H5	0.271	0.028	支持
H6	0.442	0.004	支持	H6	0.339	0.018	支持
				H7	0.237	0.016	支持

对比表内数据可获得以下结论：

第一，除了制造业投入服务化技术研发创新财力与创新成果质量、创新人力与创新产出成果未获数据支持而未通过初始验证外，其他诸如财力投入在创新的数量、产出成果方面以及人力投入在创新的数量和质量方面的假设均得到结构方程较好的实证验证。可见，不能以简单线性呈现的制造业投入服务化创新投入与绩效产出，须以统筹的创新视角加以考察分析。

第二，假设H2和假设H6分别预设财力、人力的创新投入与技术研发创新

① 模型验证借助SPSS15.0软件和AMOS7.0软件实施，研究涉及数据均以1年后置为准，以配合创新投入的时滞，制造业投入服务化创新系统综合绩效则采用区域即时数据。

产出成果正相关的独立假设未在初始模型的验证中获得通过，而在经修正后的模型通过，如表 4－2 右部所示，说明制造业投入服务化技术研发创新在财力投入与创新成果间、人力投入与创新产出成果间，以及三者间存在互动调整影响关联：人力投入在制造业投入服务化创新中调节其政府研发专项投资及产业的 R&D 和科技投入与创新成果质量间关系，前者的投入越大，意味着财力投入对技术研发创新产出成果质量的正向影响越大，即制造业投入服务化的财力投入越能促成技术研发创新产出成果的质量提升；反之，则造成财力投入对创新成果质量正向推动的削减，即越不能形成财力支出对产业创新质量的推动。同样地，财力投入也参与产业人力投入对创新成果正向影响的调节，不再赘述。

第三，制造业投入服务化创新的人力、财力两大投入要素在结构上得到修正后模型的验证，可见两者已密切耦合于制造业产业经济发展的时空轨迹中。具体而言：受财力的创新型投入制约且带动、提升了以制造业投入服务化创新绩效成果为目的的人力投入，对应的人力投入也符合此规则，进而构成制造业产业经济发展中创新投入的结构性制约和对通过两者均衡演进带动产业经济发展的理性要求。

从上述结构方程实证中可见，创新的财力、人力方面投入可形成对制造业技术创新带动的经济发展的整体促进，然而基于政策建议的可行性，必须对创新投入予以细分。以财力投入为例，存在不同的绩效生成趋向：企业主体财力投入以流向创新技术研发为主，研发机构及科研院校为主的相应投入则以科研论著等类型成果居多，而政府创新的投入财力可能更多地偏好于专利的形成与保护培育方向；人力投入存在相应类似的变动规律，另外，财力、人力投入在制造业经济发展中也存在互动影响变动趋向，因而，创新投入在规模增长速度及投入结构比例方面都以结构性差异对制造业产业经济发展产生一定的影响，这也符合弗里曼在对日本的技术创新与绩效研究中所提出的观点。

结合既有研究集中于制造业投入服务化技术研发创新路径及推动因素间关系的情况，选取财力、人力及经济增长、财政实力等投入要素结构性差异等角度，结合单纯评价投入规模速度差异下绩效的背景，进一步验证制造业投入服务化技术研发创新绩效在构成要素上的差异。基于前述实证，借鉴罗默（1990）①关于产业创新投入人力、财力流向分析框架理论观点，按如下分类和特征分析制造业投入服务化创新投入，来确立相应结构性特征变量，即：创新财力投入以制造业企业微观主体劳动力相关支出作计算；人力投入以从事创新人员工时予以替代；以不同形态的绩效生成趋向或实质性创新成果计算创新成果变量。但由于

---

① Romer, Paul. "Endogenous Technological Change." *Journal of Political Economy* 98.5(1990):71－102.

实验性及创新试验存在最终成果在产出利润形式上的难以统一，易造成变量原始统计数据获取困难；研发机构及科研院校的论著成果存在生产力转化效率差异以及一定程度外溢性和运用的统计瓶颈；最终，将制造业投入服务化技术研发创新投入绩效的结构关联实证落脚于创新专利这一类型变量成果。按专利申请规模 PCM 以及授权规模 PAM 构建上述创新绩效变量及其线性关联，将前述结构方程所设变量分列如下：企业创新投入财力(EIF)、政府创新投入财政(GFI)、相关创新鼓励性融资(BEL)为创新投入的财力方面构成变量；规模以上企业[①] R&D 人员全时当量(RDI)、研发机构人员创新性投入(RSE)、高校人员创新性投入(HSE)及相应地方政府人员性创新投入(GRI)；并以式 4.1、式 4.2 分解并回归验证制造业投入服务化技术研发创新投入结构与绩效，模型回归结果如表 4-3 所示。

$$PAM = \beta_1 GFI + \beta_2 EIF + \beta_3 BEL + \beta_4 RDI + \beta_5 RSE + \beta_6 HSE + \beta_7 GRI + \beta_0 + \varepsilon_1 \quad (4.1)$$

$$PCM = \beta_1 GFI + \beta_2 EIF + \beta_3 BEL + \beta_4 RDI + \beta_5 RSE + \beta_6 HSE + \beta_7 GRI + \beta_1 + \varepsilon_2 \quad (4.2)$$

表 4-3　制造业投入服务化技术研发创新要素投入与绩效结构性回归结果

自 变 量	PCM	PAM
企业创新投入财力(EIF)	−0.003 679	0.000 872
	(−1.593 032)	(0.204 615)
创新鼓励性融资(BEL)	−0.023 152*	−0.054 912
	(−1.894 116)	(−2.519 112)
政府创新投入财政(GFI)	0.033 194***	0.054 716***
	(4.731 516)	(4.243 152)
地方政府人员性创新投入(GRI)	0.001 572***	0.002 071***
	(3.384 031)	(2.503 961)
科研院所人员创新投入(HSE)	−0.104 112	−0.114 892***
	(−0.511 26)	(−0.318 797)

① 结合国家经济发展现状，规模以上企业是指年主营业务收入在 2 000 万元人民币及以上的企业。

（续表）

自 变 量	PCM	PAM
规模以上企业 R&D 人员（RDI）	0.283 163***	0.471 931***
	（3.528 319）	（3.306 129）
研发机构人员创新性投入（RSE）	－1.928 442***	－3.258 168***
	（－4.584 01）	（－4.360 117）

*、**、***分别表示变量在 10%、5%、1%水平显著

从创新人力投入考察，规模以上企业 R&D 人员全时当量[①] RDI 与研发机构相对独立的人员创新全时当量（RSE）形成鲜明对比：前者对专利申请的创新绩效关联影响报告为在 1%显著性水平上的 0.283 163 结果，而后者报告结果远大于 1 的负显著影响，且在 1%水平上显著。显然可见，创新人力投入在规模企业相较高校及科研院所有效，这可能是由于后者所涉主体对论著等成果较为注重，而又不具相当的产能直接输出优越性所致，且这种趋势若对企业的外生性人力投入有变向流动影响，则有可能引起对创新成果运用的反效果，而企业内生性的创新人力投入则表现为对专利授权对应的创新成果运用的正向推进，简言之，规模企业创新累积与地方财力投入产生了创新成果绩效的协同效应。

从创新财力投入考察，政府创新投入财政（GFI）表现出与制造业投入服务化技术研发创新在专利申请与授权两方面绩效的显著正向关联和投入偏好，政府在制造业投入服务化创新中投入财力越多，则产业创新经济获益绩效越大，这也可以从各级政府近年来对创新专利工作的重视中得到印证；而相应的企业资金投入（EIF）、创新鼓励性融资（BEL）与前者相比偏好不同，并与创新成果报告负相关，两者的投入增加使得与制造业投入服务化创新绩效成正相关的政府创新投入财政（GFI）削减了专利申请对相应产业创新成果的影响。

另外，表 4－3 中的国内专利申请受理数（PAM）和国内专利申请授权数（PCM）两个指标呈现出负截距，从整体表明制造业投入服务化创新成果对人力、财力投入的需求累积的长期性特征，而两类要素的投入也只有在经一定程度的积累及要素间的合理化结构均衡配置，才能形成创新成果的绩效。借鉴何晓群等人（2006）的检验方法，针对上述回归系数所构模型的评价机制进行了加权

① R&D 人员折合全时当量：由参加 R&D 项目人员全时当量及应分摊在 R&D 项目的管理和直接服务人员全时当量两部分相加计算。R&D 项目人员全时当量由制造业中参加基础研究、应用研究、试验发展三类项目人员全时当量相加计算；应分摊在 R&D 项目上的管理和直接服务人员全时当量按 R&D 项目人员的全时当量占全部科技项目人员全时当量的比重计算。

最小二乘法(WLS, Weighted Least Squares)检验,结果发现现实数据与理论模型间数值较为接近,说明验证符合关于制造业投入服务化创新投入与绩效的预设,不再赘述。

第五节 主要结论与政策含义

本章研究表明,应从长远角度看待制造业投入服务化技术研发创新投入与其绩效的关联影响,不仅应从多角度引入有利于制造业产业经济发展的创新要素投入,更要充分运用政府、企业和高校及其他机构实施产业创新关联的人才、市场、产业和政策一体化创新,改变原先一味强调通过创新投入中的资源积累性增加来追求高绩效产出,开展包括人员及研发投入在内的综合投入,实现结构性均衡才能获得稳定的制造业投入服务化技术研发创新绩效,具体建议如下:

第一,培养制造业内生性知识生产研发创新竞争力

从上述实证模型检验中可看出,制造业投入服务化技术研发创新最为关键和基础性的指标是制造业产业内生性创新竞争力,它表征的是制造业企业作为创新主体时,对投入服务化过程中的技术研发创新内外生要素的组织协调,进而产生创新实效的能力,其高低作为制造业投入服务化创新的内生变量,也成为制造业投入服务化创新投入与绩效结构性差异的要素之一(Atkinson, 2007)。应积极创建制造业技术研发的内生性创新核心竞争力,来实现基于优势定位的制造业投入服务化创新,并从中获得相应的技术研发创新绩效。对于一国或其相应产业的经济竞争力既可是产品生产率的优化,也可以是产品的差异化,而无论哪一种对于制造业投入服务化而言,都是局部的创新能力提升的竞争要素优化。因此,制造业更应牢牢抓住自身特有的技术优势以及创新条件,进行与服务化要素的组合式创新。当然,特有并非是特殊化,因为过于特殊化往往使产业经济发展陷于困境,而毕竟制造业投入服务化其本质还是制造业的生产与发展,不能简单地定位成完全意义上的创新特色化,从而忽视了对于制造业而言基础的劳动投入,应该以区域为基础单元充分结合地域制造业特色的方式,进行相应的结合性创新。特别是现阶段我国的制造业投入服务化创新,不能片面强调对于创新资源以及技术研发创新本身过程的重视,而撇清与制造业自身现状的关联,应该根据服务业要素成熟程度的关系,以区域的现状为基础,激发产品创新性能产生的多样性市场机会,增强区域自我调节与发展的机能(Chen, Lin, & Huang, 2007)。同时,还应该同等重视制造业投入服务化过程中所捕捉到的比较优势与竞争优势,通过比较优势确立进一步实施制造业投入服务化创新的前进方向,通过竞争优势迅速高效地厘清制造业投入服务化的进一步创新脉络，不走或者少走冤枉路，而走出独具区域以及地方制造产业特色的投入服务化创新绩效提升之路。

当然，要注意比较优势、竞争优势的动态性，也就是说要时刻注意，任何一种优势的获取都不是偶然的，并且任何一种竞争优势以及比较优势的保留也不是必然的(Carneiro，2000)。作为制造业自身，只有树立忧患意识，不断强化对于自身劣势的认知和危机感，才能进一步在实施创新的过程中，积极攫取相关要素资源，开拓创新方法路径，避免自身优势被他人或其他组织机构获取，也只有不断创新，不断催生出新的优势，才能获得强有力的竞争要素和比较优势的领先(景刚，耿慧敏，2011)；特别是现阶段我国制造业仍然存在一定程度的囿于传统、思路僵直、经营粗放、模式陈旧、创新滞后等缺陷，且投入服务化程度也相对较低，其技术研发创新集中程度有所不足，特别是在技术能力、生产要素的合理配置等方面可改进的空间很大，种种原因致使制造业综合竞争实力相对不足。因此，强化制造业投入服务化的创新竞争力，来获取创新绩效，就是要通过适度的结合性创新(Benner & Tushman，2003)，继续凸显制造业产业在当地的比较优势，并在此基础上逐步改良制造业与服务业融合的经营模式与创新增长方式，大力发展区域制造业经济的内生竞争力，从而在整体上推动依托于制造业技术研发的区域经济增长，并在此基础上获得技术改进与创新的基础保障优势条件，再逐步开展基于制造业投入规模扩张上的服务化要素优化集中、分配以及技术创新(Guangzhou Hu，2001)①。从投入服务化的具体内容构建来看，首先是基础层面也就是技术创新，这一层面的关键在于积极根据地方制造业的特色与现状，构建适合地方发展的制造业投入服务化创新的自主研发投入体系，逐步实践制造业的自主技术创新，既保证地方制造业的自有知识产权，又推动产业融合后的经营与增长方式的效率提升；另外，还要注意按照竞争优势提升为导向，而不是出于挖掘制造业比较优势进行的过度投入(贺正楚，吴艳，张蜜等，2012)，并积极服务于制造业所在地域的经济增长下的创新。

在制造业投入服务化的过程中，须正视产业的创新发展模式已逐步从原先的引进技术并结合本地低价劳动力为主的经营模式，转向自主技术开发的模式，因此投入模式的选择是提升制造业投入服务化技术研发创新绩效的关键所在。虽然这一转变是历史的必然，也是对于每一个产业的传统生产方式下创新的一种局部性否定，但是必须同时看到，要执行这一模式下的创新，不能仅仅以制造

---

① Hu, Albert Guangzhou. "Ownership, Government R&D, Private R&D, and Productivity in Chinese Industry." *Journal of Comparative Economics* 29.1(2001):136 - 157.

业、服务业现有资源为视角，更应考虑到要素在两类产业间的平衡以及流动、要素消耗等问题。同时，完全意义上的独立自主研发创新要求大量的技术装备、人力资源以及成熟的机制配套，而这些因素的完全配备是经过产业协同创新的若干轮实践后的成果(Ocasio，Loewenstein，& Nigam，2015)。为此，笔者建议，应该立足我国制造业和服务业的现实，特别是立足于制造业投入服务化现实，通过可接近模仿以及创新的技术来首先削减两产业的资源消耗以及环境能耗，从而来改进制造业投入服务化的技术创新绩效，并通过不断地组合产业技术创新来提升各自产业的技术攻坚能力，大力开发具有集群或地域特色的新产品，同时通过制造业投入服务化跨产业的产品深加工的推广，来兼顾两产业要素资源利用率，从而提升包含整个产业带而非产品类别的产业创新绩效与竞争力。

在对策制定方面，应从战略角度思考并定位制造业投入服务化的技术创新对绩效获取的提升，可以从以下几个层面尝试对策制定：第一，优势产品的特色要素提炼。通过特色产品，尤其要注意模型验证过程中存在较高显著关联的技术研发财力投入与创新绩效在数量和质量方面的关系，针对贸易中占有独特优势的制造品，开发其新的特性，并利用这种基于服务化要素融入的特性开发，来形成新的优势及产品核心竞争力，从而提高特色经济的产出价值和效益(Freeman，1991)；第二，高级化要素的创新。由于制造业投入服务化，本质上是产业要素配置重组的高级化阶段，因此要对这一过程中的技术、人才、有关机构、基础设施进行创新机会的挖掘，特别是其中的创新功能结合点以及功效提升点，要特别注意其与现有产品、项目的结合，从而发挥出高级化因素对于制造业投入服务化依托技术研发路径获得的绩效；第三，需要有意识地发展和保持上述多元化创新结构和内容对于制造业竞争优势产品，以及比较优势产品的适配性，为经济及竞争力的发展奠定广泛和深厚的基础。尤其是其中的人力资本要素以及政策规制等相应配套，需要通过制造业投入服务化过程中的逐步累积，来优化上述高级化要素对制造业投入服务化的技术研发创新绩效贡献。而相应的政策便利性措施也应对制造企业微观主体所在区域有所倾斜，从而进一步提升技术研发创新过程中人才和知识流动的制度保障水平，逐步通过城市提高资源要素对于制造业投入服务化的累积性集聚水平；第四，对于制造业投入服务化技术研发创新绩效长期提升而言，还需要切实强化上述创造性高级化要素在创新推动力量方面的持续优化，特别是对产业技术研发创新方面的人才的教育和培养，因为对于制造业投入服务化而言，除了劳动力投入、资本投入之外，人力资本要素本身就是一个复杂的体系化要素，它自身便是一个多要素集合的整体，因此，通过逐步的制造业投入服务化创新累积，将这一创新过程所需的人才要求融入当地的教育体系与人才培养内容框架中，是对制造业投入服务化创新的核心竞争力的持续累积，其创造是一个长期的积累、渐进过程，需要在科研、教育、国民素质等方面持续投资、不断发展。就投入创新的方式来看，可以按照以下两种方式来进行：第一种是优化方式，即比较优势资源的优化，也就是通过不断地选择制造业投入服务化的优势产品、部门进行选择性资金形式的投产创新，并以深加工、精加工方式累积资本，再加以技术改造和人力资源要素的累积培养；第二种是渐进方式，借助制造业投入服务化协同创新网络，选取其中的技术研发创新高绩效部类，进行引导性创新，同时将基于网络的协同创新竞争压力转化为技术研发创新动力，最终达到提高整个制造业投入服务化技术研发创新绩效的目的（Frisell，2003）。根据本章验证结果分析，无论采取何种方式进行制造业投入服务化创新绩效的提升，都应以现有资源产业为基础，以制造业投入服务化技术研发创新的基本范围为创新行动的立足点，对尚未形成协同创新网络的，则以制造业区域为基点，有协同创新网络的则以网络为基点，共同提升制造业投入服务化的技术研发创新绩效（Borgatti & Cross，2003）。

而在适合创新的制造业部类对象的具体选择上，应该选择恰当的产业部类，集中资源优先发展。这主要是由于每一个制造业产业的具体部类都有其不同的产业特色以及贸易竞争优劣势，对于其实施的投入服务化创新所获得的产出绩效也各有不同（Simonin，1999）。因此，应该以适度的新技术来贯穿整个制造业投入服务化过程的创新，通过可提升的产业创新空间来带动创新绩效。同时，要充分考虑制造业投入服务化各部类现状与特色，通过增强自我调节和错位发展的方式，来逐步优化制造业差别化的比较优势，甚至是部分落后区域的差别化后发优势。集中现有资源所对应的投入资本、人力资源以及其他要素，来培育和发展相应替代产业及新兴产业部类，从而进一步优化制造业产业结构，促进制造业各部类技术研发创新经济及产业创新活力。

最后，要整合实施制造业投入服务化创新的力量，这主要是针对现阶段我国制造业仍存在一定程度的产业内部松散、企业微观主体独立创新规模相对较小的情况而提出的。显然，这种方式是不适于当今世界制造业贸易与产业竞争现状的，长此以往还会损耗整个制造业的竞争战斗力和创新活力（Fritch & Franke，2004）①。建议适当考虑以产业内部组织形式和模式的创新来解决这一问题，尤其是针对原本相对不存在资源优势，可尝试通过专业化、规模化累积制造业投入服务化相应的技术改进以及创新绩效。

总而言之，应对制造业投入服务化技术研发创新绩效的提升，应从优势定

① Fritsch, Michael, and Grit Franke. "Innovation, Regional Knowledge Spillovers and R&D Cooperation." *Research Policy* 33.2(2004):245-255.

位、投入模式、政策制定、产业部类等角度予以优化组合，从而逐步累积获得制造业投入服务化创新绩效的提升。

第二，优化投入服务化的技术研发创新投入要素结构

对于单个企业而言，应将自身现有的创新人力、财力投入对比结构，技术研发创新的要素投入结构及投入绩效的结构对比的角度作为革新切入点，合理组织创新投入推动制造业投入服务化创新绩效提升(Cohen & Levinthal, 1990)。这方面，日本中小企业平均有70%的人力资源开发资金投放力度，土耳其政府设立企业培训资助基金，并出资支付50%的费用。意大利、德国、比利时等欧洲国家，分别设立补贴、资助计划并对产业技术研发在政策和法律上给予保证。其中，意大利设有国家级别的中小企业联合组织，而德国也有全国级别的技术管理培训中心，比利时以津贴形式资助企业的自主研发创新，并出资鼓励管理者和职工的带薪培训。从国外的例子中不难看出，各国都以不同形式推进产业内部结合投入服务化的自主创新，特别是针对规模相对较小的中小企业，形成了多渠道的立体支持体系。我国制造业在进一步的投入服务化技术研发创新进程中，要实现创新能力的提升，也必须做好制造业自身的自主创新，特别是针对本章验证中，企业自身的创新研发人力资本以及研发创新投入资本两类要素，应更加重视。

一般而言，企业自主的技术研发创新能力是包含项目以及决策选择、创新研发、资源及优势集成、组织管理以及资源优势集成学习力的一种综合体现。作为实施制造业投入服务化创新的企业，首先应强化以上四种能力，并逐步将其整合进自身的投入服务化创新过程中，具体要做到以下几点：

首先，对于项目以及决策选择的增强，作为实施投入服务化创新的企业，必须具备敏捷的市场洞察力和嗅觉，企业主体应通过反复的市场锻炼，获得选择项目进行市场竞争以及创新切入的敏锐洞察力，具体来说主要包括搜集和监测市场需求导向下的技术创新或革新需求，并增强选择市场机会和技术的能力，以高效的技术创新推动市场来强化自身对于市场、技术创新制造品及其结构的技术研发创新优化方面的项目以及决策选择能力。要实现这一目标，制造业应逐步配备强有力的市场分析与创新技术团队，并形成两大团队的通力合作，是问题的关键所在，前者有助于实施投入服务化创新的行动能与有效开发市场紧密结合，占得市场先机(Färe & Zhang, 1994)[①]；而后者能确保并提升实施主体自身对于外部资源整合和外部技术集成的能力，也即前面所述的资源及优势集成能力的

① Färe, Rolf, and Z. Zhang. "Productivity Growth, Technical Progress, and Efficiency Change in Industrialized Countries. ." *American Economic Review* 84. 1(1994): 66 - 83.

增强，从而最大限度地实现投入服务化的技术研发创新价值。同时，项目以及决策选择的增强过程，也反过来推进了上述两大团队在实施主体内部的相互沟通、学习以及对于资源要素配置的协同性（王蕙，张武强，2014），从而能进一步增强组织内部资源和技术的能力，不仅推动了实施主体的技术研发实践，而且优化了企业内部的团队协作与管理协调性。

其次，要强化技术研发创新激励机制。本章验证结果证实了人力资本在创新投入与研发绩效的关联关系上作为显著的重要影响要素，贯穿于整个制造业投入服务化创新的过程（Amidon，1997）。因此，要特别重视前面所述的针对创新研发能力的激励和培育，为此，首先应该加快开发实施主体内部的人力资源统筹管理体制，通过内引外联的方式不断创造企业内部的创新人才培训机会，进而营造其良好的投入服务化创新软环境；并通过不断的人才储蓄促进人才自我剖析及对自身优缺点的认知，结合创新团队人才的进阶式评估，逐步形成对于每位技术研发创新人才的网状管理，在不断建立健全创新人才的引进政策和激励措施的基础上，科学评价每一位技术研发创新人才在历次投入服务化技术研发创新过程中的创新绩效提升贡献，从而最大限度地激发科技人员的研发积极性和企业归属感（Theodore，2002）。同时，要特别注重对于每个企业而言，不同层次的高级别人才，因为每个实施主体在整个制造业中处于不同的竞争地位，而其相应的制造业投入服务化创新的创新绩效提供贡献也有所不同，类似地，每个层次的技术研发创新人才对于每个投入服务化创新实施主体的创新贡献也有所不同，因此作为每个企业微观主体所对应的技术创新人才，应该以要素效率配置的视角，形成相应人才在最合理的岗位获得配备，从而发挥出技术研发创新人才对于制造业投入服务化创新绩效提升的最大作用。

再次，针对上述组织管理以及资源优势集成创新学习力的情况，笔者认为，应从进一步的投入服务化技术研发创新实体内部的产权机制出发，进行责权明晰的知识产权创新归属，对于重大原始创新笔者不仅要保护和激励，更要按照企业内部重要战略发展的组织管理予以肯定（Griliches，1998）；当然，在实施技术创新研发的过程中，也不能忽略各个创新研发人员的贡献，要有机梳理好保障技术创新利益为前提的创新绩效分配，以确保技术创新产权保护体制有效运行。通过这些措施，形成对制造业投入服务化创新人员和创新活动正向的激励机制。

另外，还要继续强化实施主体的创新文化的培育，因为任何的技术创新研发不仅仅是战略，更是一个实践问题，也与技术研发人力投入因素中的人密切相关。特别是在组织内部，是否能有效引领团队实施技术研发创新的管理人员价值取向，管理团队的思维和技术创新研发认知，都将深刻影响研发创新实施主体对于制造业投入服务化创新的绩效获取(Hayes, 1994)。因此,应该着重培育创新性企业文化。不仅要以创新文化影响实施主体内部管理层从更多角度、视角看待和思考技术研发创新问题,更应该加大企业内部管理团队之间关于技术研发创新的沟通,从而使得整个实施主体在创新研发问题上的宗旨、战略、理念、价值观等方面在组织整体内保持一致(Chung, 2002)①。企业内部也可以尝试通过深化的价值管理创新等理念培训来强化形成鼓励创新、宽待创新的失败、勇于竞争的要素投入环节创新文化,并在企业内部各部门之间营造推进组织管理以及资源优势的集成学习氛围,并通过各个学习结果的整合获得创新学习效果的优化,最终营造出一个崇尚技术研发创新推动企业市场竞争以及制造业产品竞争力升级的共同创新的核心团队文化(魏江,叶波,2002),以此来进一步提高制造业投入服务化创新的软环境对于技术研发创新绩效的提升贡献。

同时,借助政府引导力量,以企业自主创新及企业间创新合作联盟作为制造业投入服务化创新平台建设的起点和突破口,作为产业集群以向心优势逐步实现较具规模企业的研发在资金、人才、知识和技能方面的全面凝聚,这也是本章研究验证结果中各类主体的技术研发创新投入与创新绩效密切关联结果的重要启示,对此,笔者认为首选应通过技术创新研发实施主体周边的资源整合,来实现企业为核心的资金、技术以及人才在制造业投入服务化创新过程中获取创新绩效的有效协同(Doloreux, et al., 2005)。根据现阶段我国制造业投入服务化研发创新的发展进程来看,只有将科研机构、院校、相关技术服务机构与制造业内部技术研发联合起来,开展基于产学研、官产学的创新,才能获得具有市场切合度以及需求满足特性的技术研发创新项目,并得以在企业内部展开,而相对稳定的产学研或官产学技术研发创新联盟,也能以核心的态势逐步形成对于制造业企业微观主体内部,再到外部周边的制造业投产项目的技术研发创新,进而形成紧密联系与通力合作关系,从而克服制造业在投入服务化过程中,因规模因素无法实现多主体技术研发的联合创新,从而进一步帮助企业整合源自科研院所、高校、企业群、市场等对于技术创新研发的各层次贡献力,最优化地形成内外部资源合力,以推进制造业投入服务化依托于技术研发路径的创新能力的提升。

最后,目前阶段我国制造业投入服务化技术研发创新还面临信息不对称性问题,且这一问题仍然普遍影响着创新实体的创新绩效获取。这就需要制造业企业微观主体跳出自身所拥有资源有限的这一条件束缚,以更多的社会化力量

① Chung, Sunyang. "Building a National Innovation System Through Regional Innovation Systems." *Technovation* 22.8(2002):485-491.

来突破其对于技术研发创新的限制。可以尝试通过人才派遣公司或者创新人才的中介等平台来克服人才流动限制的问题，同时，企业按照信息化组织工作的方式，进行信息交流沟通，特别是针对对方企业需要的技术研发创新配套，予以友好的信息交流、协调及沟通，从而减轻制造业投入服务化创新过程中信息壁垒引起的创新绩效获取障碍和人才流动造成的不利影响。

第三，建立制造业投入服务化技术研发创新共生网络

在市场竞争的现实检验中淘汰一部分创新企业实体，分流出不同技术研发创新能力构成梯度的企业创新团队，不断提升区域内部及区域间的创新竞争和市场获利能力，从而在实践中不断获取基于企业自主及合作创新的内生性竞争能力提升。根据创新理论体系关于制造业投入服务化创新实质的观点，创新不仅是科技或技术的单纯变革，更是各相关投入要素的相互作用。由于推动制造业投入服务化创新绩效增进的关键，在于各创新要素间合理组合与效益积累，而制造业投入服务化技术研发创新作为产业背景的组织化改进动力，与其内部各主体知识扩散、应用和创新绩效密切相关，因此，需要由企业为创新关键节点，其辐射延伸到的各种要素及形态构成创新核心，其中涵盖了相应政府、产学研关联机构及企业及相关各方的有机组织。通过建立企业间、政企间及政企院校间的要素投入合作共生联盟，实现财力、人力要素在联盟网络间的信息互通、机制统筹。特别是企业主体间对于创新信息和知识在邻近区域间溢出分享、推广扩散中的外界嵌入开展相互学习与借鉴，进而产生更广泛创新共生网络的创新意义的改进。

对于制造业投入服务化创新过程中的创新资金问题，应该进行结合性的创新，这种创新不是以大量的原始创新项目量的累积为目标，也不是局限于企业内部小规模的技术，而是充分考虑制造企业微观主体自身实力现状，技术引进和消化、吸收、创新相结合。因此，应该以企业的既有技术研发创新能力为出发点，开展创新人力投入尝试，并在一定积累和产能实现基础上尝试财力的进一步累积及其对人力投入的效应唤起。对于国外重大项目或技术创新，重在引进和消化吸收，并充分利用自身的先进技术资源对其加以本土化改造；对于适合我国本土市场的技术进步项目，鼓励企业适度加大结合企业周边微观主体的创新投入资本，加以难点攻克，从中解析出具有自主知识产权的核心技术。从处理引进和独立自主研发创新的角度来看，既要把吸引外资和产业内部技术研发创新结合起来，又要充分考虑国内制造业企业独立自主技术研发创新的现实可行性，从而优化技术研发创新投入资本在企业微观主体内部的有效结合性运用。既要加强国际科技合作与交流，从高水平的层面上要求我方的技术引进与吸收，又要突出重点，形成独立自主研发技术创新与引进的技术解析目标的共同实现，还要同时强化重大项目技术含量的有效吸收分析与学习，并让研发创新投入资本能在各个不同策略组合中推进主体的创新绩效与创新能力的提升（杨洪焦，孙林岩，宫俊涛，2008）。当然，对于一些关键性、战略性技术领域的技术研发与消化吸收，应该倾注更多的技术创新研发资本投入的力度，以形成合乎制造业投入服务化创新要求的技术创新研发绩效获取环境。

而作为与制造业投入服务化创新财力投入存在绩效关联的政府投入财政，应以对企业人力、财力的鼓励性财政投入为主，加大对有创新产出效能企业的财政投入力度；适度提高对创新潜力企业的培育和扶植，及时削减或转移对部分创新绩效不显著企业的创新财政支持，或以人才引进鼓励措施进行创新投入政策替代追踪（Geroski & Pomroy，1990）。而对于介乎创新企业主体及政府间的高校和其他相关机构，由于创新投入与技术研发绩效影响关联并非直接，应以政府视角对上述机构与企业间的合作深度予以引导，对其资金运用加以规范的同时，发挥机构的信息引导前沿性，进而推动制造业投入服务化创新的技术增效效率提升，并在人力、人才的配置运用上以一定的导向做好其与企业间的关联合作，争取科研成果在现实转化度上有所突破（Bernstein & Nadiri，1988）①。对于在整个制造业投入服务化技术研发创新过程中参与人员的绩效激励，还应该保障有利于技术创新的财税金融政策举措的顺利实施，来进一步优化技术创新研发环境对创新绩效获取的提升作用，尤其对于我国部分区域对制造业投入服务化创新配套政策尚未在资金以及人才方面做出倾斜设计的区域，应沿着思考一批、制定一批、推行一批、淘汰一批的思路，对上述政策进行逐步的推行；在创新项目的论证初期、实施中期以及收尾末期，学习当时的“欧共体”应对模式，介入性地进行财政资金、人力资本吸引投入资金对技术研发创新绩效的改善评估，并带动相应的政策之间的配套与协调，从而进一步营造制造业投入服务化创新需求的资金融通与技术配套的政策环境（Tödtling & Kaufmann，1999）②；其中，需要特别强调的是将技术政策纳入政策系统，也即是专门针对制造业投入服务化技术研发创新的项目以及实践的配套政策，从知识产权保护、创新成果的扩散等方面举措，融入结合技术、经济、贸易以及管理等各个相关部门工作，加以渗透性的政策扶持介入，并对其予以全方位和全程的辅助推进，从而实现在保护创新者利益和积极性的同时，促进技术合理、有偿地扩散，并按照协同配套方式促进政府

① Bernstein, Jeffrey I., and M. Ishaq Nadiri. "Interindustry R&D Spillovers, Rates of Return, and Production in High-tech Industries." *The American Economic Review* 78.2(1988): 429 - 434.

② Tödtling, Franz, and Alexander Kaufmann. "Innovation Systems in Regions of Europe—A Comparative Perspective." *European Planning Studies* 7.6(1999): 699 - 717.

相关部门联合企业、商会、技术研发相关协会及部门的多元力量，对技术创新研发政策，及其体现在各种配套政策和市场环境中的渗入效应，以此增强政府政策环境配套对于制造业投入服务化技术创新的绩效获取能力的提升作用。

在人才方面，研究认为应该立足于人才强国战略的高度，从制造业投入服务化创新的自身需求，逐步结合性地发挥人才机制与效应，将这一过程结合我国各制造业产业所在区域的不同人才供给现状，按照发现、培养、使用、凝聚优秀科技人才的思路，逐步累积符合制造企业技术研发创新要求的各类人才，其中，要注重人才在制造业投入服务化创新过程中的自我累积，并按照培养、吸引和用好的标准进行部门内部管理的考核，从而为整个产业乃至整个国家的技术研发创新奠定基础，同时，须逐步依托技术研发创新建立起健全、科学、合理的人力资源管理和开发体制，并针对各个阶段的创新成果作出科学、合理、可激励的评价，从而进一步完善制造业企业内部的人才管理与创新措施。在这一过程中，制造业企业微观主体还要进一步挖掘与政府、科研院所以及高校的合作，通过技术创新联盟的灵活组织形式，推进超越制造业企业微观主体的人才与创新的人才组合激活路径，并借助企业群以及科研院所对于技术创新研发的市场需求信息，拓展资源配置信息的多元渠道，获得信息、人才与研发资源优势的紧密结合，从而进一步实现制造业投入服务化技术研发创新绩效获取的人才与外部协作组织措施的配套融合。

第六节　本章小结

本章研究结合创新投入、创新产出绩效的视角，以结构方程模型验证了制造业投入服务化技术研发创新投入在人力和财力两个维度及其互动关联的假设，并基于模型修正以及变量结构特征，进一步验证了制造业投入服务化技术研发创新投入与创新绩效的关联。获得创新资源和技术研发相应投入正向调整对制造业投入服务化创新绩效的影响，以及两大维度的耦合关联的结论，并提出了培养制造业投入服务化创新过程中的产业内生性创新竞争力、优化制造业投入服务化创新投入要素结构，建立制造业投入服务化创新共生网络，提供结构化投入政策制度保障、引导等制造业投入服务化技术研发创新绩效优化的建议。

第五章

制造业投入服务化的生产网络协同创新

制造业投入服务化在基于现有生产条件参与世界制造品贸易的过程中，形成了复杂的生产协作网络关联，而同时，进行投入服务化创新并不仅仅只是制造业企业微观主体自身的创新活动，其配置资源、优化投入所包含的服务性质要素，都是与周边企业以及劳动力等要素息息相关的。制造业投入服务化的协同演变过程中，其各变量通过一定的序参量主导串联形成生产协作网络（Fromhold-Eisebith，2004），但同时，基于实施协同的微观主体各要素配置有所不同，存在创新协同的不同参变量作用的可能，因此，就整个制造业投入服务化创新过程而言，基于创新协作网络进行的制造业投入服务化创新，需要选择产生积极关联影响效应的协同生产关系，并对这种实现机制及效率的提升进行比对分析（Holbrook & Wolfe，2005），这样不仅可以帮助微观企业主体在进一步的协同创新过程中节约成本，提升创新收益，而且能进一步促进其再生产成本的优化。

区别于一般意义上的生产协作或协同（innovation synergy），协同创新（collaborative innovation）主要凸显了跨组织或者部门形成统一的发展目标，但又借助不同的现有协作网络，同时体现出各个协同过程中的个体差异，来逐步完善这一目标实现过程的相互协调性。换言之，作为制造业投入服务化而言，现今阶段的制造业在要素购进及组合投入上，更侧重于协作化的总体互动，这也从另一个角度说明，制造业投入服务化在创新上，更倾向于协作组合来完成其创新竞争。

而协同创新的网络组织能够充分组织并协调生产协作网络的要素，对其加以组合、优化，并通过进一步的生产组织生成新的、更具生产竞争力的协同创新网络，结合制造业投入服务化的贸易以及 FDI 提升渠道，推进制造业在全国乃至全球制造品市场中的竞争地位（Soo Young Park and Woobae Lee，

1999)[①]。同时，制造业企业微观主体周边的产学研联盟，以及科研院所等研究主体为进一步的制造业投入服务化创新提供了协同的组织动力，特别是其中的科研院所对于这一进程的推动具有核心的联结作用（Aamodt & Plaza，1994）。根据协同创新的主体要素不同，及其要素组织的协同能力不同，制造业投入服务化的协同创新进程存在不同的步伐，这一特性为制造业投入服务化协同创新提供了环境压力和改进动力，从而推动制造业企业微观主体能进一步提升协同创新生产要素，获得资源要素的协同创新配置的进一步优化（Maher，et. al，1997）。

基于对制造业投入服务化协同创新导向及绩效的关联分析，利用势函数及序参量方程，从创新外部环境和内部要素配置差异角度，以交互层级回归以及结构模型的双效应验证，剖析了我国制造业投入服务化依托协同创新路径获取创新的绩效关联。本章结构安排如下：首先针对制造业投入服务化协同创新的发展现状进行了简要的分析；然后，专门针对现阶段国内外关于制造业投入服务化协同创新的相关理论分析与实证检验方面的文献，进行了系统梳理与深入剖析；接着，从系统协同创新及其伺服原理、协同网络组织、协同网络组织的复杂程度与创新能力等角度剖析了我国制造业投入服务化依托协同创新路径获取产业创新绩效贡献的形成原理；然后，针对制造业投入服务化的协同创新在导向与最终产出绩效间、生产合作网合作机制对于制造业投入服务化协同创新绩效、协同创新网络内部以及政策外部因素影响关联进行模型假设，并以分层验证方程进行因子构建，在结合问卷调查的基础上，实施相关矩阵验证分析；最后，梳理模型验证结论，进一步从协同创新路径的角度优化我国制造业投入服务化创新绩效的对策。

第一节 问题的提出

经历了全球经济“寒冬”、中国制造业正努力克服着需求减少、成本上升、竞争加剧、新旧商业模式交替等困难，而其中正处于积极挖潜的制造业的投入服务化也随着技术经济的发展而逐步增长，推进了制造企业在更广范围、更迅速反馈等方面的新一轮竞争。作为制造业技术进步的一种方式，制造业投入服务化在现阶段的策略或以传统的细节创新手段为主而踌躇不前，或因局限于产品服务及价格优惠和物流保障等企业个体点状的改善实施，而未能获得整体协同效应。如何科学运用协同合作，全面开展制造业投入服务化网络协同创新，成为制造业

① Park, Soo Young, and Woobae Lee. “Regional Innovation System Built by Local Agencies: An Alternative Model of Regional Development.” *Australian Planner* 36. 4(1999): 193 - 199.

投入服务化在加快转型升级过程中亟待解决的重要问题。

从全球制造业的竞争格局来看，全球500强企业的51个行业中，就有28个服务业部类，并且有56%以上的企业从事相关服务业。相比西方发达国家服务业增加值占GDP比重的70%，制造服务业占整个服务业比重的70%[①]，我国制造业投入服务化的集聚程度可谓遥不可及，但却大有可为，特别是在制造业投入服务化的网络化协同创新上，我国目前的制造业投入服务化有待改进。制造业投入服务化，指的就是制造业从原先的纯粹产品劳动化生产向物品与附加服务以及向物品—服务包转变，从本质而言，是以完整的"包"，包括物品、服务、支持、自我服务和知识形式在内的整体生产创新方式的形成，并逐步实现服务在整个"包"中的从属地位向主导地位的转变。一般而言，制造业服务化可以分为两个部分：第一部分指的是制造业的投入服务化，也即是利用新的技术开发、市场调研以及信息、技术服务以及物流配送等现代化服务方式，提升制造业自身的生产效率的过程；另外一部分，主要是指制造业在其产品的生产之后，按照服务的流程，全面实施销售、保养以及维护等方面的应用，一般分别称之为投入服务化和产出服务化。其中，随着产业转型创新的进一步深化发展，制造业要素供给与配置渐趋成熟，产品创新在各个领域展开，产出服务化已经成为服务行业融入前向生产的重要形式，而其中，因为服务化在制造产业相对前端的环境方面，作用机制各有不同，因此，本章仍着重分析制造业投入服务化及其网络协同。

就目前世界制造品交易来看，其对应的较发达国际分工制造业中，产品的服务化占到整个生产流程的95%左右，生产停留时间占比不足5%，而传统生产要素的产品增值贡献占比不足40%，剩余的60%由服务增值形成贡献[②]。可见产品价值实现的关键和利润增值空间日益向产业价值链两端的服务环节转移，使得制造业对投入服务化出现了显著的需求。而就中国而言，仍然面临转型的巨大压力、服务化程度不高等问题。从国内的产业发展现状来看，中国正处于制造业进一步转型升级的关键时期，由于制造业自身承担着我国产业经济的重要产出任务，同时又为世界制造品交易市场输出大规模成品，因此，制造业在成功转型升级的同时，需要注意如何获得集群化的创新绩效，这就要求我国制造业能在服务化过程中促成网络协作，争取以协同的方式获得更高的技术创新收效。目前而言，制造业对我国经济的推动，不仅仅体现在对于基础性的第二和第三产业的带动上，而且还包含了产业结构在转型升级中的优化，同时还体现了制造业对于传统生产方式的资金、技术、人才等要素的更高阶的组合需求配置及其优化；

①② 全球经济十大趋势预测[EB/OL]. http://finance.sina.com.cn/world/20150421/011722002301.shtml，2015-04-21.

同时，制造业投入服务化的生产网络协同创新是实现生产柔性化、制造业产品高端化的主要途径；也是使基础生产从规模和快速化生产向精益生产以及绿色生产的重要转变的关键所在。

相比西方，我国现阶段制造业投入服务化的水平并不高，仍处于起步阶段。这主要是由于我国大部分制造业仍然属于投入的基础劳动力要素密集阶段，生产的资源消耗方式以物化劳动机制为主，生产的主要流程环节集中在加工，因此其对应的服务化内容相对不足。同时，产品位于产业链低端，使得企业的生产服务需求主要停留在批发零售、运输仓储等低端服务领域，而对研发设计、品牌经营等高端服务环节需求不足。

而在投入服务化效能转化方面，我国制造业主要面临知识和技术产出转化不足的问题，而这一问题又大大影响了单一主体投入服务化对于制造品产出直接向产品服务化的融合转化，并且制造产业整体上尚未具备丰富的知识资本、善于变革创新的特性。同时，我国制造企业大部分都不具备足够的转型能力，在专业知识、组织技术、客户关系、职业技巧方面的欠缺，阻碍了产业服务化的有效转型。由此可知、促进制造业投入服务化的生产网络协同绩效存在必要性和重要意义。

第二节 文献回顾

在全球制造产业的发展进步过程中，企业主体按照一定组织方式进行技术研发创新并形成协同创新网络的过程，逐步被人们所重视，随后人们开始了针对协同创新研发机制的研究。Chesnais(1996)[①]认为，协同创新网络为资源的重组提供了组织便利，并且合作性质的组织创新会逐步培育出原本个体研发所不具备的崭新的技术创新合力。Burt(2009)[②]认为，形成并影响协同创新网络整体创新能力的主要因素是协同创新网络自身组织的结构强度与技术共享的公共信息传播均匀度，而协同创新网络联系的强度与知识传播存在显著的种类与程度的关联效应，其中组织网络对于协同创新的整体支撑制度具有最高的效应正关联。Ahuja(2000)的研究指出，协同创新网络组织内部各个主体间的强弱联系

① Chesnais, François. "Technological Agreements, Networks and Selected Issues in Economic Theory." *Technological Collaboration: The Dynamics of Cooperation in Industrial Innovation, Edward Elgar, Londres*(1996).

② Burt, Ronald S. *Structural Holes: The Social Structure of Competition* MA: Harvard University Press, 2009.

显著影响了其对于协同创新的技术创新效应的获取，且强关联的节点间仅仅能获得显著的效应传递，而并非直接的技术研发创新能力提升。Oliver & Ebers (1998)通过对协同创新网络的效应研究，归纳了产业协同创新构成的内部网络主要以组织内部关系（在一个公司中的个人关系）、组织间关系为主，并形成了不同的协同创新网络研发创新能力的提升效应。

徐建中、赵伟峰、王莉静(2014)从"囚徒困境"博弈论模型角度分析了协同创新系统主体间的协同关系，并论证了实现产业协同创新效果的最大化途径。刘颖，陈继祥(2009)结合自组织理论剖析了产业协同创新共生机理，研究表明：基于耗散结构理论框架的协同创新开放性远离平衡态、涨落性，并与系统要素非线性相关，是获得产业协同创新效应的前提，两人同时指出产业融合情况下的协同创新是产业进步创新的动力源，而协同创新网路组织内部的超循环协同促进了这一组织网络的创新研发能力层次的演进。李忱、李颖明(2001)归纳了产业协同创新的本质，并指出产业生产的协同是一个设计和建构产业共同资源要素配置，以及按照这一系统所包含的多个子系统之间的相互协调并关联的作用过程。而对于制造业企业微观主体而言，服务化过程的创新便是以制造业企业微观主体实现技术创新研发，再通过一定技术协作以及服务创新要素的协同组合，获取相应创新能力提升的过程。制造业协同创新战略是制造业发展过程中的序参量协同，并支配着制造业投入服务化协同的循环发展。殷春武(2013)基于我国制造业投入服务化协同创新的产业集群现状分析，在有序加权平均(ordered weighted averaging, OWA)OWA 算子集基础上结合多种权重，构建了双集群协同创新能力的评价指标，并通过评价体系指标进行了基于不可定量性和不可知性的协同创新网络创新能力检验。其主要结论有：基于生产网络协同的制造业协同创新能力主要以产业个体的研发创新基础为核心变量，外部环境的政策配套程度是影响制造业协同创新网络的主要变量，需要以制造业企业的人力资源、知识、信息以及服务要素的协调推进制造业协同创新效率的进一步获取。

而随着协同创新在产业内部的进一步开展，协同创新网络组织对于协同创新效率的影响，也逐步进入学者的视野，学界纷纷展开对于协同创新效率提升的网络组织结构特性的相关验证研究。解学梅(2010)基于对 188 家中小型制造业企业的问卷调查数据，构建了各种类型协同创新网络与城乡统筹绩效间的关联，其主要结论有，制造业的协同创新主要有"企业—企业"、"企业—中介"和"企业—研究组织"等形态，其中作为制造业企业微观主体的主要参与形态，"企业—政府"协同创新网络，对于制造产业的协同创新效率提升作用相对不明显，并且各种类型创新形态的协同创新绩效各有不同，而且存在同一类型协同创新网络中水平以及垂直的创新绩效差异，其中基于垂直供应链机制导向形成的协同创新网络绩效在现阶段要高于以水平竞争关联形成的协同创新网络的创新绩效。

赵立雨(2012)①认为，产业的协同创新是一种技术创新活动的集中化模式，并以官(政府)、产(企业)、学(高校)、研(科研院所)及中介机构为构成要素，形成立体化的创新组织，能在一定程度上实现传统技术研发创新模式下个体企业无法实现的科技创新，并基于协同创新技术扩展规模的基础研究视角，提出应该以创新网络内节点企业价值文化达成共识、协作研发合作网络机制的构建、技术创新网络扩张的创新环境完善、知识产权保护的强化等手段，来促进技术创新网络扩张，以逐步完善产业协同创新。张首魁、党兴华(2009)②认为，虽然产业技术创新已经进步到了协同创新的层次，但是协同创新网络尚未对协同创新的个体产生普遍意义的创新技术水平以及相应能力的提升，甚至出现“夭折”等现象。两人结合交易成本理论与组织理论基础上的网络组织治理，提出了基于耦合关系的技术创新网络组织观点，并认为技术协同创新应该以网络组织形式实现松散的耦合结构治理，并在现有基础上通过关系治理，以及网路架构内的企业微观主体的契约治理来共同实现协同创新治理目标。张伟峰、杨选留(2006)基于创新网络交互作用特性、创新的网络性等视角开展了协同创新网络与协同创新绩效间的关联验证，并指出成功的创新网络取决于合作与信息共享，网络内容的最基本点是它们在经济系统中创造新颖性和多样性，同时指出协同创新网络是一种组合了社会经济运行关系以及合作创新组织模式的综合体，它不仅为相关企业知识交互作用提供协调平台，也为企业个体寻求技术研发贡献的路径依赖，以及技术创新的信息共享提供可靠保证。李晓钟、张小蒂(2005)在分析和比较江浙区域技术创新模式特点的基础上，对区域创新效率的差异进行了分析，并指出创新收益分配机制(市场机制)的完善、区域技术创新网络的建设，以及政府对协作网络内的协同创新在制度供给和制度创新方面的推动可以提升制造业协同网络的技术创新效率。

既有研究主要针对协同创新的机制以及关联因素进行了深入的探讨，但从制造业整个产业角度而言，存在影响协同创新实施的各种要素制约，针对既有生产协作网络进行的服务化要素协作，以及从中生成的要素配置等问题，该部分研究尚未就单个产业部类进行详细探讨。为此，本章以制造业投入服务化的协同创新约束因素，以及系统协同效应的机理为突破口，探究制造业投入服务化协同创新的绩

① 赵立雨.基于协同创新的技术创新网络扩张研究[J].科技进步与对策，2012(22):11－14.

② 张首魁，党兴华.耦合关系下的技术创新网络组织治理研究[J].科学学与科学技术管理，2009(9):58－62＋113.

效，并从生产协作网络与制造业投入服务化过程中的协同创新绩效关联中，提炼出依托协同创新模式提升制造业投入服务化协同创新能力与绩效的渠道及路径。

第三节　制造业投入服务化生产网络协同创新机理剖析

一、系统协同创新及其伺服原理

协同效应原本为一种物理化学现象，又称增效作用，其本意是指两种及以上的成分进行组合后，获得了超越原本仅为两种成分的作用总和，其基本原因在于每一种组分都对另一种组分产生了互动的效应，而效应的叠加造成了两类组分的协同。其中，形成互动协调的效果物质被称为增效剂(synergist)。根据哈肯在《协同学》中的定义，协同演变中的各变量协同合作的度量主要由序参量主导完成，同时还表征各变量间合作协同的有序程度与状态以及系统因协同而形成的系统整体性架构。哈肯同时认为，居于参变临界值的各序参量子系统的协同作用机制，在向系统协同的伺服过程中，存在多参序量的参变可能，而对于协同构成的网络整体及其目标实现而言，其存在竞争合作的动态策略选择关系，并对这种实现机制及效率产生关联影响，可通过更具协整性的协同控制这种活动关系，在正确引导下经推动与阻力间的复合宏观运行过程中获得参变控制阀值、单一序参量及进一步协同目标的实现(Romer, 1990)。而就协同效应自身而言，其存在以下基本优势使其对于组织化的协同创新的实践活动具有超越个体技术创新价值总和的特征，即：

第一，节约成本与开支。由于协同是基于两两博弈间的相互推动开展而形成的，因此组分间的相互活动必然形成对于成本以及相应费用重复部分的抵消，这种抵消主要优先于个体的独自行动(Cooke & Memedović, 2003)[①]。当然，两两博弈的个体并非一定是这一费用节约的成果分享者，因此协同更倾向于有组织的系统网络内的个体，换言之，协同效应的获取也要求一定规模的重组协整性。

第二，强化收入。协同通过组织内部的单位个体开展，但不一定赢取相应的成本约制效应，而作为组织内的个体总是按照最少的资源消耗换取更高的利用空间(Kaiser & Prange, 2004)，在这一过程中组织化的协同为个体提供了行动实践的指导线索，也即是更少投入要素冲突的网络群体生产行为，最终导致每一

① Cooke, Philip, and Olga Memedović. *Strategies for Regional Innovation Systems: Learning Transfer and Applications*. Vol. 3. Vienna: UNIDO, 2003.

个个体实践活动对增加了的收益的均分或高效分配。

第三，优化再生产的创新成本。这是协同发展的趋势，由于组织内的实践个体期初是以自身的最小化投入来获取生产以及再生产的动力，而协同本身为个体成本约制以及增长性分配提供了可能，基于上述优势而吸引更多微观主体组织的进入会在一段时期内实现，而协同的互相作用不可能一直围绕两个微观主体独立而持续地展开，也即是说各个主体间的相互作用将构成错综复杂的作用网络，而这一生产协作关联形态是否能走向协同网络，则取决于各个个体间能否按照一定的协同作用规则进行生产实践（Bathelt，2005）。因此，在生产协作关联形态走向具有网络组织特性的过程中，个体间网络化的相互作用的协同程度，同时也逐步形成了协同网络的稳固性，这一稳固性将最终为系统内的成员带来成本节约的再实现。一般而言，协同对于组织内个体的成本效应是以消除投入及其成本重叠为主要特征的，例如经营主体对交易价格信息获取成本削减、中间品采购的议价、规模化扩展后的部件内部化供应以及主体机构的总部、地区管理机构、销售机构设置、分销和仓储的布局、研发队伍等方面的集约化建设。

总而言之，协同效应的产生、获取以及稳定维持，是基于个体间的组织化互相作用而逐步获得改进的，协同网络是一种具有综合性质的资源以及生产和创新价值获取的优化网络。

二、协同创新的网络组织

从产业空间的视角来看，制造业的集聚是一种基于专业分工的基础生产要素的向心运动，同时包含了大量的规模化效应，从现象角度来看，这仅仅是产业集聚（Nasierowski & Arcelus，2003）；而本章的研究主要侧重于以制造业投入服务化依托生产协作网络获得协同创新，制造业的服务化意味着进一步的产业要素重组织，更是各种要素向服务化的进一步倾斜，这其中就包含了专业化分工和协作为基础的大量产业从制造业的融入中实现服务化的分离，也就是说从原先的向心集聚向离心分化的运动。

正如习近平总书记在 2014 年 12 月给中国上海浦江创新论坛的致信中所强调的："协同创新需要各个创新主体在紧密围绕自身创新目标的基础上，以多元协同的方式，多主体、多元素地实现共同配合与资源利用的互相补充，从而实现更高创新目标的新型创新态势。"[①]可以说"协同创新"不仅是时代的主题，更是我国面临经济新常态进程采取"协同创新共享机遇"态势的核心与关键，协同创

① 习近平和普京为 2014 浦江创新论坛致贺信[EB/OL]. http://politics. people. com. cn/n/2014/1026/c1024-25907910. html，2014 - 10 - 26.

新的目的是为了促进中国深化改革，实现产业的健康稳定发展。习近平总书记所强调的协同创新不仅仅是包含制度创新、文化创新以及科技创新的全方位创新，更是包含国家、区域、基层、微观主体的全面开放与协调创新，也就是说只有协同创新才能解决相对落后的现实生产运行过程中的种种问题，才能推动中国不断走向世界，实现现代化强国梦。

当今国内外协同创新实践中的成功范例，其最根本的一点便在于勇于破除行业、地域、部门的界限，从而获取产业主体以及产业环境对协同创新网络的组织活力贡献。这主要归功于更高、更灵活的协同创新网络组织内部流动性，可以激活协调创新主体的创新积极性（Abrahamson & Fairchild, 1999），而根本原因则来自于协同创新获益机制激发了主体的分享型创新以及共享型协调的内在意愿。通过制造业投入服务化各个协同创新主体间的充分合作，再加之协同创新要素的有效聚合，逐步构建起产业完整的协同创新网络及相应的体系（Baumol, 1986），通过不断的投入服务化过程的外部 FDI 引入、贸易提升，可逐步实现地区性、全国性乃至国际性的制造业投入服务化协同创新，这就为我国进一步的制造业产业转型升级与国家层面的协同创新提供了有效的动力、支撑条件以及效果的保障。从协同创新的实现主体来看，制造业投入服务化通过借助组织网络中的产学研合作平台，可以获得高水平大学以及科研院所在创新链条中的核心作用（Ancona & Caldwell, 1988）①，而从科研院所围绕制造业投入服务化协同技术研发创新的实践中，也能找到目前约制我国制造业投入服务化创新效益的门槛因素，从而形成基于国家、区域层面的体制机制因素对制造业投入服务化全面改观的基础前提，并获得围绕国家及相关部门和制造业微观主体所在地区在协同创新项目、平台，以及组织经费、项目效应评估与应用等方面的全方位支持（Humphrey & Schnitz, 2002）。就制造业投入服务化的区域以及集群而言，可通过协同创新网络组织的内部联结，逐步实现根据区域优势产业的制造业投入服务化协同创新体系，能逐步促进区域或集群范围内的技术研发资源的配置优化和高效利用，这也是建立制造业投入服务化协同创新机制的关键所在。而与此同时，制造业微观主体所在区域相关部门，须从原先的协调创新行动倡导者逐步演变成实践引导者，这种身份的转变符合全球生产与贸易竞争现状下的协同创新及其网络组织形成机制的规律（Gereffi, 2005）②。从协调能力角度来分析，此时的

① Ancona, Deborah Gladstein, and David F. Caldwell. "Beyond Task and Maintenance Defining External Functions in Groups." *Group & Organization Management* 13. 4(1988):468 - 494.

② Gereffi, Gary, John Humphrey, and Timothy Sturgeon. "The Governance of Global Value Chains." *Review of International Political Economy* 12. 1(2005):78 - 104.

地方政府更具备了整合制造业投入服务化的产学研统筹能力，更趋向于鼓励并支持制造业企业在创新群落中，与周边大学、科研院所实现围绕服务化过程的协同创新网络组织的联合研发及产业技术联盟的有效运行。而在机制配套上，政府对于制造业投入服务化的协同创新网络组织审视，则更倾向于以区域本土特色兴奋点的创新群落，进而推动其以更为鲜明的产业特色、组织机制、激励制度与要素流动规制，完善区域的协同创新（Wang，1998）。因此，“协同创新”本质上是一种致力于相互取长补短的智慧行为，且能否以协同创新获得对外开放以及产业转型的成效，是我国改革开放攻坚期和深水区的关键，特别是在我国实施全面格局开放的过程中，我国制造产业能否以协同创新的发展获得再次接轨世界经济，获得技术革新的机遇，是制造业进一步发展的关键，在接轨世界经济、汲取外部经济创新的同时，我国制造业能否通过进一步的协同创新获得灵活创新协作网络的技术外溢，更是今后一段时间内制造业投入服务化获得协同、进步的关键。因而，借助协同创新，以制造业投入服务化的网络组织架构传播协同创新理念，促进创新思想交流，搭建创新平台，可以谋得制造业投入服务化协同创新的新契机。而中国制造业的再次创新，必须积极主动地融入世界制造业经济，以网络化组织的创新发展交流平台（罗素·W·库珀，2001），获得与各国在协同创新以及技术研发领域协同发展的机遇。获取制造业投入服务化进程中的网络协同创新，也是符合习近平总书记关于协同创新思想和定位的创新，而这种集聚优势的发挥还依赖于产业的融合分化，也即是服务要素引入向服务化的进阶转换。制造业投入服务化的进一步推进依赖于要素在技术创新集群效应获取中的进一步要素分离及产业内的重新整合（刘友金，2002）。制造业投入服务化的网络协同在区域集群层面表现出成熟的生产及其流程完善配套优势，也就是通过资源共享、信息交流完成要素在网络流程间的有效协作，从而获取溢出效应，进而是规模经济和外部经济优势（Capello，1999）[①]，并有力推动产业经济的发展。网络协同在制造业投入服务化的发展过程中，还能在一定程度上实现技术集群创新优势的获取。

网络协同创新需要动力，创新动力是技术效能获取以及改进的关键因素。自熊彼特以来，理论界对这一问题进行了广泛而深入的讨论。从网络协同的组织个体角度来看，网络协同创新不再是简单的个体创新的技术能力提升的总和，而是总体协作网络的协同并进，需要组织内部主体逐步实现基于交互关系纽带，通过协同合作，来获得以提高创新能力为目标的各种促进创新的动力因素及其

---

① Capello, Roberta. “Spatial Transfer of Knowledge in High Technology Milieux: Learning Versus Collective Learning Processes.” *Regional Studies* 33.4(1999):353 - 365.

效相关性的报告结果为 0.1%显著性概率下的−0.22，也就是说本章研究假设 1 得以验证，而假设 3 未获得验证。

最后，需要指出的是，环境及政策赋予制造业投入服务化协同创新导向，不等价于全部的协同创新导向，这其中制造业产业内部基于生产或相关链条而形成的合作网络非实体信息交互，与其所构成的协同创新导向不能与前者叠加，因此最终按照制造业企业微观主体生产协作网及外部环境变量所构成的综合变量进行验证，所涉修正变量包含各类信息如表 5-4 所示，并进行赋值验证。

表 5-4　制造业投入服务化创新绩效分类验证因子及其函数构建

变量因子及其验证函数	因子刻画对象
Q_A[①]	制造业投入服务化及其对应生产合作网覆盖的总创新投入
π_A	二次变量，刻画双重协同创新导向下的制造业企业协同创新绩效中的利润生产边际绩效
$P = a - bQ$	制造业投入服务化及其对应生产合作网覆盖的总体产供需求量
$(C-R)$	制造业投入服务化的总体协同创新导向成本投入
$\pi_A = Q_A(a-bQ)-(C-R)$	包含双重协同创新导向下的制造业企业协同创新绩效[②]

据制造业投入服务化协同创新双重导向下的创新绩效，分类验证样本企业在协同创新维度上的简单划分，即 A 类为实施导向影响的受动部分企业集合，而 B 类则为对应的主动部分企业集合，进行进一步的层级回归验证，以确立双重协同创新导向与制造业投入服务化的协同创新绩效的关联。结果显示，双重协同创新导向在不同程度上，影响了其对于制造业投入服务化的协同创新成果，即采取合作策略的制造业投入服务化在经营绩效的协同创新部分，受制于其受导向的行动程度，而关于双重导向下的协同创新绩效，根据最终的双向回归验证可知(见表 5-5)，由制造业生产合作网所覆盖范围所引致的网络协同创新导向和协同创新绩效分别报告了 0.1%和 1%的显著性概率下的 0.24 和 0.46，并且两因子的双项回归的交叉系数也在 0.1%显著性概率下报告了 0.18；同时发现，尽管双向回归过程中的回归值缩减显著[③]，但并不影响协同创新导向的双重环境

① A 企业并非单独个体验证样本，而是双重协同创新类别划分中的一类，另一类以 B 代表其组成。

② 此处针对协同创新绩效按照可获数据近似地用广义利益函数表示。

③ 基于主体样本的生产网络节点地位及自身的协同创新投入计量不同，以成本主导的样本企业其协同创新绩效在策略选择上的削弱影响成立，但服从本章研究第一环节中的企业自身规模类因子变量的验证结果。

因子的绩效影响关联。当然也可以看出无论是最终的双向验证还是先前的层级回归验证，协同创新在导向到策略选择的实施过程中，关联影响都受到一定程度的削弱，这主要是由于双重导向对于企业自身内部研发创新和生产合作网等覆盖范围产生了对应分化。

表 5-5　制造业投入服务化协同创新网络中间关联效应检验

变　量	协同创新网络		协同创新导向		企业绩效		显著性
	B	t	B	t	B	t	
协同创新导向	0.24	3.46***	0.46**	7.02***	0.41	6.35***	0
协同创新网络	0.18	2.76***	0.008				
校正	0.06***		0.21***		0.23***		
F 值	11.08***		41.42***		26.72***		

$*P<0.05$，$**P<0.01$，$***P<0.001$

第五节　主要结论与政策含义

首先，本章研究利用结构方程和层级回归模型，证实协同创新导向对于企业创新绩效提升的正向关联，并证实了制造业投入服务化生产合作网内部的协同创新导向，正向推动其主体成员的协同创新绩效获取。

其次，无论是基于制造业投入服务化的现有生产协作网络内部的创新，还是由于环境政策变量引致的协同创新，均正向关联于企业主体的协同创新绩效，但基于企业自身内部各结构性因素变量的差异，还存在丰富的程度因子影响差异，这就说明，协同创新的导向需要依赖于成熟的企业创新体系，才能产生其对协同创新绩效推进作用的传递。

最后，协同创新导向由创新环境因素变量引致的部分，未能显著影响制造业投入服务化现有生产网络中的协同创新绩效，从上述层级回归模型实证结果中可发现，各类环境因素及其维度对于企业的协同创新绩效并未明显促进的验证结果，即在面对协同创新策略选择的组织环境低确定性时，受协同创新导向影响而与创新主导企业合作或拟合作的企业群中，以追随和保守为主要选择，而后的结构方程模型证实了协同创新导向作为一种倾向性观念而非创新行动的本质。因此，应同样重视协同创新导向在现实创新行动中的决策转化效能，以及环境培育对于创新主体采取协同创新行动的可能。

为此，研究提炼出制造业投入服务化的协同创新导向及创新绩效的提升对策措施如下：

第一，推进协同创新导向，提升创新网络内部的导向与绩效

综合研究过程及结论可发现，协同创新的绩效获得在整体上依赖于导向和网络内实体合作努力的平衡实现。故而在协同创新的导向方面应强调政府政策供给的可行性，从目前角度来看，首先关键的是要消除总体机制程度尚未成熟造成的协同创新网络的信息阻碍，从制造业总体上建立配合生产、流通以及服务机制的信息共享机制，特别是在生产过程中应该加强各微观主体的信息沟通；同时政府要建立更高共享程度的微观主体间信息活动的机制，特别是针对制造业投入服务化的要素引入、产品竞争以及流程优化的各种信息共享机制（Antonelli，2000）①。现有的共享机制应该更加注重针对服务化信息提取，并对信息交流、信息交易到信息管理进行进一步优化，从而在更广层面上形成协同网络创新的信息障碍跨越。

同时，应该强化协同网络创新的信息基础设施建设，这主要是由于制约制造业微观主体网络协同创新的主要因素在于信息沟通。根据本章的实证研究分析也可以看出，协同创新网络空间距离上的知识创新集聚，以及服务化信息交换，其关键点在于流畅与活跃，也就是说，应该充分挖掘诸多制造业投入服务化微观实践主体关于协同创新的沟通优势，从而尽可能削减甚至排除协同创新网络内各种阻碍协同创新研发的主要因素。再者，在网络协同创新过程中，各个微观主体应做好自身的要素整合优势集中化工作，特别要明确自身处于整个创新协同网络中何种节点地位，以及与之配套的各种创新资源优化的渠道如何，从而更有利于各个微观主体者能更好地发挥协同网络作用，从而尽量减小协同创新主体企业因信息不对称所导致的协同创新成本的增加。

协同创新网络区不仅要在实体硬件上突出对于协同创新的支持，各地应着手从现有资源出发，按照既有网络协同创新对于制造业投入服务化的基础要求，逐步规范各级各类财政支出，分类强化对于网络协同创新在制造业投入服务化方面的政策配套支持，做到不仅有投入，而且更务实地实现有效投入（Stewart，1979）；特别是针对现阶段我国制造业普遍地引入服务化过程，制造业投入服务化创新的微观主体应有的放矢地进行项目评估，利用绩效等手段分析制造业投入服务化的收效。同时，应在政策配套上，围绕制造业投入服务化的网络协同创新倡导及合作而展开，政府及相关商会等部门机构应该充当一种网络协同创新

① Antonelli, Cristiano. "Collective Knowledge Communication and Innovation: The Evidence of Technological Districts." *Regional Studies* 34.6(2000):535-547.

组织内的催化剂角色，而放弃手头的指挥棒，不应以“教练员”的角色直接指挥制造业投入服务化的去向，但可以充分结合地方产业特色、区域创新的集群主题，按照不同企业主体的强弱势分布，选择协同创新网络中的强节点，形成对网络中的创新“领头羊”的扶持，同时兼顾整体协同创新网络的有机协调，注意通过措施以及便利配套的效应，来推进整个协同创新网络对各种创新的不同程度集聚，拉开整个协同创新网络服务化技术创新的层次差，进而进一步促进网络协同创新效应在整个制造业范围内及其投入服务化过程的扩展，具体可从以下几方面展开：

首先，从协同创新管理体制来看，我国制造业投入服务化发展过程中仍然存在显著的区域条块分割的缺陷，制造业块状或集聚区域仍然存在院校教育与研究实践分离的状况，而相应的协同创新体制尚未完全形成接轨全球经济，特别是全球制造业经济的协同创新平台。尤其对于制造业微观主体而言，仍存在不同部门、区域和企业，长期处于半封闭半竞争状态，自成体系独立运行的问题，这一体制的存在会影响制造业投入服务化过程中的基础研究、应用研究、技术开发相互脱节(Lall, 1992)，造成制造业投入服务化协同创新过程中的资源要素配置以及相关技术人才、咨询、服务都不能妥善地进行跨区域对接，从而进一步影响了制造业投入服务化过程中的人才高效流动以及在前沿领域、关键技术上取得突破(Clarke, 2010)，并深入影响经济新常态背景下我国制造业的产业增长模式从资源依赖型向创新驱动型转变的有效性。针对这一点，建议首先应从制造业投入服务化的协同创新主体平台构建出发，国家应着力打破制造业投入服务化协同创新的科研院所、研发机构各自为政的僵局。

其次，从协同创新资源配置来看，我国现阶段的制造业在投入服务化过程中，由于缺乏有效整合协同创新力量的资源配置平台，致使制造业投入服务化的产学研合作及其分工链条相对国外存在不健全和不完善的缺陷。这种缺陷不仅仅影响了制造业进一步以服务化的方式获取协同创新效应，更使得制造业投入服务化在企业微观主体的向心集聚过程的组织网络化进程受阻，具体表现在制造业微观主体中的科技人员、技术研发团队无法充分共享协同创造性的资源，展开协同创新合作，且这种现象业已普遍存在于其他发展中国家制造业的服务化要素投入的创新实践中(Woolthuis, Lankhuizen, & Gilsing, 2005)[①]；而相比之下，制造业投入服务化过程中的重大、前沿性质的项目，因为协同创新机制与组织架构因素，导致了部分企业主体在实践过程中存在相对狭隘的利益攀比，甚

---

① Woolthuis, Rosalinde Klein, Maureen Lankhuizen, and Victor Gilsing. “A System Failure Framework for Innovation Policy Design.” *Technovation* 25. 6(2005):609 - 619.

至导致制造业内部为争夺海外项目与合作而产生恶性竞争，进一步削弱了制造业投入服务化的协同创新合力(Courvisanos, 2009)①。因此，须尽快结束我国制造产业内部组织内部条块分割、各自为政的创新模式，并从更宏观的角度审视制造业投入服务化技术研发及其协同创新，积极地从制造业投入服务化过程中强化基于自主知识创新体系的产业协作组织网络关联，并以更广、更新的协同创新机制安排和内容，形成充分结合外部投资与技术溢出的制造业投入服务化协同创新网络，这将显著改善制造业内部以及制造业投入服务化的协同创新效能。

再次，从协同创新实现机制来看，我国制造业投入服务化过程还需注意改变因过度统筹安排造成的制造业微观主体在技术创新研发过程中的协同创新项目重复竞争的问题。本章研究所倡导的制造业投入服务化协同创新活动，应该是具备协调力和协调机制的灵活组织网络，而不是创新项目与实践主体各自为政，因而要避免因一项简单的技术研发创新或技改突破，而带来制造业投入服务化协同创新资源分散、协同力量分散(Kaiser & Prange, 2004)②，同时应避免在进一步的制造业投入服务化技术创新过程中产生的能力不强、效率不高，国际竞争力改进程度以及研究的市场投放效果、成果应用效果不佳的"冲动型"创新，更没有必要以制造业投入服务化协同创新网络的名义，为日趋增长但又缺乏技术研发突破性进展或者市场竞争力，或没有技术示范意义的创新研发投入埋单。

此外，从协同创新实现的实体组织方式来看，我国由于先天原因存在大量的中小规模制造业，这些规模级别的制造业微观主体虽然极富生命力，并有较强的国际竞争市场切入内容，但对于整个制造业投入服务化的协同创新网络而言，更多的类似于"散兵游勇"，在面临国际同行以及技术创新激浪时，难免受其影响而颠簸甚至颠覆，从国际市场以及制造业投入服务化革新的大局势来看，应鼓励这些中小规模制造业微观主体以不同的方式实现技术研发创新，以适应制造业投入服务化大潮下创新活动的复杂化、交叉化、综合化、现代化趋势，否则将面临被兼并甚至淘汰的局面(Laranja, 2004)③。当然，作为一个合理、富有生命力的协同创新组织网络，应该客观看待制造业投入服务化过程中组织内部网络节点成员的存在合理性，因此需要鼓励在产业内推行协同创新人员考核机制、协同创新项目遴选机制、协同创新成果评选机制为衡量尺度，积极构建基于

① Courvisanos, Jerry. "Political aspects of innovation." *Research Policy* 38.7(2009):1117-1124.

② Kaiser, Robert, and Heiko Prange. "Managing Diversity in a System of Multi-level Governance: The Open Method of Co-ordination in Innovation Policy." *Journal of European Public Policy* 11.2(2004): 249-266.

③ Laranja, Manuel. "Innovation Systems as Regional Policy Frameworks: The Case of Lisbon and Tagus Valley." *Science and Public Policy* 31.4(2004):313-327.

现有制造业投入服务化网络的不同节点的协同创新实践定位机制，按照协同创新网络所需的不同创新配套体系，来看待不同规模制造业微观主体的存留问题，以市场的自然淘汰机制，促进各个制造业企业在实行服务化过程中的资源要素累积与优化配置。

最后，还应积极关注地方企业主体构成的生产合作网及周边的创新其他类主体，诸如科研院所，及其创新生产服务和信息统筹的桥接作用，以有效提升双重协同创新导向覆盖下的协同创新绩效改进。就现阶段看来，我国产学研以及官产学融合进度虽有了显著的进步，但仍存在契合性程度的问题。因此根据本章分析可知，对于当下阶段的我国制造业投入服务化而言，当务之急是应做好上述组织对于产业生产网络协同创新的引导工作，在密切联系各个企业微观主体的同时，以主观、能动、有规划的信息、数据汇集、分析等服务工作，来促进制造业投入服务化在协同创新网络内的实践活动，结合产学研模式，来获取基于制造业投入服务化协同创新网络节点服务方式创新的改进路径，并将这种创新路径改进融入网络内的要素传导流程体系中，从而实现制造业投入服务化基础创新网络的融会贯通。

第二，推动创新政策引导平台建设，鼓励主体更广范围协同创新导向

尽管协同创新不同的创新绩效的直接推动的预设未得到证实，但却与企业内部的各类因素有所关联。这就要求各制造业尽快形成适合投入服务化协同创新网络自身特色的创新组合，这种组合必须严密切合现阶段市场实际，而且是和本制造业投入服务化协同创新网络能顺利接驳的，不仅要求产品，更要求从服务以及信息传递等角度能实现基础要素的共同聚合。也就是说，对于广大制造业投入服务化实践的微观主体而言，今后的创新不应只是自身的技术研发，更是考虑到整个技术创新协同网络下的资源、生产效能问题，以及综合配套与平衡问题后的科学决策，因此需要协同网络内的微观主体立足整个协同创新网络，进行资源、竞争地位以及市场适应能力分析，在制定制造业投入服务化实施战略的微观主体才能适应这一协同创新网络的高要求（Prentzas & Hatzilygeroudis，2002）[①]。但同时，还需要大量的网络创新协同的自发性生产配套，而不是每一个微观主体争当技术创新的主角。通过有效地实行有组织、常规性的协同是一种行之有效的办法，即制造业投入服务化各协同创新网络内的主体合力构建创新矩阵，列明各种矩阵空间内不同的功能协调创新角色，以区域的制造业投入服务化创新为基础特色方针，相应确立矩阵内部各不同微观企业主体的协同创新

---

① Prentzas，Jim，and I. Hatzilygeroudis. *Integrating Hybrid Rule-Based with Case-Based Reasoning*. *Advances in Case-Based Reasoning*. Berlin Heidelberg：Springer ，2002.

网络功能定位，按照定位运行整个网络的协作创新，并由此获得相应的基础设施改善更新(Fikes & Kehler, 1985)，进一步梳理制造业投入服务化协同网络创新的技术创新绩效提升机制与脉络，从而勾勒出基于上述脉络的制造业投入服务化协同网络创新框架，允许每个网络节点有不同类型的创新贡献机制，按照机制活跃程度以及贡献程度，形成制造业投入服务化的创新性网络协同创新。建议制造业投入服务化的协同创新网络除微观主体自身研发创新活动之外，应积极拓展依托各种各级各类项目的科研攻关，尤其是密切结合制造业投入服务化协同创新网络需求的、符合区域制造业发展实际和服务化创新研发实际的研究项目，借此凝聚相关人才，通过更广泛的商业活动创新，推动协同创新网络内的人力资本要素集聚(刘明宇，张琰，2013)，更重要的是能借此方式，实现更具原创性的技术与知识创新，以及更大范围的协同创新转化(Tracy & Clark, 2003)。对于区域协同创新主体而言，并非不具备相应的协调创新氛围，而是存在政策供给条件环境下的策略选择的一定盲从性，故而应该以政府为主体，率先做好协同创新导向和政策推动的桥接渠道，借助政策措施的转化平台实现更多跟进型企业或受导向企业向主动导向方的转变(Persaud, 2005)[①]，从而带动各类协同创新导向的真实绩效溢出；而作为企业主体自身，应该更进一步突破现有产供链条的局限，争取以更广泛覆盖的协同创新赢得协同创新绩效。

同时，每个国家针对协同网络创新的支撑政策的侧重点各有不同，但具有各国对于基础创新的不同层级服务的共同点，而层级间的服务差异除了能促进网络向更高规格的协同创新迈进之外，也有影响微观主体更高效获取制造业投入服务化网络协同创新成果与要素信息的机制或者此种机制存在的可能性，并进一步推进主体的竞争力的构建与激发(Lundvall, Bengt-Åke, et al., 2002)[②]。因此，需要根据现阶段发展状况，结合制造业投入服务化创新发展现实，确立面对这一对象的相应基本公共服务及其均等化实现的主要内容框架，目前主要的内容应集中在协同创新的基础性条件、创新服务的有效配套、制造业投入服务化的资源要素渠道整合等方面，为此应逐步强化形成制造业投入服务化实践的微观主体在上述公共服务获取上的机会均等，进而是事实均等，并最大化改造制造业投入服务化实践的微观主体在上述权利方面的收益实效。而作为其中的另一项重要举措，应该集中在如何更有效地开展面向广大中小规模制造业微观主体

① Persaud, Ajax. "Enhancing Synergistic Innovative Capability in Multinational Corporations: An Empirical Investigation." *Journal of Product Innovation Management* 22.5(2005):412－429.

② Lundvall, Bengt-Åke, et al. "National Systems of Production, Innovation and Competence Building." *Research Policy* 31.2(2002):213－231.

的服务化要素引入的行政事务办理等问题上，以此来促进各微观主体更为积极的网络协同创新行为。作为平台化的公众资源，制造业创新相关扶持政策及服务项目，应该能让每一个有意向发展投入服务化的微观主体，都平等地享有服务化优先权，这种优先权不仅表现在优先获得资金或技术支持(Fukuda & Watanabe, 2008)①，更是依据服务化引入程度及其意愿的评估，选择性地优先和优化开放制造业投入服务化信息以及合作平台，从而在确保公平的前提下，有效实现制造业投入服务化的协同网络创新，获得更高效的发展。同时就制造业投入服务化实践过程中相对低效率的微观主体而言，这一部分企业主体可能是由于自身创新能力不足，也有可能是因为目前协同创新网络内对其限制相对较多，从而在客观上驱离了该部分主体对于制造业的服务化要素投入，为此，应尽快建立不同程度的配套措施，从而实现网络内部各个不同协同创新能力主体的合力创新。国家对于制造业投入服务化的进一步推动，应该更注重政策供给的宏观统筹，而不仅仅是简单的协调。现阶段中国制造业的转型升级发展不是缺乏创新，经济新常态缺少的也不是对协同创新的统筹协调，而是各种协同创新体系化运作的协同发展过程中的主体参与度。因此，建议国家对于制造业投入服务化的协同创新，要以提高自主协同创新能力和国际竞争力为目标，将制造业投入服务化的协同创新体制的深化和资源配置的全面统筹作为宏观统筹的视角，并结合我国制造业发展现状，形成符合协同创新发展规律和协同创新活动特点的政策供给配套，在政策供给的过程中，不断实现国家目标与制造业企业微观主体技术研发的组合，与企业主体合力形成科技项目竞争以及与民间力量或部门的有机合作，由此逐步构建起符合制造业投入服务化协同创新过程规律的国家政策配套体系，并在制造业投入服务化协同创新格局中凝练出产业开放、要素流动、主体竞争、机构协作的新型协同创新体系(Lubik, Sarah, et al., 2013)。并结合本章研究中所证实的协同创新导向迈向协同创新实效转变的机制，以国家层面的制造业投入服务化协同创新项目统筹能力、政策协调能力、资源整合能力的层次化累积，形成倡导、鼓励、支持协同创新的政策体系和体制机制，来逐步提升我国制造产业自主协同创新能力和国际竞争力。

而就制造业投入服务化协同创新体系中产学研中的重要角色——大学而言，笔者认为这是改变我国制造业投入服务化协同创新组织网络内部环境低确定性的重要变量。从我国目前教育改革趋向来看，我国拟建的大学新分类管理体系与大学人才培养方式重定位，正是推进制造业投入服务化结合产学研模式

① Fukuda, Kayano, and Chihiro Watanabe. "Japanese and US Perspectives on the National Innovation Ecosystem; Technology in Society." *Technology in Society* 30.1(2008):49 - 63.

获取协同创新效率改进的大好契机。特别是其中的研究型大学，更应该注重凭借其自身内部优秀的、符合制造业投入服务化规律，以及有助于提升制造业技术研发创新的人才、资本、信息、技术资源，突破现有制造业区域块状分割、集群功能特色难以凸显而造成的制造业投入服务化协同创新壁垒，逐步实现合作开放、项目流动、人才自由的新型产学研配套机制。这一机制的最终实现，首先要在当今大学以及科研院所的人才培养方面，逐步实现适应制造业自身技术研发创新和制造业投入服务化协同创新网络对高规格人才共建、共储机制的共同需求，可以尝试以人力资本的高度产学研贡献为突破口，以人员互聘、项目实践、市场化合作的方式形成对协同创新的直接效应开发；各高校也要配备基础实验室、项目研发基地，以高市场吻合度的设备、器械、运行机制，重组或改进自有产学研基地及实验平台，实现科研设备、科技情报共享的同时，逐年推进自身科研组织及其制造业投入服务化协同创新贡献能力的提升。

第三，尝试导向与协同创新策略实施并行战略，培训新兴协同创新主体

通过本章研究验证，应该充分考虑由环境因子变量所导致的创新导向对于协同创新绩效的削减，并且基于上述削减的递减过程存在一定程度的“黏性”，应进一步尝试导向与策略实施的结合运用，即一方面推动制造业投入服务化的协同创新导向在双重范围内的进一步扩展，一方面要鼓励各个企业自行实施丰富的协同创新尝试，在拟采取创新合作企业群中，配以相应政策及规定优惠并在实施过程中予以成本、利润评估和配套指导，并借助周边协同创新主体联合推动对更多协同创新企业主体的继续培育(Vulkan & Jennings, 2000)。作为制造业投入服务化微观实践主体，应该从设计、流通以及售后服务等角度，适当提升制成品中服务化融入比例，拉开不同层级的制造品创新价值为基础的价格档次，以实现制造业投入服务化协同创新网络内部产品的层级化，从而形成不同制造业投入服务化实践主体的技术研发与创新追赶动力。同时可以发现，实施制造业投入服务化的微观主体普遍面临协同创新研发投资规模不足的问题，而作为协同创新网络的另一个优点，便在于服务研发创新，但这是高于一般企业内部的散点化运作的研发创新(Hung & Chu, 2006)①。因此，应着重提升参与协同创新网络实践的制造业微观主体经营管理实效，且参与协同创新网络实践的制造业微观主体企业应该从自身出发，提高其整体素质和综合竞争力，特别要注重其中的家族管理的原始弊端，以及所有层与经营层不能很好剥离的管理缺陷和其中的经营管理制度和法人治理结构的改善；同时，在面临其自身规模因素相对偏弱

① Hung, Shih-Chang, and Yee-Yeen Chu. “Stimulating New Industries from Emerging Technologies: Challenges for the Public Sector.” *Technovation* 26.1(2006):104-110.

的前提下，应充分挖掘生产竞争中的潜在协同网络创新以及技术改进机遇，进而获得其相对的竞争优势(Arbuthnott，Eriksson，& Wincent，2010)。而在面临当前国家经济运行形势及国际金融局势困境时，参与协同创新网络实践的制造业微观主体企业应牢固树立自我风险意识，特别是需要增强“质量第一”的品质管理理念，在保持其现有品质的前提下，确保自有研发创新实现层级突破，并在现有协同创新网络环境中获得要素资源配置的顺利到位，以免影响网络协同创新的稳定性(Malerba，2006)，并积极组织各部门结合自身生产经营实际，科学合理地评估市场机遇，以正确的市场切入姿态与创新实践行动形成匹配，并按照资源要素配置，使得全网内参与协同创新实践的制造业微观主体企业能衔接所在行业的创新产品市场周期。

同时，要优化协同创新管理的内部筹资以及资金管理制度。就参与协同创新网络实践的制造业微观主体而言，创新筹资作为发展过程中企业自我变革进步的举措之一，与国际竞争及生产融合过程中的企业自我管理改善也密不可分(Thorgren，Wincent，& Örtqvist，2009)[①]。参与协同创新网络实践的制造业微观主体企业，在其今后的筹资发展中不仅应注重其生产经营管理模式的规范，更应配备必要的生产网络协同创新以及生产经营规范过程中的融资制度，这主要是因为与协同创新相关的重大所有权、经营权变革甚至分离的各类规章制度修订，以及相应的财务管理制度、会计核算实务体系的完善与配套，和企业人事及劳动保障制度的完善，都对参与协同创新网络实践的制造业微观主体企业，及其自身筹资的管理改善促成具有重要而深远的意义。为此，需要尽快构筑稳固的制造业投入服务化网络协同创新融资信用体系。对于资金普遍匮乏的参与协同创新网络实践的制造业微观主体企业而言，其筹资过程中的资信水平是筹资成败的关键所在，特别对于广大实践制造业投入服务化的企业而言，本身存在资金筹措困难、自身规模小等问题。为此，作为参与协同创新网络实践的制造业微观主体企业，应努力完善协同创新信用建设制度，一方面引入协同信用评级制度，同时，将其融入企业自身的日常生产经营和管理中，不仅倡导领导管理层，中层行政人员及基层生产经营员工都要注重企业日常经营中的协同创新实践行动的诚信意识培育和强化，及其对于员工工作行为的指导，更要强化企业内部各个部门以及市场竞争中各个层级的民间信用体系的构建，尤其是民营企业主体相对集中，但平均持有资本低的区域，要重视企业内部融资信用建设，企业管理层

① Thorgren, Sara, Joakim Wincent, and Daniel Örtqvist. “Designing Interorganizational Networks for Innovation: An Empirical Examination of Network Configuration, Formation and Governance.” *Journal of Engineering and Technology Management* 26. 3(2009):148 - 166.

注重协同创新融资的管理，企业外部营造网络协同的诚信互利氛围，从而夯实制造业投入服务化协同创新的网络组织保障条件。

第四，做好人才挖掘工作

作为制造业投入服务化的网络协同创新，要同时注意对多元人才培养方式的模式开展创新探究。针对制造业投入服务化网络协同创新服务人才队伍的建设，应加快市场化进程，扩大制造业对于多式、复合人才及其应用的市场运作范围(Meijers, 2005)。鉴于传统创新创业服务存在一定程度的服务僵化和服务人力资源动力不足的问题，建议在公共性质制造业投入服务化网络协同创新服务相关基础上，进行面向市场化的服务。具体而言，可以进行以激励为主的机制完善，也可以逐步尝试民间资本的引入来刺激这一市场人才竞争，鼓励民间资本进行创新创业人才服务队伍建设和行业发展重组，并进行资本方面的重组并购(Geringer, 1988)，从而唤醒行业发展的基本人力资本需求满足和层次改善，分类改造一批科技型企业，使企业具备服务自身和服务市场的能力，形成现代科技创新和制造业投入服务化网络协同创新服务的合力。同时，应在创业人才服务方面进行合作交流，进行科技创业服务人力资源提升，鉴于国内外的差距，进行相互协作，加强机构、人员和技术间的互动沟通交流，从而形成全方位协同创新人力资本水平提升可能(Lewis, 1990)，也可以借助不断的创业服务人员培训等方式，获得整体提升机遇。同时，作为创业培训服务的重要环节，应切实注重后续服务，实现有效帮扶，主要要做好以下两部分工作：第一，搞好制造业投入服务化网络协同创新服务的政策服务，以获得足够而丰富的创业服务政策供给，同时扩展政策扶持力度与覆盖面，并与当地市场结合，进行有效的市场服务；第二，要注重培训服务后续的品质控制，基于建档、追踪和回访等方式建立起良好的创新创业资讯服务的后续工作，实现有效而稳定的投入服务化协同创新创业信息服务。

再者，根据本章验证结果分析，制造业投入服务化网络协同创新的人力资源创新的关键，在于提升队伍人才开发，并以提升专业素养作为发展制造业投入服务化网络协同创新服务人才工作的突破口，需要同步重视人力资源重要性并加强这方面的开发(彭菊香，刘向红，2007)，在引进人才的同时，要注意创业服务的开发与激励机制的并重，从而提升制造业投入服务化网络协同创新人才服务的创新性与创造性。联合地方院校及相关特色专业培育，进行校企联合开发，营造适合当地经济发展的制造业投入服务化网络协同创新服务人才输出氛围(徐静，2013)，特别是需要对现有制造业投入服务化网络协同创新服务人才开展特色化专业教学，结合系统软件及院校实践教学课堂，对其进行经营管理能力综合训练，不断完善创新服务人才队伍建设的综合性质，并能动引导院校和科研院所进行复合人才培养。当然，对于规模日益扩增的制造业投入服务化网络协同创新人才服务队伍建设，应同时注意加强对服务化要素投入过程中的协同创新人才服务队伍建设的资质认证制度的引入，这不仅是提升我国制造业投入服务化网络协同创新服务人才队伍工作发展质量的要求，也是我国相关人才服务队伍深层次建设的必然趋势，更是专门针对制造业投入服务化进行协同创新对接性服务的关键（李思宏，罗瑾琏，田瑞雪，2009）。建议从服务人才的经济、管理和法律以及金融等专业素养和知识领域，进行专业化提升，规范职业培训；同时，进行规范化的认证制度及相关执业资格认证门槛，形成全方位的制造业投入服务化网络协同创新人才的培育专门化服务机制（张俭锋，郑立新，荆亚男，2014），进而主动构建起符合我国制造业投入服务化发展实际的网络协同创新服务人才队伍建设的综合体系，进一步获取制度优化建设对于人力资源队伍建设的标杆作用，获取最终的产业创新发展与队伍的成功建设。

第六节　本章小结

随着经济以及消费方式的不断深化变革，我国制造业投入服务化迎来了协同创新的机遇，但同时面临着利用现有产供链及生产协作网络谋求更高协同创新产出绩效，以及生产协作网络在更具协同效率方面的合作机制深化问题。本章结合协同创新导向及绩效的关联分析，以势函数及序参量方程为路径，进行了制度环境及内部创新因素构成的交互层级回归以及结构模型的双效应验证。结果证实，协同创新基于协作网络传导其对于制造业投入服务化企业主体的协同创新绩效影响，并指出应以搭建协同创新网络，凸显创新引导，结合引导及鼓励等并行策略推进制造业投入服务化网络协同创新绩效。

刘国新、闫俊周(2009)认为,可以运用冲突分析法来进行基于技术创新的联盟协同的创新风险的分析。张明(2010)①总结了产业的技术联协同的特征,并针对产学研联盟进行了对策分析,他指出产业技术创新是共同规避风险与共同分摊风险规避成本的统一体,但在微观主体的抗御风险上,更应该注意自身风险抵御的成本以及资源配置优势。

关于服务化协同风险,张少杰、任伶(2008)认为,制造业以投入服务化创新协同形式实施创新,是全球化竞争的必然趋势,并基于技术创新协作网络共性与特性风险分析,形成了制造业投入服务化创新协同风险防范对策。黄俊、罗丽娜、陈宗霞(2012)等人针对服务化协同成员企业间的信任与控制,分别以直接和间接的传递对于服务化协同稳定的中间效应予以探讨。宋国宇(2013)利用评价等级区分和排序,实施针对具有 IT 服务外包项目的灰色特性与复杂性的 AHP 灰色聚类评价模型验证,并指出类似于 IT 行业的技术创新风险评估在其选择指标可变的情况下,适合用灰色模糊评价结合 AHP 方式进行风险评估衡量。

关于投入服务化协同风险预警实践,戴彬、屈锡华、李宏伟(2011)等人针对产业服务化协同战略实施了综合集成法的风险识别,并利用调查数据证实在产业战略创新过程中,制造业投入服务化创新协同风险预警具有分散化的特征。

关于投入服务化协同创新活动的风险,钟书华(2000)引入了盈亏平衡、概率分析以及针对服务化协同创新影响的敏感性分析,并指出服务化协同风险的成员企业对产业的协同创新发展具有负面影响,在本质上属于"开发项目未达到预期目标",从而指出缩小技术创新的不确定性是攻克投入服务化协同风险的关键。而张清辉(2008)利用服务化协同风险定量评价方法,折算服务化协同形成的风险定量评价指标,并证实了服务化协同中的伙伴关系适当降低了制造业投入服务化创新协同外风险。

关于投入服务化协同创新风险评估方法及其应用,张识宇、徐济超、李大建(2011)等人借助核心竞争力理论,构建了企业风险投资项目三级评价指标体系,认为以泰尔指数(Theil Index)进行权重赋值实施的企业投资风险项目评估,更与投入服务化协同的风险投资相适应,且具有客观特性。而李春玲、高伟、李艳丽(2009)等人认为,评估项目运作风险在构建因素评估判别矩阵时应该考虑到因素间相互耦合产生的风险影响,结合服务化协同创新特色以及风险来源形式,借助评估风险集的方式,建立了投资风险的灰色模糊优选评价模型,并主张针对集群化创新主体的协作风险评估,应该兼顾评价主观性及评估风险构成因子的程序与结构性。

---

① 张明.产学研战略联盟发展现状与对策研究[J].科技管理研究,2010(16):116-119.

现有研究主要就协作创新及其对应的风险进行了针对具体产业的实证分析，对于制造业投入服务化创新协同，主要从适用方法角度探讨了具有主客观特性的灰色模糊评价对象，但未对具有复杂特性及灰色特征的制造业投入服务化协同创新风险进行决策分析，以及风险综合评估、预测作进一步的系统化研究。为此，本章拟逐步验证具有主客观特性的制造业投入服务化协同创新点灰度及风险预测评估模型的实证应用意义，并对实施投入服务化的制造业协同创新进行风险评估与预测。

第三节　制造业投入服务化协同创新风险规避需求分析

随着制造业投入服务化的进一步深化，制造业企业微观主体必定面临协作创新的信息不对称，而这也是协同创新风险的构成原因。在不同的协同创新类型中，由于制造业企业微观主体的不同资源要素配置水平，自身基于自主研发创新能力有所不同(Schewe，1994)①，而这些企业主体在参与原先的制造品世界贸易过程中，毕竟存在不同的生产网络角色定位。根据不同的定位，每个制造业企业微观主体可以发挥不同的生产竞争作用，同样也形成了一定的生产网络关系制衡，且这种制衡也表现在面向全球竞争的网络协作中(Miles，et al.，1978)②。而当任何的资源要素配置以及生产竞争出现了变动时，整个创新协同机制或受影响而面临创新绩效的下降，或自我调整，形成适应上述风险的一种创新自组织要素变更(Taylor，Artman，& Woelfer，2012)，而无论发生了哪一种适应性变化，都预示着各个参与制造业投入服务化创新的微观主体形成了不同于以往的要素配置，其中遭致生产收益损失的部分，即为本章研究的制造业投入服务化协同创新的风险(Graham & Rogers，2011)，而根据协同的不同关联，主体所受损失以及损失大小各异，各个微观主体在解决风险的相应应对机制上也有所区别，这就形成了制造业投入服务化协同创新的层次性风险，也是本章从中提炼协同创新风险应对路径的主要来源。

虽然制造业投入服务化被产业内部微观主体所共同认知，也是制造业产业

---

① Schewe，Gerhard. "Successful Innovation Management：An Integrative Perspective." *Journal of Engineering and Technology Management* 11.1(1994)：25-53.

② Miles，Raymond E.，et al. "Organizational Strategy，Structure，and Process." *Academy of Management Review* 3.3(1978)：546-562.

的必然趋势，然而基于制造业投入服务化的现状来看，不同于欧洲发达国家，亚洲主要发展中国家，特别是中国，其国制造业现阶段尚未形成类似于生产协同的协同创新风险应对组织网络(Evangelista, et al., 2002)。换言之，制造业企业微观主体应对协同创新风险还是以自发为主。这就意味着制造业企业微观主体的自我风险预警，以及按照风险预警进行决策具有动态特点，也即说明基于生产协同的节点主体在遭遇共同生产合作风险时，需要分析自我创新协同贡献与风险所引致的损失，并进一步采取最小协同投入成本予以相应损失的挽救，进而是进一步的协同决策评估。

第四节 理论与模型构建

一、灰色模糊

利用模糊数学和灰色系统理论的结合构成灰色模糊分析工具，是分析样本不确定性属性的重要方法，主要针对的是内涵明确但是外延模糊的不确定性元素，灰色模糊系统工具主要解决传统模糊数学领域难以解决的小样本和小规模属性信息样本的问题，以及模糊数学和灰色理论单一框架下无法解决的问题：

在单纯的模糊数学领域，利用灰色理论方法进行的验证可能存在单独样本的单独属性丢失，或者无法充分利用灰色理论验证模糊性评价等问题，从而使得模糊属性的单样本界定出现失真(卜广志，张宇文，2002)。而样本属性的不确定性界定以及评价对大样本数据背景下的精确验证，存在主观评判所引致的风险隐患。为此，笔者在对制造业投入服务化创新协同网络风险的界定中结合了灰色模糊这一工具，并针对协同创新网络的系统性风险进行了基于专家评判信息的模糊与灰色的测度，然后结合灰色理论以及模糊数学，予以风险评估的赋值，再确定制造业投入服务化协同创新风险的影响权重系数，从而获得基于权重系数的灰色模糊样本分析结果。

同时，随着灰色模糊的应用逐步得以开展，其对于样本属性的评判获得了广泛的应用关注(郝强，朱梅林，1995)，特别是在样本属性判别存在信息不完全以及不充分的情况下，灰色模糊以不完全信息中的模糊问题集的形式加以拟合，从而解决了样本的多重模糊属性及估计问题。

就灰色模糊的实质而言，其在信息量不足时以“灰色”加以剖析应对(庞庆华，2007)，而在其子集属性概念界定不明确时，则以“模糊”加以应对。灰色模糊由于考虑到了上述两方面同时存在的可能，从而为基于灰色模糊的样本属性综合评判建立了理论分析与应用验证的基础。

根据前述分析，逐步引入灰色模糊综合评判方法解决制造业投入服务化网络创新协同风险，具体步骤为：

第一步，分析影响因子及其子集体系，根据层次分析法思想，首先针对影响样本基本属性评判的因素划归成各种分类子集，并基于影响子集因素的层进关系进行子集分类。

第二步，按照待验证样本属性与灰色模糊子集的因素递阶关联（陆菊春，韩国文，2002），逐一对样本进行权重赋值，并构建相应的权重集。其中，各权重值要求归一化，由于针对协同创新风险很难用语言界定灰度范围，因此以描述子集的方法，进行进一步的矩阵构建。

第三步，按照不同的样本属性等级，进行因素集与备择集之间的灰色模糊关系子集分类，从而构建相应的评判矩阵。评判矩阵主要包含了按照某一特定描述属性的待验证样本的属性隶属度集合，形成相应的对象属性比对灰度，再对照待验证样本平均属性子集获得灰色模糊综合评判的结果。

第四步，再将待验证样本的灰色模糊属性与不可信程度的比对，划分参数区间数组成的集合形式，进行评判标准的处理，最后获得基于灰色模糊的待验证样本属性判断结果。

二、粗糙集

粗糙集理论（Rough Set Theory，RST）作为一种数据分析处理的理论，由学者 Pawlak 于 1982 年提出，这一理论主要用以解释现实复杂问题中的不精确以及不一致（inconsistent）、不完整（incomplete），并且对数理统计中的数据分析及推理形成了隐含信息知识的分析（Pawlak，Wong，& Ziarko，1988）[①]。粗糙集是基于信息数据分析，在特定空间进行等价信息集的建立（Wong，Ziarko，& Ye，1986），并按照信息等价关系构建粗糙集空间划分与分析的过程，其中的划分子集称为概念，从而解决现实问题中模糊边界的样本子集的不精确以及不确定信息与子集的空间接近，并以此形成对个体样本属性的检验。

粗糙集的优点在于克服了对于样本不确定和不精确问题，及其在传统检验过程中需要样本数据子集外的大量先验信息所产生的冗余问题（鲍新中，张建斌，刘澄，2009），从而保持了样本原始信号的客观真实性，并且与现有的概率论、模糊数学等数理分析工具形成较强的互补。粗糙集在应用过程中主要是以近似

---

① Pawlak, Zdzislaw, S. K. Michael Wong, and Wojciech Ziarko. "Rough Sets: Probabilistic Versus Deterministic Approach." *International Journal of Man-Machine Studies* 29.1(1988):81－95.

空间子集的构架以及样本比对为实现机理，主要过程是以近似空间的近似算子为基础，按照上下近似算子的方式进行拟合验算。根据 Pawlak 教授关于粗糙集的不分明即等价关联的观点，基础粗糙集的近似算子子集推算具有拟合样本的高度要求，从而成为粗糙集推算应用的关键。因此，对于粗糙集的验算演化到推广粗糙集。

现阶段，常见的关于推广粗糙集构建的方法主要有构造化和公理化（崔杰，党耀国，刘思峰，2008）①。前者主要是指基于二元关系涉及划分以及覆盖，并按照邻域系统、布尔子代数等作为基本要素，进而定义粗糙近似算子。后者主要是指满足公理化的基础算子集进行近似计算基础粗糙集，并按照特殊存在类型的二元关系进行上下近似算子的推演，从而获得基础粗糙集。两种方法的共同本质在于从集合以及算子的角度，进行不同的扩展粗糙集模型的上下近似算子验算。

基于粗糙集理论的应用研究，在现阶段主要集中在属性约简、规则获取，以及关于粗糙集的计算智能算法等方面，从本质而言，是一个属性研究的方法论问题，也即是基于基础粗糙集进行的数据挖掘和统计的样本验证方法的扩展。为此，研究将结合粗糙集及推广粗糙集的应用方法，按照不同信息系统的两面性问题，进行制造业投入服务化协同风险评估的客观赋权的拟合验证。关于粗糙集在本章中的应用机理，具体解释如下：

通常粗糙集按照一个属性子集，也即是单个属性集的决策逻辑符号仅仅包含子集 A 的属性，那么结合粗糙集便可以按照 $L(A)$ 表示相应的子集属性集，接着定义样本构成的信息式中的 M 为可被 $L(A)$ 定义的子集，那么 M 集合中必然存在一个可定义上下粗糙集，笔者认为这种可定义属性子集的存在条件为 $X = c(\phi)$，反之则称该子集为不可定义粗糙集。所谓的可定义主要是指落于前述 $L(A)$ 集合中的子集可定义。

以此类推将覆盖所有样本信息的粗糙集按照前述可定义的描述归类，则获得可定义子集的全集为：

$$DEF(U, L(A)) = \{c(\phi), \phi \in I(A)\} \tag{6.1}$$

根据广义粗糙集的分析可知，样本非精确类信息可用逻辑语言定义描述是进入可定义全集的基础前提，从而获得上下粗糙集的可定义全集为：

$$DEFCON(U, L(A)) = \{\phi, c(\phi) \mid \phi \in I(A)\} \tag{6.2}$$

显然，当两个粗糙集对象样本保持待检验属性的逻辑等价，它们可获得逻辑

① 崔杰，党耀国，刘思峰. 基于灰色关联度求解指标权重的改进方法[J]. 中国管理科学，2008(5)：141－145.

子集的等同描述，从而获得全体集内的样本属性的不可分辨关系，也即是进入推广粗糙集拟合的前提，进而获得相应的新的上下粗糙集。制造业投入服务化协同创新网络化过程对于微观主体界定协作创新风险而言是一个重要判别标志信号，本章也将借助粗糙集进行进一步的制造业投入服务化协同创新网络风险的样本分析。

三、层次分析法

所谓层次分析法（Analytic Hierarchy Process, AHP），主要是以系统化的多重决策化散为分层、分解目标的做法，其将各类级别指标进行层级化换算，并分成多极化指标或者对应主体的相关准则、制度体系设计，从而借助定性指标的模糊量化形成多层级的评估，并按照一定关联进行综合折算，在实际运用中加以层次方案优化筛选的方法。

层次分析法产生于20世纪70年代，是由美国著名运筹学专家、匹茨堡大学教授萨蒂提出的，他在针对当时的工业部门的国家贡献折算研究项目时，提出了层次分析法（Analytic Hierarchy Process, AHP），萨蒂教授结合各层次分目标体系、方法及准则层次，提出了依赖于层次权重分析的决策分析贡献方法。由于层次分析法能够将有序层次进行条理化分析，因而具备针对复杂问题的分析能力。层次分析法在逐步的应用过程中，结合了专家意见以及客观规律的优势，并针对复杂问题可进行层级构成因子的权重指标排序（周宇峰，魏法杰，2006），从而获得所有元素对应复杂问题的各构建因子排序综合，并将决策从经验判断引向各级量化，因而突出了科学系统分析的优势。

我国对于层次分析法的产业应用相对起步较晚，但已显现初步成效。例如武汉轻轨一号线从设计理念、设计施工，再到基建建设、架桥论证等方案均深入结合了层次分析法；台湾地区台北捷运的公共艺术品设计上也利用了层次分析的思维模式，对于沿线艺术布置与地方特色凸显的平衡做到了充分挖掘，也使得层次分析法的应用得到了很好的扩展。可见，在未来的国家宏观调控以及地方城市规划等重大应用实践项目上，层次分析法具有越来越重要的意义，而对于微观层面的机构组织应对决策需求的结构层次应用分析，层次分析法也具有相对的应用优势。在现实经济社会运行过程中，各类主体事项面临选择，而这一决策主要是依赖于主体筛选标准的制定（邓雪，李家铭，曾浩健等，2012），当标准作为单一并行时，只要依据一定的权重序进行样本排列，便可以进行迅速的排序筛选；但当待选样本存在主体决策的多重、多级构成指标问题时，则筛选方法不能如上述简单方法进行构建，而必须依赖于更为科学的层级比较和综合计算，这使得层次分析法显得十分重要。

层次分析法被广泛应用于各项决策，而对照我国现阶段制造业投入服务化而言，存在协同创新风险应对决策需求的结构层次方面的诸多问题，例如应对决策需求的结构层次标准的缺失，决策的主体选用限制较多，应对决策需求的结构层次标准相对单一，或者协同过程评估缺乏一定的科学性等问题，从而导致了应对风险实践的不科学，为此利用层次分析法进行决策风险评估量化，进而使其能够适应制造业投入服务化的进一步协同创新需求，是改进我国制造业投入服务化协同创新风险应对决策需求结构层次管理现状及问题的关键所在。

由于层次分析法在本质上是将一个复杂多目标决策问题作为一个系统（Saaty，1994），因此层次分析法的基本步骤上是将目标分解为多个目标或准则，进而分解为多指标（或准则、约束）的若干层次，通过定性指标模糊量化方法算出层次单排序（权数）和总排序，以作为目标（多指标）、多方案优化决策的系统方法，故称为层次分析法。

基于 AHP 的层次结构建立过程如图 6－1 所示。

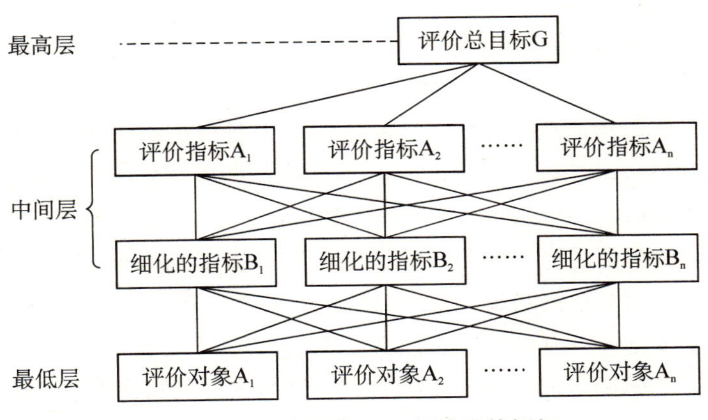

图 6－1　结构层次 AHP 层次结构框架

（1）建立层次结构模型。确立制造业投入服务化网络创新协同风险的总体估计目标，进行适合制造业投入服务化的资源配置管理发展的层次分析。

（2）构建成对比较矩阵。进行结合协同创新实践收效评估环节的对应交叉比对评分。

（3）计算权向量并做一致性检验。基于因子排序进行向量关系的构建，结合向量组群形成矩阵特征根的向量组解。

（4）计算组合权向量并进行组合一致性检验，计算最下层对目标的组合权向量。针对总目标构建因子中的所有一级层级目标进行元素分类，并将其对应的描述因子层次总排序权予以赋值，进而获得制造业投入服务化风险应对决策需求的 AHP 层次估计值。

四、BP 神经网络

神经网络(Back Propagation，BP)是一种按误差逆传播算法训练的多层前馈网络，也是应用最广泛的神经网络之一。提高 BP 神经网络预测模型对混沌时间序列的预测准确性，需要基于遗传算法优化 BP 神经网络的改进混沌时间序列预测方法，并在基础 BP 神经网络框架下完善 BP 神经训练对权值和门槛点的设置优化(Xiao，Zhi，et al.，2009)，进而可以形成完善的 BP 神经网络训练结果。

考虑到对于验证目标创新风险的预警控制，既要着眼于风险会否发生，又要兼顾预警信号与验证目标的创新实践间的关联，鉴于两者非线性映射可能，在步骤上需要选取 BP 神经网络架构制造业生产网络的协作程度与协作创新程度之间的映射关联，并对其进行逐一验证。

同时，考虑到不断增加 BP 神经网络级有损于 BP 神经网络预测精确度，而单级 BP 神经网络又不利于连续区间函数样本的预测性，因此需要就 BP 神经网络选择层级数予以适当修正。结合上述研究分析，进行初始危机指标选取评估值的冗余筛选，以形成风险预警体系的粗糙- BP 神经网络输入层；扩展 BP 神经网络隐含层点数，以进行上述灰色模糊评价后的网络自适应评估预警学习；再根据上述灰色模糊评价形成神经网络学习输出结果对应五级预警定量输出结果。

接着，设置验证目标的风险预警显化的警示信号，即验证对象主体处于粗糙 BP 神经网络学习演算网络输出状态值，对应评估预警风险时，分别形成无警示信号、一般警示信号、中度警示信号、重度警示信号、严重警示信号。

最后，将上述经灰色模糊约简后的验证目标预警指标作为节点输入层，选取 60 个中间节点层和 5 个输出层，形成一个多级 BP 神经网络架构，以误差上限、学习速率、惯性参数设置 BP 神经网络学习及推算，进行对应约简后预警风险评估选取指标的评价值初始化，经处理后将位于区间的数据引入改进后粗糙 BP 神经网络并加以学习训练，获得一个多层节点层神经网络演算结构和优化网络推算赋值，从而进一步验算制造业投入服务化进行协同创新的风险预警、风险规避的神经网络学习结果。

五、模型构建

对于制造业投入服务化协同创新实践而言，不仅存在整体技术协作间的风险，而且还存在参与协作企业个体面临的各类风险，并且风险的模糊性与灰色特征存在更为普遍，为此，本章引入结合风险评价的主客观因素加以灰色模糊评价。

(一) 制造业投入服务化协同创新风险的灰色模糊评价机理

首先定义制造业投入服务化协同创新决策风险 $X=\{x\}$，$Y=\{y\}$ 空间模糊集 $X*Y$，其对应模糊关系分别为 $\widetilde{\Gamma}=((x,\ y),\ u(x,\ y)$ 和 $\underset{\odot}{\Gamma}=((x,\ y),\ v(x,\ y))$，具体可用灰色模糊矩阵表述成式 6.3：

$$\underset{\odot}{\widetilde{\Gamma}}=[(u_{ij},\ v_{ij})_{k\times l}]=\begin{bmatrix}(u_{11},\ v_{11}) & (u_{12},\ v_{12}) & \cdots & (u_{1l},\ v_{i1l})\\(u_{21},\ v_{21}) & (u_{22},\ v_{22}) & \cdots & (u_{2l},\ v_{2l})\\\cdots & \cdots & \cdots & \cdots\\(u_{k1},\ v_{k1}) & (u_{k2},\ v_{k2}) & \cdots & (u_{kl},\ v_{kl})\end{bmatrix}_{k\times l} \tag{6.3}$$

上式中，以 $u_{ij}=\dfrac{t_j}{\sum_{j=1}^{l}t_j}$ 折算制造业投入服务化协同创新决策风险因素 i 所对应评价集 j 相关隶属度 $u_{ij}\in[0,\ 1]$，而 t_j 对应刻画针对该项评语风险的评价集，即：

$$V_{ij}=\sum_{k=1}^{h} * \frac{v_{ij}^{k}}{h} \tag{6.4}$$

式 6.4 表示上述隶属度 $u_{ij}\in[0,\ 1]$ 的点灰度，$v_{ij}^{k}\in[0,\ 1]$ 刻画构成上述隶属度点灰度对应风险因素 i 的对应评价信息的非对称程度，其值与信息非对称程度成反向关联。根据上述分析，制造业投入服务化协同创新决策风险的灰色模糊权重对应向量为：

$$\underset{\leftarrow}{\widetilde{W}}=[(w_1,\ v(w_1)),\ (w_2,\ v(w_2)),\ (w_k,\ v(w_k))] \tag{6.5}$$

式中 w_k、$v(w_k)$ 分别对应刻画了第 k 个风险因素的模型评估权重及其点灰度，折算方法同上。结合制造业投入服务化协同创新决策风险的影响相对均衡的特征(Fuh & Wang, 1997)，以及五大灰色模糊评价自身特征，按 6.6 式进行折算：

$$\underset{\leftarrow}{\widetilde{B}}=\underset{\leftarrow}{\widetilde{W}}*\underset{\leftarrow}{\widetilde{\Gamma}}=(\sum_{i=1}^{l}[w_i*u_{ij}],\ \vee\ [v(\overset{l}{\underset{i=1}{w_i}})\ \wedge\ v_{ij}]) \tag{6.6}$$

(二) 制造业投入服务化协同创新风险评估的主客观组合赋权

根据现有研究可知，作为技术创新合作投资的实践行为，存在风险评估的指标权重确定问题(Chen & Chang, 2000)[①],而其中主客观性是赋权问题的关键所在,分别对应了风险控制赋权过程的专家意见先验性,以及基于风险选取指标的变异系数和相关性(Van Groenendaal, 1998),结合上述两类赋权在制造业投入服务化协同创新实践风险评估中的优势,又期望有效规避专家意见的主观性和变异系数相关性对样本变化的影响,本章研究继续进行基于 AHP 和 RS 的组合赋权。

首先,实施制造业投入服务化协同创新主观赋权。主要基于 AHP 进行主观赋权,首先将制造业投入服务化协同创新对应各个要素进行指标层、原则层和对策层的构建划分;其次,依据上述分析逐步构建结合原则层的各个上一层因素与本层因素间的"成对比较法",以第一至第九的标度刻画这一赋权过程的各个因素权重判别矩阵;接着进行每一分层风险评估因素赋权后的方根及归一化处理,以形成对应的层次因素单排序,具体步骤为:

第一,进行层次因素的风险要素行乘积处理:

$$M_i = \Pi_{j=1}^{l} a_{ij} \,(1,\ 2,\ \cdots,\ k) \tag{6.7}$$

第二,折算上述风险因素行乘积 n 次方根,并进行归一化处理:

$$w_i = \frac{W_i}{\sum_{i=1}^{l} W_i},\ W_i = \sqrt[n]{M_i} \tag{6.8}$$

由每一下层相对上层的制造业投入服务化协同创新协作实践的风险构成向量 w,以此类推获得其他各层次风险因素评估赋值权重,并以此确定风险评估权重。

其次,进行基于 RS 的制造业投入服务化协同风险评估的客观赋权。这里主要借助 Pawlak(1982)提出的粗糙集[②]理论实施进一步的风险评估客观赋权。

根据上述有关"属性重要度"的粗糙集赋值分析,将制造业投入服务化协同创新决策过程中的信息系统 $S=(U,\ A,\ V,\ f)$ 进行针对信息量 $U/IND(P)=\{x_1,\ x_2,\ \cdots,\ x_l\}(P\subseteq A)$ 的描述整理,将其定义为基于风险评估因素 x_i 等价集 $|x_i|$ 的知识 P 的信息量:

$$I(P) = \sum_{i=1}^{l} \frac{|x_i|}{|U|}\left[1 - \frac{|x_i|}{|U|}\right] = 1 - \frac{1}{|U|^2}\sum_{i=1}^{l} |x_i|^2 \tag{6.9}$$

---

① Chen, Ho-Wen, and Ni-Bin Chang. "Prediction Analysis of Solid Waste Generation Based on Grey Fuzzy Dynamic Modeling." *Resources, Conservation and Recycling* 29. 1(2000):1 - 18.

② Pawlak, Zdzisaw. "Rough Sets." *International Journal of Computer & Information Sciences* 11. 5 (1982):341 - 356.

将上述信息量汇集的 $S=(U, A, V, f)$ 信息系统对应 $a_i \in A$ 前提下删减 $\{a_i\}$ 后的重要性定义为：

$$SG_{A-\{a_i\}}(a_i) = I(A) - I(A-\{a_i\}) \tag{6.10}$$

以及基于 $a_i \in A$ 前提下的相应权重阵 $w(a_i)$，以刻画上述制造业投入服务化协同创新协作实践的风险主客观评估：

$$w(a_i) = SG_{A-\{a_i\}} \frac{a_i}{\sum_{i=1}^{k} SG_{A-\{a_i\}}(a_i)} \tag{6.11}$$

那么，基于上述赋值权重阵 $w(a_i)$，$(w(a_i) \in [0, 1]$；$i=1, 2, \cdots, k)$，可以从中构建针对制造业投入服务化协同创新风险的主客观评价赋权组合为：

$$\begin{cases} \min\{\sum_{i=1}^{k}[\mu[1/2[w(a_i)-w_{si}]^2]]+(1-\mu)[1/2[w(a_i)-w_{wi}]^2]\} \\ s.t. \sum_{i=1}^{k} w(a_i) = 1 \end{cases} \tag{6.12}$$

进而借助拉格朗日函数可获得上述主客观组合权重最优解为：

$$w_i = \mu w_i + [1-\mu] w_{si} \tag{6.13}$$

其中 μ 取值一般定为 0.5。并以下式折算对应风险的一级指标灰色模糊综合评估值：

$$\underset{\leftarrow}{\widetilde{R}_i} = \underset{\leftarrow}{\widetilde{B}_i} V^T = \left(\sum_{k=1}^{5}[u_{ik} V_k], \vee [v_{ik}]\right) = (r_i, v_i) \tag{6.14}$$

其中 V 转置对应为上述风险下二级风险的五类等级赋值，r_i 则对应为第 i 序列风险的一级模糊综合评价，v_i 仍表示模糊评价点灰度。最后按式 6.15 折算制造业投入服务化协同创新风险综合评估：

$$\begin{aligned} \underset{\leftarrow}{\widetilde{R}} &= \underset{\leftarrow}{\widetilde{W}} * [(r_1, v_1), (r_2, v_2), (r_3, v_3)]^T \\ &= \left(\sum_{i=1}^{3}[w_i, r_i], \vee [v(\overset{3}{\underset{i=1}{w_i}}) \wedge v_i]\right) = (r, v) \end{aligned} \tag{6.15}$$

其中 r、v 分别对应制造业投入服务化协同创新风险评估灰色模糊综合评定的取值与点灰度，意义同上；r 取值范围为 1～5，其值越大对应评估风险等级越高，而 v 取值范围为 0～1，其值越低则对应的风险灰色模糊综合评估越精确。

第五节 制造业投入服务化协同创新风险评估、规避决策与预警分析

一、创新灰色模糊综合评估

本章研究将制造业投入服务化创新协同的主体作为研究对象，选取前章中涉及的我国 17 个省市区域的 428 个制造业集群中的 1 148 家企业为分析样本，实施制造业投入服务化协同创新决策与风险评估的验证。

表 6－1 制造业投入服务化协同创新风险指标

风险一级指标	序号	风险二级指标
产权风险	X11	产权遭致泄漏
X1	X12	产权破损或遭致破坏
	X13	产权被仿、盗
	X14	产权输出的自我保护性质
	X15	产权输入的虚假接受
合作风险		
X2	X21	制造业投入服务化创新协同主体目标兼容性低
	X22	制造业投入服务化创新协同主体文化兼容性低
	X23	制造业投入服务化创新协同成员管理体制不兼容
	X24	制造业投入服务化创新协同成员技术差异
	X25	制造业投入服务化创新协同信任风险
	X26	制造业投入服务化创新协同道德风险
	X27	制造业投入服务化创新协同创新获利分配
运营绩效风险		
X3	X31	创新过程的战争与灾害风险
	X32	技术创新制造业投入服务化创新协同共同面临经济波动与危机
	X33	制造业投入服务化协同创新发展过程的支持政策波动
	X34	制造业投入服务化创新协同成果的市场需求与融合
	X35	制造业投入服务化创新协同市场竞争
	X36	制造业投入服务化创新协同市场成熟度

（续表）

风险一级指标	序号	风险二级指标
	X37	制造业投入服务化协同创新超前性风险
	X38	制造业投入服务化创新协同项目创新技术经济性风险
	X39	制造业投入服务化协同创新的项目参与主体协同发展能力风险
	X310	制造业投入服务化协同创新的项目参与主体技术管理能力差异
	X311	制造业投入服务化创新协同创新经费基础
	X312	制造业投入服务化创新协同创新研发成本风险

首先，根据上述分析，确立我国制造业投入服务化协同创新风险评价的一二级指标体系，如表 6-1 所示。

同时，确立创新在制造业投入服务化协同内实施的风险模糊评价评语集，将产权、关系以及经营绩效风险等构成的各子级风险指标体系确立的模糊集及其对应的下级指标模糊集分别表示为：

$$\Omega=(x_i)、\Omega_1=(x_{1j})(j=1,2,\cdots,12)、\Omega_2=(x_{2j})(j=1,2,\cdots,7)、\Omega_3=(x_{3j})(j=1,2,\cdots,5) \tag{6.16}$$

那么，相应的风险评语集为 $V=(V_k)(k=1,2,\cdots,5)$，分别对应评语风险元素的“极小”、“较小”、“一般”、“相对较大”、“极大” 和元素值(1，2，3，4，5)。

其次，针对制造业投入服务化协同创新风险予以二级指标灰色模糊评定，以获得上述产权、关系以及经营绩效风险等构成的各子级风险指标体系的灰色隶属度。

$$\underset{\leftarrow}{\tilde{\Gamma}_1}=\begin{bmatrix}(0.1,0.4) & (0.2,0.4) & \cdots & (0.2,0.4)\\(0.2,0.2) & (0.3,0.2) & \cdots & (0.2,0.4)\\\cdots & \cdots & \cdots & \cdots\\(0.1,0.3) & (0.2,0.4) & \cdots & (0.1,0.4)\end{bmatrix}_{5\times5}$$

$$\underset{\leftarrow}{\tilde{\Gamma}_2}=\begin{bmatrix}(0.1,0.1) & (0.3,0.1) & \cdots & (0,0.1)\\(0.1,0.1) & (0.3,0.1) & \cdots & (0.1,0.1)\\\cdots & \cdots & \cdots & \cdots\\(0.1,0.2) & (0.3,0.2) & \cdots & (0.2,0.1)\end{bmatrix}_{7\times5} \tag{6.17}$$

$$\underset{\leftarrow}{\tilde{\Gamma}_3}=\begin{bmatrix}(0.6,0.3) & (0.3,0.3) & \cdots & (0,0.5)\\(0.2,0.2) & (0.3,0.2) & \cdots & (0.2,0.4)\\\cdots & \cdots & \cdots & \cdots\\(0.1,0.1) & (0.2,0.1) & \cdots & (0.4,0.1)\end{bmatrix}_{12\times5}$$

再次，结合上述分析进行对应的权重指标重新判别矩阵折算，结果如表 6-2 所示。

表 6-2 制造业投入服务化协同创新风险评估指标及其权重

风险评估一级指标	主观权重	客观权重	组合权重	风险评估二级指标	主观权重	客观权重	组合权重
X1	0.295	0.296	0.296	X11	0.235	0.231	0.233
				X12	0.297	0.305	0.301
				X13	0.114	0.107	0.111
				X14	0.157	0.146	0.152
				X15	0.197	0.213	0.205
X2	0.494	0.501	0.498	X21	0.071	0.079	0.075
				X22	0.125	0.117	0.121
				X23	0.103	0.097	0.100
				X24	0.133	0.145	0.139
				X25	0.166	0.166	0.166
				X26	0.197	0.190	0.194
				X27	0.206	0.207	0.207
X3	0.213	0.201	0.207	X31	0.017	0.018	0.018
				X32	0.029	0.027	0.028
				X33	0.032	0.04	0.036
				X34	0.099	0.101	0.100
				X35	0.103	0.095	0.099
				X36	0.054	0.050	0.052
				X37	0.044	0.046	0.045
				X38	0.173	0.175	0.174
				X39	0.155	0.157	0.156
				X310	0.122	0.125	0.124
				X311	0.089	0.075	0.082
				X312	0.088	0.087	0.088

并据制造业投入服务化协同创新协作风险对应的一二级信息系统 $S=(U, A,$

V, F)、$S_i=(U, A_i, V_i, F_i)$，进行基于式(6.9)～(6.11)的各级指标客观的风险权重，以及基于式(6.12)对应指标主客观风险评级组合权重的折算，限于篇幅，将运算结果如上表示之。而基于表6-1运算获得风险评价意见结合式(6.4)求得对应制造业投入服务化协同创新决策风险的一二级点灰度，并结合表6-1组合权重形成最终的我国制造业投入服务化协同创新实践风险模糊综合评价组合权重，其向量组为：

$$\begin{cases}\underset{\leftarrow}{\tilde{w}_1}=[(0.017, 0.2), (0.025, 0.1), \cdots, (0.008, 0.1)]\\ \underset{\leftarrow}{\tilde{w}_2}=[(0.075, 0.1), (0.121, 0.1), \cdots, (0.205, 0.1)]\\ \underset{\leftarrow}{\tilde{w}_3}=[(0.231, 0.1), (0.301, 0.1), \cdots, (0.205, 0.1)]\\ \underset{\leftarrow}{\tilde{w}}=[(0.207, 0.1), (0.498, 0.1), (0.275, 0.1)]\end{cases}$$

最后，进行制造业投入服务化协同创新灰色模糊综合评估，研究根据式(6.15)归一化处理，针对我国制造业投入服务化协同创新风险向量对应的灰色模糊隶属、对应各一级指标总灰色模糊评价值分别为：

$$\underset{\leftarrow}{\tilde{B}_1}=[(0.12, 0.1), (0.28, 0.1), (0.27, 0.1), (0.18, 0.2), (0.12, 0.1)]$$

$$\underset{\leftarrow}{\tilde{B}_2}=[(0.08, 0.2), (0.19, 0.1), (0.25, 0.1), (0.35, 0.1), (0.16, 0.1)]$$

$$\underset{\leftarrow}{\tilde{B}_3}=[(0.09, 0.1), (0.18, 0.1), (0.25, 0.2), (0.38, 0.1), (0.08, 0.2)]$$

$$\underset{\leftarrow}{\tilde{R}_1}=\underset{\leftarrow}{\tilde{B}_1}V^T=(2.88, 0.2); \underset{\leftarrow}{\tilde{R}_2}=\underset{\leftarrow}{\tilde{B}_2}V^T=(3.28, 0.2); \underset{\leftarrow}{\tilde{R}_3}=\underset{\leftarrow}{\tilde{B}_3}V^T=(3.15, 0.2)$$

结合公式(6.15)求得制造业投入服务化协同创新相应风险的综合模糊灰色评价值及其对应值，结果分别为：

$$\underset{\leftarrow}{\tilde{R}}=\underset{\leftarrow}{\tilde{W}}[\underset{\leftarrow}{\tilde{R}_1}, \underset{\leftarrow}{\tilde{R}_2}, \underset{\leftarrow}{\tilde{R}_3}]^T$$

$$[(0.205, 0.1), (0.476, 0.1), (0.295, 0.1)]*[(2.86, 0.2), (3.27, 0.2), (3.21, 0.2)]^T=(3.18, 0.1)$$

可见，制造业投入服务化协同创新风险表现出90%左右风险，介乎“相对较大”与“一般”之间的可能性，基本吻合了我国制造业投入服务化创新协同合作的风险特征，也进一步证实了本章研究关于制造业投入服务化协同创新的风险评估的合理性。

二、制造业投入服务化协同创新风险应对决策

结合上述分析可知，制造业投入服务化协同创新的企业主体应该在结合风险评估的基础上逐步实施有针对性的创新协作实践决策，为此，以上述制造业投入服务化协同创新风险评估背景指标项为依据，进行合作企业主体的技术创新协作发展决策效果与风险规避的需求验证。

制造业投入服务化协同创新的合作动机，一般主要有成本制约、过程产能控制前提下的创新合作、创新经济的进一步规模化等因素，结合制造业投入服务化创新协同的创新实践，以及关于制造业投入服务化创新协同的创新动机影响因素的研究，结合上述灰色模糊评价风险选取指标，从防范角度梳理出制造业投入服务化创新协同网络内企业主体应对风险决策，并基于制造业投入服务化协同创新的灰色与不确定性存在，拟利用粗糙集刻画创新风险应对决策需求，以发挥其仅需提供主体数据的先验信息数据的低要求优势，进行制造业投入服务化协同创新决策的粗糙集对应构成如下：

(1) 信息系统：$S=\{U, A, V, f\}$ 表示一个风险应对措施信息系统，其中 U、A、V、f 分别刻画了制造业投入服务化创新协同内创新主体可计数对应主体的属性集合；V 对应子集的 V_a 为基于 f 赋值对应信息函数下的值集，后者则为赋值信息集。

(2) 等价关系：利用集合 A 对应的集合 B 作为其二元等价关系子集，而其对应的等价主体划分则为 $U/IND(B)$。

(3) 项目主体风险决策属性共性约简：$S=\{U, A, V, f\}$，表示上述子集属性，则在符合条件 $U/IND(A)=U/IND(A-\{a\})$ 时进行制造业投入服务化协同创新主体的约简，且其对应的约简后子集为 $U/IND(B)\neq U/IND(B')$，定为 $RED(A)$，其中的 A 集合符合约简规则，且其集合记作 $CORE(A)$。

(4) 属性的重要性：在一个信息系统 $S=(U, A, V, f)$ 中，设 $U/IND(A)=\{X_i\}$，那么由 $\{X_i\}$ 与 U 集乘积构成的 P 对应信息熵为：

$$H(A)=-\sum n_i = IP(X_i)\ln P(X_i) \tag{6.18}$$

而其风险决策体系内的重要性由式(6.19)刻画：

$$SA(a)=|\ H(A)-H(A-a)\ | \tag{6.19}$$

根据上述分析，将本章研究对应的粗糙集分析如下：

首先，构建制造业投入服务化协同创新基本信息体系，主要将上述表 6-1 中的协同风险应对决策二级因素 $A=\{a, b, \cdots m, n\}$ 构建属性集合，则对应

所适用的层次分析法是一种交叉矩阵，具体适用的方法主要有方根法、幂法以及积法等为主的正互反矩阵，并进行相应的特征向量求解。

第三步，计算权向量并做一致性检验

层次分析法主要特征在于因子权重的排序和综合分析，而此前必须进行必要的因子排序，所谓排序即针对上一因素层次因子的下级因子群权重影响的先后顺序，它往往选取依据上述构造中的判断矩阵对应特征根中最大的一个，通过与其对应的特征向量的归一化处理而得到。特征根检验方法借鉴 Feng，Gang，等人(2005)的研究获得①，其中层次分析法中的特征根主要指的是作为所有模型构建因子对应因素形成的一个 n 阶矩阵，并构建其中的向量关系，结合向量组群形成矩阵特征根的向量组解，鉴于层次分析法自身就存在思维判断与模型逻辑演算间的可能误差，因此在这一步骤中需率先进行基于层次分析法判断矩阵的一致性验证。

第四步，计算组合权向量并做组合一致性检验

计算最下层对目标的组合权向量，接下来进行层次分析法中的综合模块运算，针对总目标构建因子中的所有一级层级目标性分类元素，并将其对应描述的因子总层次进行排序及权重赋值；同理，对应的二级构建因子进行对应描述与进一步的判断矩阵构建，并对其对应的二级因子进行因子刻画，从而按照次级权重进行下层目标组合权向量的统计。

为进一步发挥粗糙集 S_3 在上述制造业投入服务化创新协同及技术创新活动实践中的约简优势，本章研究基于 AHP 层次分析法获得的约简结果，进行进一步的灰色模糊分析，具体步骤为：

利用上述经约简后的制造业投入服务化协同创新决策粗糙集，与主体创新协作实践决策因素融合，形成对应的层次分析，并同时根据每一层次对应因素进行进一步权重折算(Esogbue & Bellman，1984)②，其中结合参与制造业投入服务化协同创新合作实践主体的主观评价与参与实践的各项指标，并用九级指标进行权重定量，以获得对应判别矩阵；对应的九级指标进行权重主要按照方根法折算各下一级的指标权重，则可获得上述判别矩阵行元素乘积，M_i 及其 n 次方根集 W_i，而其向量组经归一化后为：

① Feng，Gang，et al. "H∞ Controller Synthesis of Fuzzy Dynamic Systems Based on Piecewise Lyapunov Functions and Bilinear Matrix Inequalities." *Fuzzy Systems*，*IEEE Transactions on* 13. 1(2005)：94－103.

② Esogbue，Augustine O.，and Richard E. Bellman. "Fuzzy Dynamic Programming and Its Extensions." *Fuzzy Sets and Decision Analysis*，*TIMS Studies in Management Science* 20(1984)：147－167.

$$W_i = W_i / \sum_{i=1}^{n} W_i \tag{6.21}$$

式(6.21)构成的特征向量刻画的是上述制造业投入服务化协同创新合作项目在进行创新协作决策时的每一层次对应因素的权重折算，再进一步实施权重分配的偏离一致性指标验证，即：

$$I_c = \lambda_{\max} - l/l - 1 \tag{6.22}$$

并根据上式的 I_c 进行对应的随机一致性指标表均化对比，式(6.22)中 max 为最大特征根，即：

$$\lambda_{\max} = \sum_{i=1}^{l} (A_w)_i / lW_i \tag{6.23}$$

可获得随机一致性比率 R_c，以此形成制造业投入服务化协同创新合作实践在粗糙集下的决策判别矩阵，其中以 0.01 为界，一旦上述 R_c 超过这一临界值，则逐步调整以获得一致性直至其低于临界值，形成一致性。

当 $RC < 0.01$ 时，即认为判断矩阵具有满意一致性，否则就需要调整判断矩阵，使之具有满意一致性。结合上述分析，构建针对以我国制造业参与验证的样本对应的制造业投入服务化协同创新风险应对决策实践的主体个体集为 U_1，则由其建立的个体子集为各二级因素对应的一级因素关系集 $A_1 \sim A_9$ 即：

$\{a, b\}$、$\{c, d\}$、$\{e, f\}$、$\{g, h, i\}$、$\{j, k, l, m\}$、$\{o, p, q\}$、$\{r, s, t\}$、$\{u, v\}$、$\{w, x\}$

根据上述分析可获得各基于方根法折算而成的二级权重序列所对应的一级因素权重分别为 0.092 5，0.195 1，0.26，0.203，0.204，0.069 89，0.211 5，0.221 4，0.231 7。再根据上述判别原则，进行风险决策一致性检验，其中：$\lambda_{\max} = 7.077$；$I_c = 0.0122$；$rc = 0.0097 < 0.01$。

通过上述关于我国制造业投入服务化协同创新风险决策的判别检验一致性要求，结合层次分析法获得的一级风险决策权重，可根据式(6.20)～式(6.23)计算出决策分析结果为3.55，对应位于“相对需要”与“很需要”之间，即证实了制造业投入服务化协同风险应对决策的合作关系维持，以及在此前提下的运营绩效提升规避风险的决策有相对较大的需求。

三、制造业投入服务化协同创新风险预警机制构建与验证

针对上述分析及验证研究，本章研究具备了探讨我国制造业投入服务化协同创新风险的条件，而决策的灰色模糊评级以及风险评价都不能完全替代真实

风险(Lee, Kap Rai, et al. , 2000)[①],且预测的模型框架性制约了该行业在其技术创新合作过程中的风险规避效能,因此进一步针对我国制造业投入服务化协同创新决策以及风险构建机制加以预测,以提升其决策与风险规避的有效性是十分必要的。主要拟用制造业投入服务化协同创新风险指标,选取引入粗糙集基础上的改进 BP 神经网络模式,并进行神经网络学习基础上的预警输出与风险规避预警验证,构架机制如图 6-2 所示:

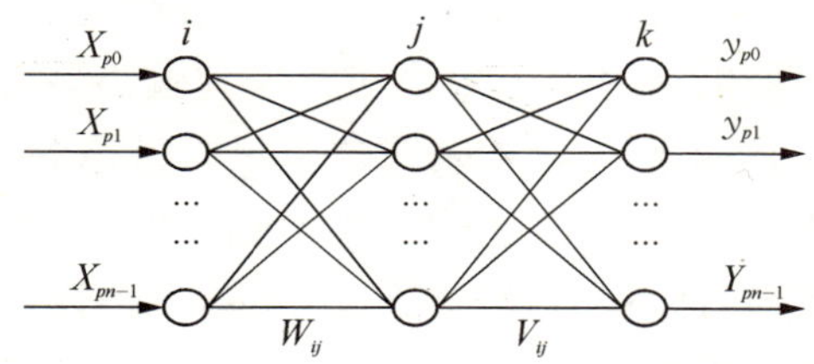

图 6-2　制造业投入服务化协同创新风险预警机制的改进 BP 神经网络演算架构

在基于灰色模型对制造业投入服务化协同创新风向预警的基础上,须进一步验证基于粗糙集的专家意见,以及灰色模糊所获的制造业投入服务化协同创新风险会否发生,以及基于此预警模式的微观企业主体后续风险控制。考虑到对于制造业投入服务化网络协同创新风险与危机的预警控制,既要着眼于风险会否发生,又要兼顾预警信号与风险状况间的关联,以及两者非线性的映射可能,最终选取 BP 神经网络架构上述风险危机预警与制造业投入服务化网络协同创新风险的映射关联验证。同时,考虑到不断增加 BP 神经网络层级有损于 BP 神经网络预测精确度,而单级 BP 神经网络又不利于连续区间函数样本的预测性,研究选取三层 BP 神经网络作为最终修正模型。研究结合上述分析,进行初始危机指标选取评估值的冗余筛选,以形成风险预警体系的粗糙——BP 神经网络输入层;扩展 BP 神经网络隐含层点数,以进行上述灰色模糊评价后的网络自适应评估预警学习;再根据上述灰色模糊评价形成神经网络学习输出结果对应五级预警定量输出结果。同时,设置微观企业主体风险危机预警显化的警示信号设置,即微观企业主体处于粗糙 BP 神经网络学习演算网络输出状态值,对应处于一至五级评估预警风险时,分别形成无警示信号、一般警示信号、中度警示信号、重度警示信号、严重警示信号。同时,将上述经灰色模糊约简后的微观企业主体风险预警指标作为节点输入层,选取 60 个中间节点层和 5 个输出层,

① Lee, Kap Rai, et al. "Output Feedback Robust H∞ Control of Uncertain Fuzzy Dynamic Systems with Time-varying Delay." *Fuzzy Systems, IEEE Transactions on* 8. 6(2000): 657-664.

形成一个多级 BP 神经网络架构，对应误差上限、学习速率以及惯性参数设置，开始 BP 神经网络学习及推算(Sadeghi，2000)[①]，对应约简后预警风险评估选取指标的评价值初始化，经处理后位于区间数据引入改进后粗糙 BP 神经网络并加以学习训练，获得一个多层节点层神经网络演算结构和优化网络推算赋值，最终获得微观企业主体风险预警评估在灰色模糊框架下的预警网络学习与推理结果。

沿用现有研究关于专家分项指标选取评语的五级规则，以便结合 BP 神经网络进行配对风险预警机制的学习网络演算推理输出，将制造业投入服务化协同创新风险结合主体企业决策对应的各类风险选取指标分为一至五个等级，分别对应于“极小”、“较小”、“一般”、“相对较大”、“极大”，并以临界值界定各分项选取指标在参与该项验证的主体企业间的风险等级，即当制造业投入服务化协同各参与主体代表的子项目 $I_i(i=1,2,\cdots,12)$ 分别位于一至五级风险时，相应量化结果模糊值 XU 对应为 $XU\in[0,1]$；[1，2]；[2，3]；[4，5]；同时将其用于专家风险评估意见的五级量化模糊临界值，并将其引入 BP 神经网络学习网络推理风险预警输出。对应各选取风险评估预警指标 v_i 的评价值为：

$$v_i=\frac{1}{n}\sum_{a=1}^{n}u_a \tag{6.24}$$

在保留传统神经网络最普通的梯度下降算法、高样本数据识别特性以及低误差等优势的基础上，本章研究做出了结合粗糙集的改进，即结合上述分析的粗糙集进行初始风险指标选取评估值的冗余筛选，以形成风险预警体系的粗糙 BP 神经网络输入层；扩展 BP 神经网络隐含层点数，以进行上述灰色模糊评价后的网络自适应评估预警学习；再根据神经网络学习输出结果结合上述灰色模糊评价，形成对应五级预警定量输出结果。同时，进行创新风险预警显化的警示信号设置，即各项目处于粗糙 BP 神经网络学习演算网络输出状态值为[0，1]；[1，2]；[2，3]；[3，4]；[4，5]时，对应处于一至五级评估预警风险分别形成无警示信号、一般警示信号、中度警示信号、重度警示信号和严重警示信号。

接着，采用实地调研与访谈的方式，获取有关我国制造业投入服务化过程中围绕协同创新的产权、关系以及经营绩效风险等构成的各子级协作风险(除财务数据之外的)必要数据，形式上主要利用了电子邮件和纸质问卷，步骤上分为行业内制造业投入服务化创新协同项目负责人的初次问卷及部分项目调整后的最

---

① Sadeghi, B. H. M. “A BP-neural Network Predictor Model for Plastic Injection Molding Process.” *Journal of Materials Processing Technology* 103. 3(2000): 411 - 416.

终问卷，问卷对象及所涉产业在我国的空间域分布同上章，面向共 1 148 家制造业企业开展问卷调查，收回问卷 1 080 份，其中有效问卷 1 065 份，有效回收率为 92.8%。同时，将上述经灰色模糊约简后的制造业投入服务化协同创新评估风险指标作为节点输入层，选取 60 个中间节点层和 5 个输出层，形成一个 24 -60 -5 的 BP 神经网络架构，以 $\varepsilon = 0.000\,2$ 的误差上限、$\eta = 0.5$ 的学习速率、$\alpha = 0.1$ 的惯性参数设置 BP 神经网络学习及推算，进行对应约简后 24 类风险评估选取指标的评价值初始化，经处理后位于区间[0, 1]间数据引入改进后粗糙 BP 神经网络并加以学习训练，中间隐层节点数自动调整为 32，经式(6.19) 运算获得一个 24 - 32 - 5 的节点层神经网络演算结构和优化网络推算赋值，至此获得我国制造业投入服务化协同创新风险评估预警体系在灰色模糊框架下的预警网络学习与推理结果，如表 6 - 4 所示。

表 6 - 4　制造业投入服务化协同创新风险评估预警体系的预警网络学习与推理结果

项目	样本输出	项目风险	网络学习演算样本输出	风险预警评估
I1	(1, 0, 0, 0, 0)	极大	(0.999 7, 0.021 4, 0.093 7, 0.075 5, 0.006 1)	极大
I2	(0, 1, 0, 0, 0,)	相对较大	(0.001 9, 0.985 7, 0.005 6, 0.004 4, 0.002 9)	相对较大
I3	(0, 0, 1, 0, 0)	一般	(0.002 2, −0.220 1, 0.978 6, 1.001 4, 0.007 7)	一般
I4	(0, 0, 1, 0, 0)	一般	(0.009 3, 0.210 3, 0.931 6, 0.084 2, 0.057 7)	一般
I5	(0, 0, 0, 1, 0)	较小	(−0.003 2, 0.002 3, 0.001 6, 0.997 9, 0.147 7)	较小
I6	(0, 0, 0, 1, 0)	较小	(0.009 2, 0.009 9, 0.098 6, 0.907 9, 0.006 7)	较小
I7	(0, 0, 0, 1, 0)	较小	(0.089, 0.348 9, 0.025 6, 1.056 9, 0.005 7)	较小
I8	(0, 0, 0, 1, 0)	较小	(0.042 8, 0.068 9, 0.054 6, 1.938 9, 0.072 1)	较小
I9	(0, 0, 0, 0, 1)	极小	(0.008 4, 0.052 2, 0.000 6, 0.074 9, 1.125 1)	极小
I10	(0, 0, 0, 0, 1)	极小	(0.014 8, 0.022 3, 0.076 9, 0.124 9, 0.999 9)	极小
I11	(0, 0, 0, 0, 1)	极小	(0.036 8, 0.269 3, 0.004 9, 0.003 9, 1.000 6)	极小
I12	(0, 0, 0, 0, 1)	极小	(0.036 7, 0.036 9, 1.069, 0.009 3, 0.076 8)	极小
IX	风险测度		(0.002 7, 0.036 8, 1.016 9, 0.009 4, 0.076 9)	一般

针对上述风险评估预警结果进行进一步的预警排序，以形成我国制造业投入服务化协同创新风险规避的有效学习对策群。其中，针对上述风险评估结果

中"一般"级别以上的参与子项目(指上述风险评估中的"极大"、"相对较大"和"一般")进行进一步阀值计算与综合预警排序,根据前述风险灰色模糊综合评价体系,将上述产权、关系以及经营绩效风险等构成的各子级风险指标体系,予以各层次的因子旋转并归一化处理,并分别按 $I1 \sim I12$ 对应三类风险预警指标刻画相关预测内容,并对各单项指标风险与风险的灰色模糊评价组合赋值与该步骤所得阈值进行求解加总,获得制造业投入服务化协同创新风险预警临界控制值、风险预警综合评价得分及排序。

最后,结合上述第二部分的制造业投入服务化的协同创新灰色模糊关联风险评价的权重,获得制造业协同创新风险预警灰色综合预警评定排序,如表 6-5 所示。

表 6-5 制造业投入服务化协同创新风险综合预警排序

制造业投入服务化协作网络各主体子项目	风险指标体系			综合预警分	预警排序
	产权风险	制造业投入服务	运营绩效风险		
I5	1.001	1	1.05	1.007	1
I8	0.921	0.929	0.695	0.88	2
I6	0.633	0.079	0.679	0.749	3
I7	0.691	0.695	0.727	0.698	4
I4	0.543	0.701	0.577	0.681	5
I3	0.589	0.558	0.531	0.664	6
I9	0.589	0.501	0.604	0.662	7
I1	0.841	0.529	0.523	0.662	8
I2	0.608	0.427	0.497	0.571	9
I12	0.533	0.527	0.558	0.533	10
I11	0.404	0.502	0.507	0.517	11
I10	0.468	0.626	0.601	0.508	12

注:上述 I5、I7、I12 分别为对应的功效系数形成的制造业投入服务化协同创新风险预警虚拟参考单元,其他对应风险实际项目位于风险评价预警体系中的各类预警级别。

第六节 主要结论与政策含义

根据本章研究中制造业投入服务化协同创新决策及风险的灰色模糊评价及预警体系构建，可知我国制造业总体样本的项目风险较低，但也存在不同类型企业的不同创新协作风险，相应的应对决策需求也有所不同。其中相对中等及偏低风险主要集中反馈在针对于产权方面的风险；但“相对较大”、“极大”类预警则主要集中反馈于经营绩效类风险。由此可见，制造业主体应积极规避企业各层级风险（安同良，施浩，Ludovico Alcorta，2006），在梳理并合理引导制造业投入服务化创新协同内各企业参与技术创新的实践过程中，逐步调整业务整合的结构布局，从而逐步强化协同创新网络内各企业自身风险预警的有效机制（Handy，1995），以最终获得制造业投入服务化协同创新风险规避效能与实践价值。

从企业核心专利技术入手，参与实施制造业投入服务化过程中，各个微观主体企业应该首先抓好自我评议工作。因为从上述分析中可知，制造业投入服务化研发创新的风险不仅仅是企业自身的研发风险，更是其将产品投放市场实施市场运营后产生的一系列风险。而与此同时，形成制造业投入服务化的协作生产网络的协同研发创新，不仅仅是企业单独个体的一种创新活动，更关系到整个在制造业投入服务化过程中参与生产、研发以及技术创新后的整体活动效应。也就是说，对于制造业企业微观主体而言，应该同时协调好自身的风险抵御和参与经营协作、创新协同以及风险的共同分析、应对及防范。

在这里对于进入制造业投入服务化整个协同创新网络的各个主体，要充分发挥技术协同联盟的性质，从各个主体角度而言，作为研发主体服务组织的科研院所等机构，要逐步加速其作为主体的知识创新体系建设，特别是投入服务化相关的关键技术和核心技术创新，争取在源头上实现协同方式的知识创新、技术创新。而各个制造业投入服务化的参与微观主体企业，要突出围绕支柱产业、优势产业，整合自身以及市场可用资源；各地有条件、有实力的，可以尝试通过加强具有一定技术突破能力与水平的科研院所建设，从而夯实协同创新应对的应用基础和高新技术研究，为科技创新提供技术源，跟踪世界先进水平，对支柱产业、优势产业开展核心技术研究和集成创新，支撑、引领和推动产业整体优化升级和行业竞争力的提升。

而作为企业自身，应该积极针对协同创新网络内的研发活动，形成专门围绕技术以及专利的联盟创新的风险抵御能力与机制。特别要注意的是，对于广大制造业投入服务化过程中的共同风险，应该以更突出的专利保护来形成专门的创新研发风险抵御应对策略体系，通过对专利技术发展趋势研究、同行业专利技术分析等手段，来逐一研判投入服务化后的制造品所对应专利产品的市场走向（唐春，2009）①，每个制造业企业微观主体应该有明确、详细的信息，为企业分析主营业务所相关的协同创新风险的发展趋势，具体建议如下：

第一，建议通过协同形式的制造业投入服务化技术联盟，将我国近阶段无法获得技术重大突破的制造业产品项目，进行产学研结合的联合攻关，借助这种机制来盘活制造业投入服务化微观主体的协同创新风险应对合作，特别是其中的制造业企业应该成为这一机制的参与和引导主体，从而进一步激活微观主体的协同创新风险应对参与积极性，再联合技术联盟形成新的风险应对微观主体规避节点。借助实效性较强的制造业投入服务化相关产业协会的观察、分析与信息传送，形成更具针对性实效的技术联盟风险规避信息扩散机制。同时，以进一步的信息扩散带动产品和服务的要素重新聚集，为制造业产业生产提供基于新的风险应对机制的服务，从而促进国内外先进产业共生技术与风险抵御的协调性对接和转移，实现国内外企业、大学和科研机构在战略层面的深层次结合，来合力突破制造业投入服务化风险抵御的技术瓶颈。

第二，基于实施验证的灰色模糊综合评价结果，制造业投入服务化协同创新合作投资参与企业的风险预警，存在各个维度分布不均的散点化状态，但又呈现出“相对较大”、“极大”类预警主要分布在流动性风险，而相对中等及偏低风险则主要集中反馈在经营和运营方面的特点（Mintzberg，1987）。另外，参与样本企业的反馈数据存在各风险预警类型的振荡特征。这就说明，制造业目前投入服务化协同创新的总体风险及规避运作未能形成相应的集群优势，为此建议应该逐步尝试建立制造业投入服务化创新协同网络内各企业的技术创新风险回溯与隐患的审查机制（Kuchta，2001）②，结合协同创新项目内控风险审查管理、过程变更的风险预警与评议、强化财务风险控制等手段，从协同创新网络基层抓起，建立有效凝聚各企业的风险预警信号点，以整合整个制造业投入服务化创新协同风险应对能力体系，逐步实现针对企业风险规避的常态化管理体系。

对于制造业投入服务化创新的过程而言，制造业企业特别需要抓好制造产品的市场风险审查，尤其是在面临制造产品的全球化生产与贸易竞争的过程中，不少企业为急于求成而选择低端的产品模仿，这对于整个制造业投入服务化的

---

① 唐春.技术视角下的商业方法创新过程及其专利保护研究[J].管理学报，2009(8)：1119－1123.

② Kuchta, Dorota. “Use of Fuzzy Numbers in Project Risk (criticality) Assessment.” *International Journal of Project Management* 19.5(2001)：305－310.

协同技术联盟创新是极其不利的，这主要是由于现阶段国际贸易摩擦和争端不断，而发达经济体对于物美价廉的制造品，在大量进口这些制造产品的同时，也经常利用反倾销等贸易手段进行片面的贸易保护，从而导致广大制造业投入服务化参与主体企业的制造品贸易、企业经营利益的受损，甚至是整个产业的贸易渠道通畅性受阻。因此，对于参与国际贸易的制造业投入服务化微观主体企业，尤其要强化其产业运营的风险规避意识。

同时，在整个制造业投入服务化协同创新网络内部，要形成对抗国际贸易及其相关风险的主体联盟沟通机制，这种机制不仅在于和前述的贸易行业协会加强信息沟通，更在于专门针对微观主体创新活动、产品创新突破的联合沟通，使得其形成不同于以往的单独创新主体，而这期间形成的微观主体相互联合，就不仅是突破技术方面的信息沟通，更是具有国际贸易、全球价值链竞争的协同风险性应对的创新，这种创新对于国际市场的应对是连同产品创新、创新风险协同应对，而在各个微观主体形成的生产协作化组织网络内生成的，从而更具系统风险对抗性。

第三，从制造业投入服务化创新协同内企业实施协作创新过程来看，其散点化分布的风险预警特征需要以典型样本企业的风险解构来削减制造业投入服务化创新协作网总体的风险及其损害（沈玉芳，郭利平，2004），这就说明实施投入服务化协同创新的企业成员，应该强化其对于创新协同风险的预判认知能力（Thompson，et al.，2001），同时应该逐步强化其新增技术创新利润增长点扩展能力，从而弥补上述风险预警中的振荡对企业绩效影响的弊端。

对于广大制造业企业微观主体，在其进行协同创新的过程中，还要充分注意对于风险的预测，这是本章研究的归属。风险不因人类的实践活动而发生存在性变化，变化的只是风险的大小，对于风险承受主体而言，也仅仅是风险产生的概率问题。因此制造业投入服务化协同创新活动风险规避的根本，在于主体，也即是制造业企业微观主体对于整体风险的预测与识别。在此建议，作为制造业投入服务化的主体，可以首先对产品创新项目进行风险评估，这种评估可以涉及产品自身的价值竞争与市场参与所带来的风险，当然也包含了制造业企业进行联合创新的分享、承担分配等问题。同时，不仅仅要针对这一产品的局部或者整体创新，结合投入服务化的要素组织，进行服务化要素与创新融合后的风险提升的约束性分析，同时，还要就不同程度服务化要素组织、协调和配置所产生更多资源运用进行风险结合性评估，从而为进一步的投入服务化过程建立合理的风险预测机制。

总而言之，对于制造业投入服务化协同创新而言，个体企业的风险应对决策构成因子是多方面的，利用粗糙集进行制造业投入服务化协同创新决策的简化，并结合利用层次分析法进行各层级风险的计算可有效提升协同创新风险应对主体的创新协作效能，以及制造业投入服务化协同创新风险决策的制定效率；我国制造业投入服务化协同创新存在因主体而异的风险，以及灰色评价的散点化与振荡特征，应该从风险识别、预控进行协同创新过程中的应对体系构建和风险转化。

第七节　本章小结

本章研究结合了主客观风险评估特征，实施基于 AHP 和 RS 组合赋权的制造业投入服务化协同创新风险模糊评估，并利用粗糙集结合层次分析法进行针对制造业投入服务化协同创新中相对模糊的协作创新风险应对决策，及其创新应对模式的路径开展结构化解析；同时，在实施制造业投入服务化协同创新风险应对决策的评估模型验证演算的基础上，结合粗糙集实施基于改进 BP 神经网络推理算法的制造业投入服务化协同创新风险评估预警体系的构建与实践验证。结果证实：制造业投入服务化协同创新风险表现出 90%左右介于“相对较大”与“一般”之间的可能性；不同类型企业具有不同程度的投入服务化后协同创新的风险，且其所获的协同创新风险预警存在各个维度分布不均的散点化状态特征，参与样本企业的反馈数据存在各类型风险预警的振荡特征。

第七章

制造业投入服务化贸易路径的创新及其溢出

随着全球经济一体化的推进，制造业借助服务化的贸易已成为发展中国家实现技术进步的重要途径之一。制造业投入服务化后贸易的迅猛增长及其对国民经济的作用引起了人们越来越多的关注和研究。在不断的海外贸易竞争过程中，我国制造业企业微观主体规模逐步扩展，生产协作网络间的节点关联形态也从原先的相互协作，逐渐走向规模化的竞争，基于信任的共同生产联结趋弱，造成了制造业投入服务化创新对于贸易创新溢出绩效获取能力的削弱（Fornari Fabio，2010）；而企业微观主体之间的竞争加剧，客观上促进了制造业贸易规模增长，同时带动了产品技术竞争以及源自贸易的技术改进增效，贸易产品及其技术含量的进一步增加的需求倒逼国内制造业投入服务化的进一步要求，从而可以克服现有技术创新管理模式的束缚，并最终获得制造业投入服务化贸易的技术进步。

构成贸易对产业创新效能增长的机制，主要是中间品投入以及贸易的直接技术引入（Eaton & Kortum，1996）[①]。前者主要是中间品直接对创新技术的携带和国内辐射作用，而后者主要是指国际贸易过程中相对偏向于成果技术形式的转让。但无论是哪一种方式都存在要素成本构成因素对整个贸易的创新引入机制的损减问题，这对于依赖于开放贸易的发展中国家来说，其制造产业的发展不得不依赖于更为间接的技术引入方式，而最为核心的便是按照制造产业现有的生产与贸易条件来直接提升技术转化与创新的效应（Cohen，2002）。同时，需要注意的是，中间品业务的购进存在与要素整体购进的创新原始程度差异，并在制造产业内部交由微观主体进一步拓展创新的可能空间（Rivera-Batiz &

---

① Eaton，Jonathan，and Samuel Kortum. "Trade in Ideas Patenting and Productivity in the OECD." *Journal of International Economics* 40.3(1996)：251 - 278.

Romer，1991)[①]；而其中的技术贸易则容易在制造业投入服务化的二次创新过程中形成包括人力资本、市场供求以及技术设备的匹配问题。为此，需要针对以上情况进行相关显著性的测度和关联关系的进一步验证，从而掌握制造业投入服务化贸易创新机制的重要影响因素(Bresman，Birkinshaw，& Nobel，2010)[②]。

同时，随着制造业贸易的进一步规模化扩展，制造品自身的技术以及创新含量都在逐步增进，世界制造业产品贸易的格局在全球制造业生产的要素配置和流动优化中(Berkhout，Hartog，& Webbink，2006)[③]，逐步形成了新的关联关系。我国制造业投入服务化创新在借助贸易路径获取进一步利益增长的同时，获得了自我创新水平的不断改进，形成了技术的逐步层次化提升，从而进一步融入新的全球性制造业投入服务化创新网络中，并为制造业企业微观主体获取贸易过程的创新信息、以产品创新分割市场提供机会；经由一般贸易、来料加工等形式，我国制造业企业微观主体不断开展服务类别生产要素配置累积的竞争，而微观企业主体内部对于源自贸易产品的技术创新消化吸收，构成了贸易路径的制造业投入服务化创新改善的实现渠道。

本章从海外贸易输出竞争的服务化需求倒逼，以及全球贸易创新竞争的压力传递两个角度，探讨了制造业投入服务化的要素配置与贸易路径改进引致的技术创新效能提升机制。同时，本章研究还考察了制造业投入服务化后贸易路径的技术溢出效应，并借助科布道格拉斯生产函数构建模型，探究我国制造业投入服务化技术进步与贸易技术效应间的关联，并从一般贸易和外商直接投资等技术累积渠道，探讨了贸易对于制造业投入服务化技术溢出效应的贡献差异，从而提炼出我国制造业借助对外贸易方式获取技术创新溢出效应的路径。

本章结构安排如下：首先，分析了制造业投入服务化创新投入以及借助贸易路径绩效提升实践的发展现状；接着，梳理并剖析了针对制造业投入服务化创新投入与绩效间关联验证等方面的理论与实证检验方面的文献；然后，从海外贸易输出竞争的服务化水平提升的需求倒逼，以及全球贸易创新竞争的压力传递两个角度，阐述了基于贸易方式推进制造业投入服务化创新投入与创新绩效提升的生成机制；同时，基于协整方式进行了贸易路径下制造业投入服务化创新投入

---

① Rivera-Batiz, Luis A., and Paul M. Romer. "Economic Integration and Endogenous Growth." *The Quarterly Journal of Economics* 16. 2(1991): 531 - 555.

② Birkinshaw, Julian, H. Bresman, and R. Nobel. "Knowledge transfer in international acquisitions: A retrospective." *Journal of International Business Studies* 41. 1(2010): 21 - 26.

③ Berkhout, Peter, Joop Hartog, and Dinand Webbink. *Compensation for Earnings Risk Under Worker Heterogeneity*. No. 2074. *IZA Discussion Papers*, 2006.

与产出绩效间的格兰杰因果假设检验，并在GDP平减指数的基础上，进行了样本数据的修正，并进一步针对制造业投入服务化基于贸易路径的技术创新研发投入与绩效进行了回归验证。

第一节 问题的提出

制造业投入服务化贸易是在各种因素相互作用下不断发展的，金融危机后其受政策、经济、社会文化和技术等因素影响更为复杂。随着全球经济一体化程度的不断加深，世界贸易格局的不断变化，全球各国之间的贸易竞争越来越集中地表现为进出口商品之间的知识和技术竞争，也即是制造品进出口贸易之间的创新竞争。无论是发达国家还是发展中国家都开始将提高制造品进出口贸易中的服务以及技术、科技含量作为本国经济发展的重要战略。虽然近年来，我国的制造品进出口贸易发展迅速，成为了我国外贸进出口的一个亮点，但从产业竞争角度来看，我国的制造业仍处于初级阶段，且仍处于薄弱阶段，集中表现为进出口主要以低附加值的劳动密集型产品为主，高附加值的新技术产品较少，市场竞争力不强；产业服务化程度偏低，对外依赖性强；科研基础薄弱，创新层次不高。

从制造业规模与结构来看，我国制造业投入服务化技术创新分散，对照现阶段我国制造业企业以及期初的制造业规模及特征，可以归纳出两个方面：一是市场竞争要求以内化资本与社会资本的研发支撑力量有效融合，但事实上，制造业投入服务化不仅限制了微观主体的创新投产成本，而且束缚了部分企业技术创新的思维，以及通过贸易方式获取服务化技术创新的革新行动(Mansfield，1988)[①]，这对于我国制造企业的进一步立足市场并逐步竞争起到了阻碍作用，导致企业效率的降低；二是企业虽然深知人才缺乏是企业发展的瓶颈，缺少相应的规模化人才吸引与引进配套措施，却又很难创建留住人才的环境。从而在整个制造业规模要素上显著降低了创新和人才吸收的能力。

就整个服务化贸易的社会分工精细化程度而言，我国制造业尚属于国际竞争的相对低端，制造生产工艺整体上相对简单，这样就阻碍了各制造企业对于自身生产效率的提高。这种低端情形，在发展中国家普遍存在，从而不利于技术创新和降低成本，以及外向型产品竞争力的提高(Van Laarhoven &

---

① Mansfield, Edwin. "The Speed and Cost of Industrial Innovation in Japan and the United States: External vs. Internal Technology." *Management Science* 34. 10(1988): 1157 - 1168.

Pedrycz, 1983)[①]。尽管我国制造业市场特色鲜明,起步很早,而且基础制造业发展快,但制造产品贸易创新仍然集中于少数的个体点,依托贸易路径实施创新在整体上相对落后;而在制造品生产的诸多环节,特别是诸如制造机械、制造原材料等部类及其制造品牌化生产及经营,虽已逐步显示出国际竞争力的优势,但就贸易竞争的总体而言,我国制造业的全球价值链竞争节点切入仍属于下游和低端。另外就制造业产品来看,产品质量不高、附加值低,且作为我国传统制造行业,虽然已经成为推动我国地区整个国民经济发展的重要支柱制造业,但是随着近几年外经贸业务与制造品外贸竞争的日趋激烈,越来越多的制造品贸易主体面临转行,这主要是由于一部分企业不能很好地适应激烈的国际竞争,而其中企业不能结合自身优势予以有效创新是其停滞不前的主要障碍。以上因素的共同作用,集中导致了我国制造业不能较快速地获得全球经济相对缓滞背景下的竞争优势,其对应的创新竞争力也呈现下降状况;另一方面,面临逐步高涨的劳动人工费用,不少制造企业实质上面临入不敷出,国际竞争压力下的成本策略客观上进一步拉低了竞争产品的价格,从而倒逼部分企业为生存而选择薄利经营下的粗制滥造(Meade & Sarkis, 1999)[②]。

就目前而言,主要发展中国家的制造业属于整体调整期,而在中小企业占多数的中国制造产业也跨越了从量的规模扩展向质量提升转变的临界门槛(Freel, 2003)[③],同时,随着绿色以及环保等产品诉求的增长,制造品贸易在生产过程中的服务化技术创新需求业已成形。国际市场中对于中国国内相对质量低下的制造品需求正在逐步下降,而缺乏服务化融入以及产品绿色化设计的制造品贸易输出,也致使我国不能很好地适应欧美等国对于出口制造品的低碳和环保的需求。

就制造业市场发展而言,随着国内各制造业以及产品和生产性服务业的不断发展,我国国内对于制造品的服务化模块融入的需求不断增长,不仅仅表现在基础原料物质的需求不断增长上,还集中表现在经过服务化协作的贸易及产业内的半成品交易量的逐步上涨上,并且这种趋势逐步向技术含量更高的部门靠

---

① Van Laarhoven, P. J. M., and Witold Pedrycz. "A Fuzzy Extension of Saaty's Priority Theory." *Fuzzy sets and Systems* 11. 83(1983):199 - 227.

② Meade, L. M., and J. Sarkis. "Analyzing Organizational Project Alternatives for Agile Manufacturing Processes: An Analytical Network Approach." *International Journal of Production Research* 37. 2 (1999):241 - 261.

③ Freel, Mark S. "Sectoral Patterns of Small Firm Innovation, Networking and Proximity." *Research Policy* 32. 5(2003):751 - 770.

拢(Monck, 1988)[①];而同时,随着诸多制造品生产厂商逐步选取互联网作为其扩展国内市场销售的重要支撑途径,逐步形成了诸如 B2B (Business to Business)、C2C (Consumer to Consumer)、B2C (Business to Customer)等销售模式,并进一步增进了我国制造业融合投入服务化的贸易产品销量。而在面临进一步的国际贸易产品市场结构调整之时,越来越多的生产厂商从外贸市场逐步转向国内销售市场,这也进一步带动了更多企业参与贸易竞争逐利,从而引发了新一轮的我国制造业投入服务化增长型需求。

从制造业投入服务化贸易角度来看,其贸易方式单一,以加工贸易为主,而从贸易内容上来看,制造业投入服务化的贸易过程的技术创新,特别是其中的高技术产品,可以用“大而不高”概括,但制造业投入服务化贸易过程已经形成了超越一般贸易在分布结构和平均增长方面的指标,制造业通过贸易路径实现投入服务化创新效率提升的问题已迫在眉睫。

而从贸易流向来看,我国在制造业投入服务化过程中的贸易创新主要集中向美国、欧洲以及中国香港等相关市场进行供给,特别是计算机与 IT 制造业的贸易产品供给占到已实施投入服务化贸易额的 67%以上。虽然近年来,我国上述类型的贸易以及投入服务化过程逐步产生了向东南亚国家,特别是东盟国家倾斜的趋势,但相比之下日本、韩国的比重自 2009 年以来获得了两位数的增长,分别为 12.9%和 12.1%,泰国为 12.8%[②],而总体上我国制造业投入服务化过程所产生的贸易纠纷,仍集中在欧美市场等区域,特别是上述国家按照它们相对高要求的技术标准、安全和卫生标准,以及多种反倾销、反补贴措施限制我国制造业贸易产品输出,这在一定程度上影响了我国制造业贸易的增长以及多元化贸易的开展,也从客观上限制了我国进一步以投入服务化对制造业产品生产、贸易,及其过程中的技术研发创新的优化。而我国制造业在贸易过程中的投入服务化,还面临内容与结构如何实现协调增长的问题(唐凌,李春杰,2005)。2009 年以来,我国生物技术和生命科学技术贸易额获得了很大程度的增长,全年的进口额分别为 3.2 亿美元和 80.6 亿美元,增长速度达到 11.8%和 17.5%[③],虽然这一部类的国际贸易产品具有相对较高的技术含量和服务化程度,但从制造品贸易总体结构来看,制造业投入服务化的可进步空间与程度相对狭隘,并且主要

① Monck, C. S. P. “Science parks and the growth of high technology firms.” *Science Parks & the Growth of High Technology Firms* 20.1(1988):84-85.

② 中国与东盟服务贸易自由化意义深远[EB/OL]. http://www.caexpo.com/news/info/focus/2012/03/23/3556602.html,2012-03-23.

③ 2009 年我国高技术产品进出口状况分析[EB/OL]. http://shsts.stcsm.gov.cn/home/news.aspx?FunId=18&InfoId=475&ModuleID=5,2011-11-09.

集中在贸易进口方面，虽然也对制造业产品投入服务化有技术创新研发能力提升的作用，但由此而获得投入服务化自我提升的机会则相对较少。同时，IT、电子技术、光电技术，特别是其中的计算机集成制造业，四大类目的制造品贸易总进口额度为86.5%，这些产品对我国制造业投入服务化的学习溢出效应也相对有限。而从出口来看，占主要比重的为IT、电子技术和光电技术，但因为受到专利技术等壁垒的限制，制造过程中相应的投入服务化学习机会也相对有限。

同时，从制造业投入服务化的形成机制来看，由于我国制造业贸易同时面临国外资本在华的投资设厂、建立研发中心等大规模举动，而这些实践中包含了进一步的技术研发创新以及投入服务化，这就在客观上吸引了大量劳动力等资源要素向这些贸易路径推进下的投资迁移甚至聚集，从而在客观上影响了制造业企业从贸易过程中实施投入服务化创新研发的进程。

第二节 文献回顾

所谓技术溢出指的是生产主体在其技术知识的运用和转移中，借助其非竞争性、非排他性的市场机制，进而获得增值效应和正向外部经济的结果。技术溢出是广大发展中国家分享发达国家先进技术成果的重要途径，而制造业投入服务化的对外贸易也逐步成为我国对外贸易实践过程中实现低劳动化投入换取技术溢出的重要渠道。

贸易路径的技术溢出效应，主要是指海外资本或产品输出在实现技术接近的当地化过程中，基于自身的技术扩展以及投入服务化的水平提升，来实现技术研发能力提升，而在这一过程中，由于贸易作为其中的一种形式，带动了源自贸易对象国当地的技术外溢红利。而对于资本或产品输出国而言，由于尚有一部分比例国家及地区的贸易，特别是其中的制造品贸易，受到国际贸易壁垒政策限制而发展受限，因此借助国外先进技术与投入服务化进行合作和制造品贸易的创新，可通过相关新技术和新产品的国际贸易，从中吸收国外市场需求水平提升所引致的贸易制造品的投入服务化的先进技术与经验，并在贸易过程中，逐步实现制造品产品技术的对比与学习，或者通过结合中间品贸易从中获取相应的技术学习机会，从而从整体上获取制造业产品贸易过程的投入服务化技术创新研发能力与创新水平的提升。

国内外相关研究表明，经济全球关联背景下，一国的技术进步能力与程度不仅仅与本国技术研发创新能力指标，更与国外相应指标息息相关。因此，各国的技术发展将是一个综合过程。

国外学者的研究主要侧重于制造业贸易的投入服务化的可行性，Coe 等人(1997)的研究表明，国际贸易作为沟通世界经济的重要渠道，承担着各国发展其优势产业、优势产品的重任。而在国际贸易过程中，也逐步伴随着国际技术流转，特别是其中的中间品流转能有效地串联起世界各国贸易对于产业技术的联系。Keller(2002)①将地理位置的因素引入了模型的分析中，认为国际贸易技术溢出程度与贸易伙伴国所处地理位置的远近存在负相关，根据针对战后各国产业内贸易估算，Keller 指出一国贸易中所涉及的产品研发活动对相应产业生产力增长的贡献中，来自本产业研发、周边产业以及国外对应产业的比重分别为50%、20%、30%。可见，贸易对于世界产业间的技术交流以及技术扩散具有重要意义。

黄群慧、霍景东(2014)基于 1995—2009 年主要制造业国家的投入产出数据分析了制造业贸易与其投入服务化的技术改进效应关联，得出的主要结论有：一国生产性服务业的相对生产率、经济自由度、人力资本水平、创新能力与制造业进出口比重等要素，都明显促进了制造业投入服务化源自贸易的技术进步。制造业产业内部的自主创新要素与产业竞争力正相关，环境规制的公正性与制造业投入服务化效率正相关，且制造业产业内人力资本要素与制造业投入服务化进程正相关。顾乃华、夏杰长(2010)基于对 2007 年我国投产表的研究，证实了制造业投入服务化程度促进产业对于相应贸易路径的技术水平提升的贡献关联，并指出随着我国制造业投入服务化进程的深入，应逐步改变以往通过劳动力要素廉价优势提升制造环节竞争力的局面，而更多地借助投入服务化提高产业增值水平，从而进一步促进我国制造业产品贸易对于国外先进技术、服务方式以及我国相应产业的投入服务化水平提升贡献。

随着我国对外贸易进程的进一步深化，以及经济全球化的促推，我国制造业产品贸易也逐步形成了投入服务化水平的提升，并对其中的技术研发能力提升形成了一定程度的效应。陈宪、黄建锋(2004)从我国产业贸易的分工视角出发，在逐步探讨制造业产业贸易及其结构性变化增长的过程中，揭示了制造业投入服务化与产业贸易及其技术增进间的关系，并从进一步的产业投入服务化水平及技术研发创新能力提升测度中证实，制造业投入服务化与贸易对其技术研发能力提升存在正关联效应。

关于贸易路径的投入服务化与制造业的关联，席艳乐、李芊蕾(2013)基于1997 年、2002 年和 2007 年的投入产出表分析，通过影响力系数和感应度系数测

① Keller, Wolfgang. "Trade and the Transmission of Technology." *Journal of Economic Growth* 7.1 (2002):5-24.

算样本指标，并结合1989—2010年的时间序列构建了联立方程模型，证实了我国制造业依托贸易路径的投入服务化对于制造业增长具有正向推动效应，并同时指出，随着制造业投入服务化的贸易程度差异逐步显化，我国制造业产业的技术进步程度空间异质性日益显著。张向阳、朱有为(2005)指出我国制造业在国际制造业贸易交流中，不仅获得了产业规模的增长，而且也从中获得了技术交流以及投入服务化水平的带动，在两者关联影响的研究中，证实了我国制造业投入服务化与国际贸易服务化水平之间的协整关联，并认为制造业投入服务化的政策环境以及人力资本要素，是通过国际贸易路径提升技术研发能力的主要影响因素。关于制造业投入服务化的贸易创新实现渠道，汪德华、江静、夏杰长(2010)认为制造业与投入服务化的融合主要得益于制造业企业内部制造环节和服务环节的分离及进一步的贸易所促进的成本削减与竞争力提升效应，且制造业的社会化专业分工推动了制造贸易的投入服务化规模经济，并进一步推动制造业投入服务化进程，在结合北京、上海、江苏和浙江四地以及全国2002年投入产出表数据的基础上，验证了服务业进一步融入制造业及其贸易过程，显著推动了上述地区的制造业投入服务化，而北京、浙江作为上述区域中相对更为显著的区域，其贸易机制及其创新对于制造业投入服务化的技术创新能力提升具有推动作用。饶畅(2013)[①]指出制造业贸易过程中的投入服务化有利于其提高劳动生产率和相应的生态效益。制造业投入服务化在短期内会损减产业技术以及环境效益，但在中长期角度，反而会促进上述效率的提升。毛日昇(2006)基于对我国与主要贸易伙伴的制造业贸易专业化竞争力和实际竞争力的对比分析，指出我国制造业贸易水平受制于制造业技术增进的速度，并通过面板数据模型比对分析了经合组织[②]成员国的26个国家的制造业国际竞争力水平，并证实制造业投入服务化水平相对集中较高的区域，其不同技术层次的技术研发创新能力提升相对不足，而制造业投入服务化水平相对集中较低的区域，其制造业不同技术层次的技术研发创新能力具有显著的提升空间。而从市场竞争力决定因素来看，贸易路径及其专业化水平、劳动生产率、FDI规模对我国制造业的技术研发创新能力以及国际市场竞争力提升存在正显著关联。

综上而言，既有研究主要针对制造业投入服务化过程中源自进出口贸易路

① 饶畅. 制造业投入服务化对碳生产率影响的理论建模和实证检验——以珠三角为例[J]. 经济与管理, 2013(6):81-86.

② Organization for Economic Co-operation and Development 简称经合组织(OECD)，主要成员国为：澳大利亚、奥地利、比利时、加拿大、智利、捷克、土耳其、英国、美国、丹麦、爱沙尼亚、芬兰、法国、德国、希腊、匈牙利、冰岛、爱尔兰、以色列、意大利、日本、韩国、卢森堡、墨西哥、荷兰、新西兰、挪威、波兰、葡萄牙、斯洛伐克、斯洛文尼亚、西班牙、瑞典、瑞士，排名不分先后。

径中的研发创新部分，进行了一定程度的分析，然而研究主要集中在形成机制以及对于贸易改进研发的溢出绩效上，也即注重的是贸易研发在制造业本身同类研发创新中的溢出绩效的验证，但对于制造业投入服务化结合贸易竞争前提下的技术创新推动，尚未进行深入剖析。

第三节 制造业投入服务化贸易路径的创新溢出机理

一、海外贸易输出竞争的服务化需求倒逼

一般而言，通常可以按竞争发展阶段将一国的贸易划分为：创建期、成长期、成熟期和衰退期。我国制造业贸易处于创建期和成长期，其制造业组织结构特征突出了内化技术创新管理，这一模式有利于服务化贸易建立和成长（Levin & Mowery, 1985）①。就现阶段制造企业而言，我国大多数制造企业规模集中偏小、分工细化，基于贸易协作机制可形成一定程度的相互信任和依赖，信息沟通顺畅，这样就大大简化了监督和激励机制，产业及贸易竞争的风险相对较小，因此可取得相对显著的制造业贸易路径的投入服务化经营和竞争效应，但随着我国制造业投入服务化后的贸易进入成熟期，企业规模逐渐扩大，相应的，贸易结构也发生了变化，现有技术管理模式反而成为限制投入服务化及其贸易进一步发展的因素，通过进一步的服务化实践，并借助贸易输出开展海外市场竞争，获取相应的产品需求倒逼国内制造业投入服务化的进步，可以克服上述技术创新管理模式的束缚，并最终获得制造业投入服务化借助贸易路径的技术进步。

二、全球贸易创新竞争的压力传递

在进一步的贸易进展中，我国制造业与世界贸易市场所对应的其他产业一样，都逐步面临世界范围内的产业转移，而这一过程的基础在于贸易创新竞争力对进一步产业组织形成的效率提升与创新扩散，后者不仅仅是世界产业格局变动的主因，更是制造业产业发生根本性组织方式跃迁的重要动力，并且也融入制造业贸易的进一步发展过程中。制造业微观主体通过不断的自我创新，形成了技术的逐步层次化提升，也逐步获得贸易生产格局体系下的创新生产合作网络，

① Richard C. Levin, Wesley M. Cohen and David C. Mowery. "R&D Appropriability, Opportunity, and Market Structure: New Evidence on Some Schumpeterian Hypotheses." *The American Economic Review* 75. 2(1985)20 - 24.

而这一过程恰恰为制造业企业微观主体获取贸易过程的创新信息、产品改进创新分化提供机会；制造业产业按照一般贸易、来料加工等形式开展了生产要素在全球范围内的活跃流动，而同时，外商直接投资等贸易渠道，为东道国投入服务化创新提供了差异化实践的可行路径，并从生产竞争的过程中累积创新效应。

第四节　理论基础与检验方法

一、协整检验

在宏观经济计量分析中，格兰杰(Granger, 1987)所提出的协整方法是当今数理分析中的经典方法之一，并成为数理统计中最重要的应用工具。协整检验主要通过误差修正模型进行线性的变量关系分析。而同时应该看到，随着经济与社会发展的深化，许多经济以及社会现象间的关联因素变动更加错综复杂，传统的协整关联不一定适用于所有经济现象以及社会关联因素间的分析，特别是在特定多元因素以及关联的交易成本问题以及对策动因测度方面，为此，人们对于基础协整关联进行了改进，形成了阈值协整(Threshold Cointegraion)的检验方法(欧阳志刚，韩士专，2007)[①]，从而为变量间的非线性变动关联分析奠定基础。

Seo(2006)[②]对协整检验作出了一系列的细化研究，并指出阈值协整应该以向量误差修正模型为基础进行相应的假设检验，即按照备用假设逐个检验的模式进行协整验证，但是 Seo 的分析并未能解决对于复杂样本以及样本协整关联的阈值整区的分离问题，因此需要引进新的统计量进行进一步的协整检验。根据 Andrews(1993)[③]的观点，可以针对部分协整进行转换变量的探讨，即当赋值转换变量为 15%、85%分位数时，其中一个协整变量显著，则为部分协整，若都显著，则为阈值协整。同时，协整检验还可以进一步针对面板截距以及趋势项进行检验。因此，基于部分协整的修正创新是合乎验证需求的。

---

① 欧阳志刚，韩士专. 我国经济周期中菲利普斯曲线机制转移的阈值协整研究[J]. 数量经济技术经济研究，2007(11)：27-36.

② Seo, Myunghwan. "Bootstrap testing for the null of no cointegration in a threshold vector error correction model." *Journal of Econometrics* 134. 1(2006)：129-150.

③ Andrews, D. W. K. "Tests for Parameter Instability and Structural Change with Unknown Change Point." *Econometrica* 61. 4(1993)：821-856.

二、GDP 指数平减

GDP 平减指数(GDP Deflator),又称 GDP 缩减指数或折算指数,主要是指按照未经剔除的物价变动前国内生产总值,对于经过增长的变动后物价表示的国内生产总值间的比重。实质上是指物价变动比例在国内生产总值方面的反应(沈利生,王火根,2008)。GDP 平减指数相对物价指数具有更广泛的解释范畴,并且覆盖了产业经济运行过程中的商品以及服务等过程,而且还覆盖了包含个人消费以及产业资源要素的信息配置,并与资本、劳动力以及由此关联的商品以及劳动等要素具有关联。因此,GDP 平减指数能更为客观地反映研究对象的物价水平,及对价格水平的最宏观测量。国内生产总值中的名义部分主要是指按照实际市场价格水平折算的产品或相应劳务服务的价值。一般而言,这种计算是按照 1996 年数据进行相对价格计算;而 GDP 平减指数中的不变部分计算,则是测算真实价格,也就是按照不变价格部分的折算数额(何江歌,2008)。其中,真实部分所衡量的产品以及相应服务劳务价值都是按照真实变化数据测算的,且并不因时序中的价格因素变动而产生变动。

GDP 平减指数的主要折算方法为:选取某年的物价基础水平为测算基准,获得对应折算年份相应的 GDP,并按照相应平减指数获得物价水平的变动幅度,从而最终确立相应的 GDP 平减指数变动(Kohli, 2004)[①]。GDP 平减指数的经济学意义在于,这一指数密切关联了投资的资源要素以及基础性物资商品的价格,从而为产业进步的技术效率测定提供折算便利,同时由于该指数包含一国在一定时期内所有的产品以及劳务总价格信息,因此对于一国经济运行具有较好的衡量意义。当然,衡量一国及其产业以及民众消费的各方面价格指数不仅仅只有 GDP 平减指数,也包含诸如美国经常使用的消费品价格指数(Consumer Price Index, CPI),这一指数经常被用于衡量一国价格基本指数对于家庭生活消费的重要影响。从中不难看出,CPI 等指数均表现出了构成一国基本价格指数的某一部分,且其主要表示的是民众"衣食住行"方面的价格信息(Ma, Chunbo, 2010)[②],而投产以及资源要素组合的价格方面指数则主要是以 PPI(Producer Price Indexes)等指标为主,后者主要测度的是构成一国原材料以及土地和设备等资源要素的价格及其变动。

---

① Kohli, Ulrich. "Real GDP, Real Domestic Income, and Terms-of-trade Changes." *Journal of International Economics* 62. 1(2004):83 - 106.

② Ma, Chunbo. "Account for Sector Heterogeneity in China's Energy Consumption: Sector Price Indices vs. GDP Deflator." *Energy Economics* 32. 1(2010):24 - 29.

综合而言，GDP平减指数不仅仅包含了所有产品和劳务，也具有价格变动水平的最适宜描述与测度的特性，当然作为一个验证作用以及模型应用中的过程修正，GDP平减指数存在一定的缺陷，这种缺陷主要表现在以下几方面：

第一，编制过程及方法复杂：由于一国GDP原始数据构成庞大且时间跨度大，致使这一指标的编制需要耗费大量的时间与精力，这对于数据运用目标的实现存在一定的影响。

第二，由于是以目标验证期的变动权数为依据进行的计算，不仅包含了基础GDP数据，而且其对于原始GDP的变化值也进行了折算，因此影响到这一数据对于经济运行、产业增长以及贸易发展进步过程中的通货膨胀分析。

第三，无法直接从GDP平减指数中获得通货膨胀数据，即便具有较强的统计分析意义，但就直观角度来看，该指数没有居民消费价格指数(CPI)显得简易。

当然，目前已经有部分关于上述各类价格指数的修正研究，包含利用上述指数的加权平均(王英，刘思峰，2008)，但都有待实践应用的进一步验证。

而在统计口径上，虽然名义GDP、GDP平减指数以及实际GDP等存在较大的差异，各个概念之间折算方法也各有不同，名义GDP以当年的市场价格进行计算，而实际GDP则是选取基年的价格水平进行计算。但政府部门多以所公布的名义GDP，也即是经过平减指数折算的GDP作为主要的经济以及产业运行观测指标。

第五节 制造业投入服务化贸易路径的创新溢出效应分析

一、模型选择

由于一般对于技术进步的实证测定均依赖于全要素生产率，研究假设规模报酬不变，并用科布道格拉斯生产函数进行贸易路径的制造业技术溢出的全要素测定。分别以式(7.1～7.2)进行测定：

$$Y = AL^{\alpha}K^{\beta} \tag{7.1}$$

$$Y = Ae^{mt}L^{\alpha}K^{\beta} \tag{7.2}$$

其中式(7.1)对应仅含有劳动与资本要素投入，式(7.2)则对应加入时序变量因素后的广义科布道格拉斯生产函数，α、β则分别为劳动和资本要素的对应产出弹性系数。时序要素变量表述了制造业获自贸易路径的技术升级进步和经济管理水平提升的要素时序化变动，同时使得广义生产函数在 α、β 之和为 1 的前提下获得技术要素完全可剥离的索洛要素增长方程。其中，就式(7.2)的广义生产函数进行时间的对数化求导，并按全微分和 $dt=1$ 的进行离散处理，得：

$$m=\frac{\Delta Y}{Y}-\alpha\frac{\Delta L}{L}-\beta\frac{\Delta K}{K} \tag{7.3}$$

其中的 $\frac{\Delta Y}{Y}$ 即为产出结果增长，$\frac{\Delta L}{L}$ 和 $\frac{\Delta K}{K}$ 分别对应劳动力供给和资本要素供给的增长，从而构成了以 m 表示的全要素生产率。

接着以全要素生产率(Total Factor Productivity，TFP)来描述劳动与资本两大要素的产出贡献及增长率变动，结合本研究提供的式(7.1)和式(7.2)可获得我国制造业投入服务化的技术进步与贸易的关联。

二、数据来源及变量扰动处理

本章研究主要选取 2000—2013 年我国民生产总值数据作为产出数据，资本和劳动力方面则主要选用样本区域同一时期全社会固定资产总投资和该地区经济活动人口数据，同时以 1996 年为基期，进行均化计算，从而获得资本、劳动两大要素的人均数值。根据《中国对外贸易年鉴》形成样本区域制造业投入服务化过程中相应贸易额度和本统计年度的均化数据。同时，以 1996 年为基期折算变量名义数据的实际折算值，以 GDP 平减指数构建相应的企业 R&D 支出，以对应时序年份的官方名义汇率换算相应值的人民币，GDP 平减换算相应的资本要素累积实际值。在资本的近时序估计中，借鉴张军等人(2004)的方法，即根据资本存量，利用以下方程进行测算和估计 2000—2013 年时序资本存量数据：

$$K_t=K_{t-1}(1-\delta_t)+I_t \tag{7.4}$$

具体过程为：假定索洛关于 C－D 生产函数的 α、β 之和为 1 的条件成立，对式(7.1)两边加以对数变化，即：

$$\ln Y_t=\ln A_t+\alpha\ln K_t+\beta\ln L_t \tag{7.5}$$

针对式(7.5)进行基于 2000—2013 年全统计时序的回归，得结果，$\alpha=0.715$，$\beta=0.312$，则相应的 wald 系数检验不能拒绝 $\alpha+\beta=1$ 假设，因此根据我国制造业投入服务化在贸易技术创新对应生产函数规模报酬不变性质的假设，可获得下式：

$$y_t = A_t + K_t^{\alpha} \tag{7.6}$$

其中以 $y_t = Y_t / L_t$ 和 $k_t = K_t / L_t$ 分别对应求导，最终得全要素生产率估计式为：

$$\frac{\dot{y}}{y} = \frac{\dot{A}}{y} + \alpha \frac{\dot{K}}{K} \tag{7.7}$$

同时，在结合回归残差这一中间过渡变量的同时，进行下一步变量的折算，并将其作为回归解释，但由于仍存在变量扰动的弊端，借鉴王小鲁等(2009)①所使用的增长核算法，进行一步回归来直接估算制造业投入服务化贸易创新增长效应，为减少这一折算引发其他相关变量的贸易技术创新产出报酬增长和对经济最终增长贡献参变值的影响，根据现有研究针对技术进步的动因归纳研究，选取企业研发投入和同类产品外商竞争性创新投入，作为贸易生产方式下的投入服务化技术创新全要素增长的贡献主因，进行进一步的验证，即：

$$A_t = ptr_t^{\gamma} gtr_t^{\delta} fdi_t^{\phi} rd_t^{\theta} \tag{7.8}$$

式中 ptr、gtr、fdi、rd 分别对应了涵盖制造业投入服务化过程中所涉的贸易品价值的技术增量、人均一般贸易额、人均竞争性外商创新投资和人均研发支出等项目内容，数据源自各年份《中国对外贸易年鉴》和《中国科技统计年鉴》。经对数化处理后，最终获得以下待估方程：

$$\ln y_t = \ln A + \alpha \ln K_t + \gamma \ln ptr_t + \delta \ln gtr_t + \phi \ln fdi_t + \varphi \ln rd_t \tag{7.9}$$

三、格兰杰因果检验

针对模型所选取的主分量，为避免其与变量间的因果相关的多重组合干扰模型实证过程的可能，作出两者间非因子变量关联的零假设，以 X、Y 分别表述我国制造业贸易生产引致的制造业创新水平及贸易产品技术含量，对制造产业综合产值及非农人口比重两者予以 Granger 因果检验，为本研究确立上述变量间的统计因果意义。

经验证，在 0.1 置信水平下的零假设一"Y 不作为引起 X 变化的 Granger 原因"以 0.278 31 非小概率报告了 F 统计，说明贸易产品技术含量成为制造业创新水平推动作用的一部分原因，但原假设不能被拒绝；零假设二"X 不是促进 Y 的 Granger 原因"0.093 71 的小概率事件 F 统计使另一个零假设拒绝。

① 王小鲁，樊纲，刘鹏. 中国创新经济增长方式转换和增长可持续性[J]. 经济研究，2009(1)：4－16.

因此综合而言，贸易产品技术含量在我国实施投入服务化的制造业内部存在互动影响的关联，接下来以贸易产品技术含量促进产业创新水平的判断继续进行模型实证。

一般而言，面板数据结构存在二维性，为此，本章研究运用了单方程面板进行实证：

$$y_{it} = \alpha + x_{it}\beta + \varepsilon_{it} \tag{7.10}$$

式 7.10 中，$i = 1, \cdots, n, t = 1 \cdots T$

研究根据参变情况继续进行的参数变量讨论和假设验证，以规避固定效应模型的设定及估参不当。将式(7.10)按以下不同的参数变化情况予以讨论：

情况 1：$\alpha_i = \alpha_j$，$\beta_i = \beta_j$ 此时实证数据报告结果由上述式(7.10)予以解释；情况 2：$\alpha_i \neq \alpha_j$，$\beta_i = \beta_j$；情况 3：$\alpha_i \neq \alpha_j$，$\beta_i \neq \beta_j$ 三类变化。对于一类变化，基于其本质为主分量截面，因此将其与时间序列一起作为变量样本予以考察，且主分量截面不存在个体影响及结构变化，可通过最小二乘法对 α 和 β 进行普通一致有效估计；对于二类变化，由于主分量在界面上产生了影响因子的个体差异，避免反映这种性质的差异因子变量被忽略，将对第二类的参数变化讨论情况扩大为随机和固定两种影响，修正原始回归方程中的 β，应该按全部序列的变截距方式予以估计；而当研究对象集群存在截面个体差异外，还有产业结构变动因素导致的模型斜率在截面主分量单元报告数据不同的第三种变化可能，从而假定情况 3，进而结合结构参数进行相应的协同变动验证，而此时，α_i 和 β_i 应视作模型横截面参变。

针对以上假设及情况说明，通过分析协方差检验期得到固定效应模型的有效参数估计，结合情况 3 作进一步假设，即：

$$y_{it} = \alpha_i + x_{it}\beta + \varepsilon_{it} \tag{7.11}$$

其中式(7.11)对应出于不同横截面主分量在时间序列上的对应值：

$$y_{it} = \alpha_i + x_{it}\beta_i + \varepsilon_{it} \tag{7.12}$$

同时以式(7.12)描述各斜率，也就是前文所述的变动产业结构导致的样本变量及其在时间序列上的不同变化，以固定效应模型三种情况下的残差平方 S_1、S_2、S_3 构造接受或拒绝假设所用统计量，两大假设的关系为：若拒绝后者即情况 3 假设，则充分检验前者假设，并以式(7.13)作为此时统计量：

$$F_1 = \frac{(S_2 - S_1)/[(n-1)K]}{S_1/[nT - n(K+1)]} \sim F[(n-1)K, n(T-K-1)] \tag{7.13}$$

以斜率验证为前提接受模型情况 3 的变系数假设，并按照式(7.14)作为此

时统计量

$$F_1=\frac{(S_3-S_1)/[(n-1)(K+1)]}{S_1/[nT-n(K+1)]}\sim F[(n-1)(K+1),\ n(T-K-1)] \tag{7.14}$$

统计量与等式右边后半部分，也就是残方差以外的主分量截面表现水平之差为正时，拒绝响应情况假设，而当统计量均大于主分量截面表现值，则前述假设均予以拒绝，采用固定效应模型情况 3。

四、回归验证过程

利用 EView 6.0 统计软件对方程式(7.9)所表述的对数形式进行估计，得到回归方程

$$\ln y = 48.1871 + 0.5617 + [AR(1) = 0.9995] \tag{7.15}$$

$$(0.5828)(5.6823^{***})(3.3017^{**})$$

$$R^2 = 0.9928 \quad AdjR^2 = 0.9897 \quad SEK = 0.0637 \quad DW = 1.9127$$

上述方程(7.15)验证了拟合度可决系数，且报告在 1%置信水平的显著结果，其对应的变量因子 $\ln k$ 系数 α、β 分别为 0.51 和 0.49，将这一结果代入上述式(7.12)，进而获得模型研究时序所需的全部制造业投入服务化经由贸易路径获得创新进步的比率，如表 7－1 所示。

表 7－1　2000—2013 年制造业投入服务化借助贸易路径的技术进步与溢出

年份	2000	2001	2002	2003	2004	2005	2006	2007	2008	2009	2010	2011	2012	2013
$\ln ms$	0.1	3.2	4.2	2.5	2.9	−0.5	2.5	5.2	2.9	2.5	1.9	2.7	26	2.8
$\ln mj$	10.7	10.3	10.1	15.8	9.4	9.5	9.8	9.4	10.3	9.6	8.8	6.3	7.5	7.9

注：ms、mj 分别对应制造业技术进步及其依赖于贸易路径实施投入服务化所获技术进步率。

五、制造业投入服务化贸易路径的创新溢出效应估计

为验证单位根以及消除变量因子扰动产生的误差项，同时以对数形式缩小误差干扰，再针对所选因自变量进行 ADF 单位根检验。

根据表 7－2 的结果显示，本研究模型假设中的因子均在 1%置信水平显著，即 $\ln m_s$、$\ln m_j$ 单位根存在假设通过，且其一阶差分的单位根假设 $d\ln m_s$ 和 $d\ln m_j$，基于上述单位根假设检验及一阶单整的分析，本章继续针对模型假设变量因子进行协整关系检验。

表 7-2 ADF 检验

变量	ADF value	lagging period	1% critical value	5% critical value	stability
$\ln m_s$	−3.070 136	2	−3.785 2	−3.100 5	F*
$\ln m_j$	−2.549 091	1	−3.749 2	−2.997 1	F*
dln *ms*	−4.118 072	2	−3.807 1	−3.069 2	T
dln *mj*	−4.359 151	1	−3.739 2	−2.987 5	T

ms、*mj* 意义同上表 7-1，dln *ms* 和 dln *mj* 分别对应经对数化后 *ms*、*mj* 的一阶差分形式，* 为 1%显著性置信水平。

根据上述最佳滞后项分析，当滞后阶数为 2 时，AIC 和 SC 信息值最小。此时，表 7-3 表明了 Johansen 协整检验结果。其中，$\ln m_s$ 和 $\ln m_j$ 间协整关联获得证实，并可用式 7.16 表示：

$$\ln m_s = 0.050\,2 + 0.326\,1 \ln m_j + vecm \tag{7.16}$$

(0.332 6)

在式(7.16)中，*vcem* 表示误差修正项，括号中的数字报告的是标准误差的渐进结果。根据表 7-3 所报告的误差修正 *vcem* 平稳性检验结果所示，其在 1%置信水平呈现显著，通过平稳性假设，可知我国的制造业投入服务化贸易及其技术进步、外溢贡献存在长期动态关系，接着，对式 7.16 两边进行时间变量求导，获得表 7-4 所示的误差修正因子差分变量的单位平稳性测试检验，即制造业投入服务化贸易产业对应获得的每 1%贸易技术进步，带动产业相应技术溢出的 0.326 1%贡献。

表 7-3 ln *ms*、ln *mj* 协整检验

最大特征值	似然率	1%临界值	5%临界值	检验结果
0.810 697	21.517 2	15.42	20.06	存在一种协整关系
0.120 328	1.538 378	3.78	6.68	

标准化系数

ln *ms*	ln *mj*	C
1	−0.326 1	−0.050 1
	(−0.332 6)	

表 7－4 *vcem* 单位平稳性检验

回归方程	ADF 检验值	5%显著性水平	1%显著性水平	结论
无常数项和时间趋势	−3.425 6	−1.958 8	−2.671 8	平稳
有常数项和时间趋势	−4.018 8	−3.011 7	−3.781 9	平稳
有常数项和时间趋势	−6.312 7	−3.675 4	−4.479 1	平稳

上述研究虽证实了我国制造业投入服务化技术进步与其贸易过程中的技术创新间的协整关联，但两者的变量因子因果关系尚未确立，为此，研究继续通过格兰杰因果检验，得最佳滞后期为 2，结合计量经济学软件包 Eview6.0 进行验证。从表7－5可见，关于“制造业技术进步非导致制造业投入服务化贸易技术进步原因”的假设被接受，而在 5%置信水平报告显著的结果则拒绝了“制造业投入服务化贸易并非导致我国技术进步原因”的假设。

表 7－5 制造业投入服务化贸易路径技术进步及技术溢出的格兰杰因果检验

制造业投入服务化贸易与技术进步及其溢出关系	滞后阶段	F 统计量	概率值
ln *ms* does not Granger cause ln *mj*	3	0.135 76	0.875 31
ln *mj* does not Granger cause ln *ms*	3	4.730 89	0.040 16

综上所述，我国制造业投入服务化过程中的贸易存在显著的技术进步推动的溢出效应。本章研究旨在挖掘制造业技术进步和制造业投入服务化贸易路径的溢出效应关联，故针对上述模型及其变形，进行基于人均总产值（人均 GDP）的对数形式的解释验证，即 $\ln Y$，并用自回归过程（Auto Regressive Process，AR(P)），刻画序列残差以增进回归参数的有效性。$\ln k$、$\ln ptr$、$\ln gtr$ 分别对应了所代表的人均资本对数、人均制造业投入服务化贸易品价值技术增量对数、人均一般贸易对数（模型一）；增加 $\ln fdi$ 代表的人均竞争性外商直接投资对数（模型二）、结合方程(7.10)，设定增加 $\ln r\&d$ 代表人均研发支出（模型三）和以上全部参变量的总集（模型四）。

从表 7－6 可发现，产出弹性介于 0.60～0.75，在 1%置信水平全部报告显著性的资本存量，这也就充分解释了该要素在贸易竞争方面对技术产出报酬增长的推动，即要素的技术进步增长溢出报酬规律。

表 7－6 制造业投入服务化贸易路径的创新溢出效应模型估计

	model 1	model 2	model 3	model 4
ln *k*	0.754 1	0.731 8	0.651 7	0.601 3

（续表）

	model 1	model 2	model 3	model 4
	(27.61***)	(21.95***)	(4.31***)	(4.67***)
ln *ptr*	0.052 9	0.057 3	0.037 1	0.043 8
	(3.571***)	(2.87**)	(2.43**)	(1.97*)
ln *gtr*	−0.059 1	−0.052 7	−0.061 7	−0.057 2
	(−3.21**)	(−1.97*)	(−3.31*)	(−2.38*)
ln *fdi*		−0.000 8		−0.006 2
		(−0.47)		(−0.35)
ln *rd*			0.081 7	0.080 5
			(1.07)	(1.08)
C	2.193 7	2.210 6	3.250 4	3.257 2
	(17.05***)	(13.71***)	(2.91**)	(3.15**)
Adj. R^2	0.996 9	0.999 3	0.999 1	0.999 4
DW	1.781 3	1.725 6	1.752 8	1.693 7

相对而言，其他变量的全要素生产贡献率不尽相同，模型 1～4 对应的报告数据系数值在 0.04～0.05 之间，显示制造业投入服务化贸易路径的技术进步对全要素生产率的增长推动有显著正向贡献关联，从而证实了本章研究关于我国制造业投入服务化贸易在技术产出增效溢出上有推动作用的观点。

而模型 1～4 同时报告了一般贸易相对全要素生产率增长负关联影响，由于模型系统验证报告了−0.05 至 0.06 之间的结果，这一报告结果在很大程度上应归因于我国贸易增长中的质量与结构相对规模的匹配性欠缺，诸多贸易参与生产厂商忙于低成本竞争和重复要素的集聚性生产，而忽视了规模递增过程中的技术进步。另外，模型中的 2 和 4 显示了 FDI 外商直接投资这一生产要素的全要素生产率相对较弱的级数增长递减负效应作用，同样是由于我国的生产竞争偏于结构性低端造成，并且由于该地区外资引进和合资经营企业的日常生产经营和科技研发创新中的低生产成本和劳动报酬追逐，形成了更为显著的差异。而模型 3 和 4 则表示了制造业投入服务化过程的生产研发对于全要素生产贡献率相对较弱的正向推动影响，报告约为 0.08 的系数，充分说明贸易路径研发的技术溢出效应存在但有待提升的现实。

六、制造业投入服务化贸易路径创新的经济增长带动效应

进一步地，结合模型 4 与表 7－7，就我国自 2000—2013 年制造业投入服务

化源自贸易经济的创新增长率贡献因子分解开展增长核算。其结果如表 7－7 所示。

表 7－7 制造业投入服务化源自贸易路径的增长核算及其全要素生产率分解(%)

指　标	2000—2013 年
人均 GDP 实际增长率	11.31
人均 GDP 拟合增长率	10.62
误差项系数	0.42
增长贡献要素	
人均资本贡献	9.17
全要素生产率贡献	1.32
制造业投入服务化贸易效应	0.65
一般贸易效应	－1.16
外商直接投资	－0.14
研发支出	1.94

如表 7－7 所示，统计期内我国人均 GDP 获得 11.31%的年均增长率，而人均资本要素的贡献比值达 9.17%，达相应贸易经济溢出增长的 83%左右，相比之下，相应的全要素生产报酬贡献则为 1.32%，消除可能误差后的结果为 1.87%，这就充分体现了我国制造业投入服务化通过贸易路径获得的技术溢出在要素累积量方面的创新经济增长推动，而借助科技革新的质方面革新相对较弱。同样在全要素生产率中，制造业投入服务化贸易、生产研发投入方面的贡献率分别为 0.65%和 1.94%，贸易路径的技术创新溢出报酬为创新经济增长分别贡献了 6%和 18%，但仍被外商直投、一般贸易验证过程中所涉的相对负效应抵消。

第六节　主要结论与政策含义

根据本研究上述模型实证可知，我国的制造业投入服务化的贸易路径形成的产业创新存在一定程度的技术溢出效应和整体创新经济增长贡献，总体上，每 1 个百分点的制造业投入服务化人均贸易增量将获得 0.04～0.05 的产业技术创新经济增长成效。虽然，本章研究证实了期初关于我国技术进步在制造业投入服务化贸易累积过程中的溢出效应关联假设，但对于制造产业自身的资本要素等累积而言，不能否认制造业在投入服务化后的贸易竞争过程中的自主研发程度差异，在我国贸易技术溢出的吸收上形成了一定程度的东道国区域差异。

针对我国制造业投入服务化贸易技术溢出效应进步的研究，本章研究获得了制造业投入服务化贸易创新路径溢出方面的重要结论，具体如下：

第一，外企的技术壁垒在一定程度影响我国借助贸易竞争获取技术进步的效仿与提升的效应。考察我国现行制造业投入服务化贸易及外向型生产现实可发现，大多具有较高技术含量生产项目和产品存在技术传递壁垒，外商或合资方的垄断超额利润主导目标决定了上述技术在产品理念设计、生产、加工、工艺流程和营销等环节的技术信息外溢可能与外溢程度，从而限制了技术的原生扩散可能；而我国普遍的设备与生产线技术结构落后也限制了其自身对技术扩散的汲取可能。

第二，企业人力资源管理对于贸易研发投入的体制削弱。相对中资企业，外资企业具备较好的人员培训和提升机制，从生产一线员工到中高层管理人员的提升培训普遍且密度高，而这一机制对于技术的溢出带来流动性推动，进而实现制造业投入服务化贸易增长过程的技术溢出。但对照我国的现实可以发现，上述流动性技术溢出的贸易创新效应相对狭隘，即人员基于对报酬的期望，仍将流动趋向基本锁定于外企，这就在客观上使得制造业的技术溢出重归于其溢出地，而所获得溢出效应也仅限于生产的原始领域。

第三，生产配套能力限制了前后向关联效应。我国制造业整体上呈现出相对较低的前后向一体化水平，而这往往与区域制造业贸易的国际接轨成熟程度密切相关，不能形成全部价值链的节点集中化布局生产，致使相应区域的制造业始终只能获得产品全产业链中利益增值的仅小一部分，从而进一步抑制大部分贸易创新技术溢出利益增长。

综上所述，我国的制造业投入服务化贸易路径的技术创新实践虽推动了制造业的技术进步和创新经济增长，但相对效应不明显，也缺乏增长后续的技术溢出本源推动力，并与技术溢出效应不显著形成鲜明的“机制不通畅”对比。根据上述分析及验证结果，可获得如下提升我国制造业投入服务化贸易创新路径的溢出效应相关对策：

第一，优化产业结构，调整服务化投产方向

首先，在制造业投入服务化贸易发展过程中，须积极地引导相对高技术含量贸易加工项目，这不仅是生产利益方面的追求，更是制造业借助贸易获得技术外溢可能的途径之一，并且逐步参与生产环节的制造业投入服务化贸易环节，相对其他途经具有更高效的外溢自我学习机能(Chao & Yu, 1997)。就目前阶段而言，我国制造业贸易的高技术含量产品出口相对不足。制造业投入服务化过程中的贸易之所以存在以上问题，主要是由于产品贸易的在高技术含量的领域处于贸易壁垒以及争端的高发区域，并且因高技术含量贸易品的特殊性，是引起贸易摩擦的导火线，迄今为止，除了“两反一补”措施应对之外，隐含存在的技术贸易壁垒以及工业知识产权等，都是造成这一类别制造业贸易技术创新、吸收及溢出效应改进滞缓的主要原因，因此，制造业投入服务化建立更为健全的制造品贸易保护机制，对于国内制造业的投入服务化创新具有十分关键的意义，因为这一实践行动不仅仅是从制造业企业微观主体层面进行的自我保护，更是我国制造业产业从规模制造走向技术制造和创新制造的标志性发展过程。制造业本土企业相比三资企业历来存在产品、贸易结构、服务化程度以及技术含量的先天性不足，更是与国际知名品牌无法抗衡，这不仅仅使得制造业企业短期内无法适应迅捷变化的国际制造业市场以及日益进步的投入服务化水平，更使得制造企业中长期内难以获取基于投入服务化而形成的科技、服务内涵对产品价值以及国际竞争力的有效推动(Bernard, Redding, & Scott, 2006)[①]。从本章研究的验证结果来看，提升制造业投入服务化贸易的创新溢出绩效，首先应针对微观企业主体，鼓励其积极寻求技术条件经由贸易路径提供的各种学习可能，并且以自身的工艺和质量改善、人才培育培训机制的广泛建立和相应的R&D研发投入，来提升企业技术进步的可能性。同时，一定要完善区域的用人体制化改革，争取在既定条件下形成人才留用平台与机制的效能发挥，并适度调整、取缔不利于制造业投入服务化贸易产品创新研发和技术进步的陈旧体制与机制，争取形成一定规模的制度效应以吸引更多项目落户，从而带动各部分企业形成技术溢出增效(Whittington, et al., 1999)。所以说，就下阶段而言，制造业企业微观主体的投入服务化及其贸易发展任重道远，针对那些缺乏核心竞争力、内部组织管理优势以及改革滞后的企业，可以充分引入国外先进资本、技术、管理经验的主体，或者将这些企业的灵活运营机制植入现有制造业企业微观主体内部，以加快制造业贸易过程中的投入服务化创新改革，从而进一步促进整个制造业投入服务化贸易创新的发展(Arkolakis, 2010)。而对于那些自身投入服务化及贸易过程中技术研发能力不强的制造业企业，可以效仿国外的产学研发展模式，加强与高校、科研机构的合作，引进高技术人才，瞄准市场需求，进行进一步的研发创新绩效提升。

其次，根据制造业投入服务化的发展过程，高技术含量制造以及贸易行为有助于推动相对低技术含量贸易产品的制造与服务化投入水平提升。从我国目前制造业贸易过程来看，我国高新技术制造品贸易已经逐步呈现出投入服务化以及整体快速增长的发展特征，特别是其中的生物科学技术、IT以及生命科学技术、光电技术制造品的产业内贸易水平逐步提升，为这些相对高技术含量的制造

---

① Bernard, Andrew B., S. J. Redding, and P. K. Schott. "Multiproduct Firms and Trade Liberalization." *Quarterly Journal of Economics* 126.3(2006):1271-1318.

品贸易通过投入服务化提升技术水平奠定了基础，形成发展中国家的制造品贸易对接国际市场的差别化竞争力（Bastos & Silva，2010）①。而同时，上述这些相对高技术含量产业及产品进一步集中化的投入服务化创新，显著提升了我国制造业自身产业群对资金、技术、服务、信息等相关要素的吸引，而这种吸引将大大推动基于贸易路径的制造业投入服务化创新的实现，以及贸易过程推动下的产业技术研发创新能力的提升。因此，在现阶段可以逐步优先发展上述高新技术产业。并以这些产业的优先发展带动普遍的制造业投入服务化和贸易对技术研发创新能力的提升，再配合各类制造业在世界制造业产品市场竞争格局中地位的提升，来进一步吸引各种海外投入服务化研发要素，形成对我国制造业产品及其贸易的投入服务化技术水平的提升。相应政府及各地贸易服务相关机构应积极稳妥地引导新材料科学科技、生物医学、电子信息产品等行业在制造业贸易的引入，从而进一步以客观角度提升区域自身的高技术溢出吸引力。作为制造业投入服务化及其贸易扩展进程中重要的组成细胞，企业具有技术创新以及贸易演进的重要基础性构成作用（Feenstra，1988），而企业的技术研发，特别是在其参与贸易以及投入服务化过程中掌握服务化特征及其规律，进行适时性的创新，才能使企业获得竞争活力与优势，并在整体上促进制造业投入服务化在各个部门内部获得显著的成长。

同时，综合本章研究过程及研究结论可发现，制造业及其规模效应的获得，在整体上依赖于导向和网络内实体的合作努力的平衡实现。要充分考虑当今世界经济格局及周边环境发展变化，避免原有单一的规模扩展策略，以贸易、投资等各多元化渠道进行适时的结构升级，从而获得制造业投入服务化借助贸易在技术进步和溢出效应发挥上的实质性进步（Hannan & Freeman，1977）。因此，应该在制造业投入服务化贸易创新的导向方面，强调制造业自身创新的结构科学合理化以及企业进一步发展的可行性，以进一步削减制造业贸易产品以及资源能耗，通过产业贸易品的资源耗费、用料以及半成品的能耗评估，逐步形成制造业产品的环境耗费形成性评价，为进一步削减每一个贸易产品的环境与资源能耗形成可比数据，从而实现发展中国家制造贸易品具有差别化比较优势的环保与节能创新。

而就提高产业链整合能力而言，我国高技术制造部门产品不论在产业领域还是在产品贸易领域的分工都还处在末端，但是在整个世界市场，每个国家都有自己的分工地位，因此在提高自己的创新能力和科技水平的同时也要强化自己

① Bastos，Paulo，and Joana Silva. "The Quality of a Firm's Exports：Where You Export to Matters." *Journal of International Economics* 82. 2(2010)：99 - 111.

的分工环节。我国高技术产品以加工组装为基础，作为世界制造业的加工中心，价格竞争一直是我国参与国际竞争的有效策略，随着全球经济一体化进程的加快，我国高新技术产业在研发环节的劣势，在资金、技术、人才和制度方面面临的问题也在凸显，要突破发达国家在高新技术产业的垄断体系需要付出更大的努力。

再次，根据目前阶段我国制造业投入服务化程度，我国制造业产业整体上的产业整合能力处于国际水平的中低层次，这主要是由于我国制造业无论在产品还是贸易领域，都处于投入服务化水平以及技术能力的末端，同时还应该看到制造业产业内部自身的分工合作以及集群化程度还是呈现逐步加强的趋势，因此基于世界市场制造业视角，应该逐步扩展我国制造业在现有水平上的规模与成本优势，并以成本加工机制凝练出各个制造业企业微观主体不同的加工优势，从中寻找产业参与贸易实践过程中的投入服务化技术突破，按照各个流程以及各个配套服务形成技术研发与学习的自发式带动，进一步发挥制造业企业微观主体的点状优势，推动制造业产品借助贸易路径实现技术创新与投入服务化水平的逐步提高。

另外，应积极关注由各个微观企业实体在贸易拓展中联合起来的贸易技术创新组织，通过由其构成的生产合作网及周边的创新其他类主体，诸如科研院所的创新生产服务和信息统筹等桥接作用，来有效提升双重创新导向覆盖下的创新绩效改进（Hall & Jones，1998），并争取通过基于制造业结构和布局的总体协调来获得贸易对我国制造业创新导向的推进，以提升创新网络内部的导向与绩效。尽管贸易产品结构调整在不同的创新绩效推动中尚未形成直接推动制造业的投入服务化，但却与我国制造企业内部的各类因素存在关联。对制造企业主体的服务化实践而言，并不是因为不具备相应的协调创新氛围，而是存在政策供给条件环境下策略选择的一定盲从性，故而应该以政府为主体，率先梳理好制造业投入服务化贸易的产业结构适应性调整的导向和政策推动的桥接渠道，政策措施的转化应该以促进更多跟进型企业或受导向企业向主动导向方的转变，从而带动各类创新导向的真实竞争绩效溢出（Moon & Rohel，2001）；而作为企业主体自身，应该更进一步突破现有产供链的局限，争取以更广泛覆盖的创新赢得全球化经济背景下的贸易经营、竞争创新绩效。

最后，应进一步尝试服务化贸易创新导向与策略实施的结合。一方面推动我国制造企业的贸易结构调整导向在双重范围内的进一步扩展，另一方面要鼓励各个企业自行实施丰富的结构调整尝试，在拟采取合作企业群中配以相应政策及规定优惠并在实施过程中予以成本、利润评估和配套指导，并借助周边制造企业主体联合推动更多企业主体的继续培育，进而获得合理化结构及制造业合理布局导向下的制造业投入服务化贸易路径创新策略并行实施，以及更合理全球竞争节点定位的提升实现。

第二，扩大服务化自主创新，提升制造业竞争力

首先，我国制造业发展其贸易品时，须积极地引入相对高技术含量项目，这不仅是制造业在生产利益方面的追求，更是产业获得技术创新可能的途径之一，而且直接参与生产环节的贸易品环节相对其他途经，对于制造业企业微观主体而言，具有更高效的创新自我学习机能（DavenPort，2013）与创新效率。而对于企业特色创新，由于我国制造企业面临资金技术人才等制约因素的客观实际，可依托“小规模技术”，针对市场空缺及个性化需求开发产品，从而发挥特色“规模优势”（Lin，Yang，& Chen，2010）；同时，要积极关注服务化过程中欧美一些发达贸易伙伴国对我国制造业及其贸易的提携效应，这些国家拥有世界一流的技术以及先进的管理和控制手段，有效结合以上外部因素对于我国制造产业深化贸易生产创新和竞争力提升具有重要的借鉴意义。我国实践投入服务化贸易路径创新的企业主体，应适时转变经营管理理念，并以此为契机，扩大在发达国家服务方面的投资，实现制造业投入服务化提升目标的同时，深入挖掘投资对象国的先进管理、技术，以互补促进技术竞争力提升，实现贸易创新深化及稀缺要素在贸易竞争技术创新贡献方面的有效改善。

另外，要进一步深入研究投资国别优惠政策差异以及我国政府鼓励和支持技术创新的相关政策，更积极主动地申请各级对外合作政策资助。当然，仍需坚持并深入拓展本地化人才等战略（Braunerhjelm，Oxelheim，& Thulin，2004），有条件的规模以上制造企业主体不妨适当提高投资对象国的当地籍人员的持股或技术研发创新资本持有比例，也可以考虑投资对象国社会事业，积极承担社会责任，科学规划并树立贸易以及对外直接投资过程中的技术创新企业公共关系形象，在企业和社会公众之间创造相互促进、共同发展的和谐状态，为制造业投入服务化实践博取更多的服务要素配置在贸易和投资对象国的获取便利。

其次，针对微观企业主体，鼓励其积极寻求服务化提升的技术学习条件提供的各种可能，而我国制造企业也应该充分审视现实环境，在国外投资这一领域中继续开拓创新，积极储备、筹建境外原料基地。本章的验证同时证实了我国制造业还受到资源要素禀赋的约束，制造业投入服务化必然面对各类原材料价格的一个回落的过程，特别是当下人民币走挺的利势，制造业在实践贸易投入服务化的过程中，通过海外购买并当地化的服务要素，甚至是直接的对接化服务来提升制造业投入服务化贸易的技术效应，不失为一个好时机（Caves，& Diewert，1982）。为此建议我国制造生产、经营企业相关企业根据资源禀赋、当地局势、投资环境、投资风险等因素的综合评估，合理选择国家和地区进行境外原料基地建设，为实践服务化贸易的深化实施做好战略储备。

再次，有必要在制造业投入服务化的贸易路径创新实践过程中，尽快完善用人体制改革，争取在即定条件下形成人才留用平台与机制的效能发挥。同时，适度调整甚至取缔不利于制造业投入服务化贸易及其技术效率改进的陈旧体制、机制，争取形成一定规模的制度效应以吸引更多项目落户，从而带动各部分企业形成贸易技术溢出增效。当然，制造企业在利用贸易竞争机制获取技术创新收益的过程中，要积极寻找第三方力量支持(Gammeltoft, Barnard, & Madhok, 2010)，特别是在经济新常态背景下行业协会应加大贸易壁垒信息收集，政策措施传递、企业参诉应诉指导的力度；深入研究有关服务化后制造品输出贸易的相关咨询、审批、资金、当地政策等信息化平台的构建(Damanpour, 1991)；鼓励民间商业化的投资咨询机构与制造业企业合作，以尽快形成制造业间共同发展、受益、共担风险机制，促成突破国外贸易对于我国制造业创新的技术壁垒，形成有效信息渠道的构建和发展。

另外，从现阶段我国制造业产品贸易创新研发的发展现状来看，我国制造业内资型企业对于整个产业的投入服务化以及技术创新贡献是不足的。而另一方面，来华投资逐渐呈现“独资化”趋势，且这种趋势日益显著，伴随着这种日益显著的趋势，利用外资进行投入服务化技术创新的学习机会将越来越少，这主要是由于本土化和独资化趋势显著改变了贸易创新的生产运营与创新方式(Soderling & Berthelemy, 2001)[①]，这种逐步在我国内化的方式挤占了我国制造业借助贸易获取投入服务化技术创新的模仿以及消化吸收的利益空间。因此，当务之急是要求制造业企业首先实现以引进外资和先进技术与自主创新相结合为主的“内外兼修”的贸易竞争创新模式，这并非我国制造业企业微观主体应对国际制造业竞争性投资的权宜之计，而是在充分分析国际制造业投入服务化大局和趋势变化前提下，以我国国内现有资源要素以及技术水平现状，实施贸易技术创新有效追赶的合理化对策。国内制造企业应逐步强化投入服务化的自主研发，并形成与当地政府的合力创新；地方政府也应顺应制造业投入服务化国际大潮，出台各种制造业投入服务化促进措施，以更高规格的支持性财政税收政策，配合高技术研发的预算支出的追加，以不同形式的政策优惠促进制造业本土企业对贸易过程中引进技术的消化、吸收。而与此同时，各地应着力出台针对优秀外资以及具备制造业投入服务化技术创新学习较高可行性的外部资本的吸引

---

① Soderling, Ludvig, and J. C. Berthelemy. “The Role of Capital Accumulation, Adjustment and Structural Change for Economic Take－Off: Empirical Evidence from African Growth Episodes.” *World Development* 29(2001):323－343.

政策，并统筹各地建立完善的产业配套设施，鼓励引进高技术产业，通过优化措施吸引外资以及跨国公司进一步构建起具备与我国内资制造业企业共同研发的技术创新能力提升平台，从而更具实效地带动我国制造业企业微观主体以及整个制造业产业借助贸易机制和路径的技术溢出效应和“干中学”效应。

最后，充分考虑当今世界经济格局及周边环境发展变化，避免简单地开展原有单一的制造品贸易规模扩展，以贸易、投资等各多元化渠道，进行适时的服务化技术创新结构升级，以形成贸易在制造业技术进步和溢出效应发挥上的实质性进步。当然，从政府政策的鼓励角度而言，各地政府应以牢牢抓住经济新常态进程的良好契机，不断争取创造有利于实践服务化贸易的外汇环境与措施便利，将海外直投、对外经济技术合作的专项资金等政策扶持要素纳入产业战略支撑框架，推出切合我国制造业发展实际、可行的政策；鼓励银行提供除信贷支持以外的贸易企业并购和资本运作，在促进制造业投入服务化贸易规模扩展的同时，以进一步简化审批程序的方式获取产业、贸易以及技术增效的创新效率提升。

第三，推进制造业投入服务化贸易的电子商务，促进内外市场融合

从本章实证分析的结果中可以看出，制造业投入服务化的贸易生产配套有待改进，建议不仅仅要从传统生产形式上巩固并强化服务化贸易创新的流程配套，更要注重制造业投入服务化参与贸易竞争的生产环节的现代化配套。特别对于参与贸易竞争的制造业，在其经过服务化要素融合的电子商务方面，应该在制造业贸易的进一步改进中加以重视与实践。

首先，建议大力推进我国制造业对于投入服务化性质的电子商务应用，建立行业和区域集约化平台及用户网站，拓宽行业、专业市场相应公共服务平台的建设，及时发布行业及其产品的公共信息，为其上下游企业和同行提供集中、及时的信息化服务；应充分结合我国制造业自身现状，基于行业企业供销平台，强化制造业服务性质的跨区域品牌的构建；扩大服务类产品市场，优化制造业投入服务化的行业资源。依托制造业投入服务化的商品与物资专业市场，发展市场专业网站，整合市场上下游物资产品信息，加强市场信息发布、价格指导和信息化管理的建设，与此同时大力发展网上贸易交易，进一步扩大辐射范围，实现内需市场和外部市场的相互结合，提高市场规模和档次，开拓专业市场的二次创业。当然，对于微观主体而言，应重点完善实施服务化实践企业的贸易过程信息化水平，鼓励传统制造业和网络商务联合发展，充分利用互联网以及移动互联网等平台与新型自媒体社交工具，建立适应制造业产业集群化贸易发展的新型投入服务化性质的电商平台体系，从而强化制造业投入服务化的贸易技术网络化创新竞争力。

其次，电商化趋势下人才流动报酬对制造业投入服务化贸易存在技术效应输出的约束机制，且这一机制偏向于外资企业及外部市场(Beason & Weinstein, 1996)。因此需要加大宣传力度和培养专业人才。通过多渠道、多层次的宣传教育，推荐并宣传一批市场前景好的制造服务电子商务应用示范企业和优秀网站作为先行导向，提高我国制造业电子商务平台的知名度及其对相应人才的吸引力度。应该加强示范培训基地的建立与完善，提高制造业行业人员应用平台的能力与效率。同时加强与高校和研究机构合作，跟踪其人才培养和创新研究发展的趋势和动态，开展投入服务化性质的电子商务的理论探索与研究，在高校内搞好学科体系建设，对人才输送做好预备工作。积极开展相关人才累积及其国内培训和国际交流，提高专业人员素质，充实专业化电商管理人才队伍，并争取通过政府扶持来促推制造业投入服务化的进一步贸易技术研发协作与电子商务发展。上述措施的执行与完善对于制造业投入服务化贸易路径创新具有重大意义。而且，政府须进一步加大对投入服务化性质电子商务的资金投入力度，借此推进我国进出口商品网上交易会和信息化建设，促进企业信息交流和外贸发展。

最后，努力创新技术，开拓针对贸易电子商务的服务。根据我国外经贸电子政务发展规划，我国外经贸信息中心将根据实际情况开发多项服务电子政务的系统与软件，为企业和机关提供更便捷的办事平台与窗口。同时，应积极推进针对制造业投入服务化贸易的网上申报项目审批；将我国外经贸局政务内网与各地县(市)区和外经贸管理机构在相关服务中心的办事窗口进行互联，以便利产业服务化信息的公开获取；推进数字化贸易往来档案管理系统的建设，有效实现制造业投入服务化实践主体的存档管理效率化，并构建适合我国制造业企业自身特色及需求的投入服务化贸易技术管理，为实现基于制造业投入服务化的产业技术进步创建高效管理环境。

第七节　本章小结

本章针对制造业面临的产业环境、生产竞争以及全球价值链竞争现状，基于协同创新导向及绩效等新理论视角，剖析制造业投入服务化的贸易实践与创新绩效，利用科布道格拉斯生产函数结合协整关联，验证了制造业投入服务化贸易创新与产业技术进步及其技术溢出效应的关联。研究发现，制造业投入服务化贸易创新对我国技术进步的全要素生产率产生了一定程度的技术溢出报酬贡献，而这一结果并未显著呈现，这也是现阶段我国制造业贸易过程中的投入服务化对于产业技术改进效率的贡献水平相对不高，以及相对较低的人才利用率、生产配套及电子商务对制造业贸易创新的技术外溢瓶颈的突出表现。

第八章

制造业投入服务化的 FDI 路径创新

与制造业全球贸易类似，我国制造业同样面临外商直接投资竞争，并且逐步倒逼我国制造业向高附加价值产品以及服务化的方向转变。我国制造业企业微观主体在进一步接轨世界经济的同时，需要抓住这个机遇，获取制造业 FDI 路径的技术创新以及对我国制造业自身创新改进的溢出。在考虑了服务化 FDI 内部构成因子差异以及东道国相关因素控制性差异和不同改进效率的基础上，本章研究以制造业投入服务化过程中 FDI 的数量规模、质量差异等角度，按照面板回归分析验证了我国制造业投入服务化获自 FDI 路径的技术创新效应及其溢出改进关联，以期从数量、质量等角度优化 FDI 路径对于我国制造业投入服务化技术创新的改善。

本章结构安排如下：首先梳理了国内外有关制造业投入服务化 FDI 创新和 FDI 对东道国制造业投入服务化技术改善创新影响的相关理论及实证检验的文献；然后从服务业国际化到制造业投入服务化的国际化、产业互动背景下的制造业投入服务化 FDI 扩展、FDI 与本土创新之间的博弈等角度，剖析了我国制造业投入服务化创新在承接 FDI 过程中所受的影响，以及由此获得的技术创新研发增效机制；之后，借助全要素生产率分析了制造产业经过 FDI 技术研发创新溢出所获得的进步效率；以希克斯中性、索洛中性分别剖析了制造业产业在投入服务化过程中获自 FDI 外部资源要素的溢出绩效；并结合数据包络分析（Data Envelope Analyse, DEA）模型分析思想，对制造业企业微观主体的 FDI 技术溢出创新衔接动机、技术研发实践效益进行了分析，再针对制造业投入服务化的 FDI 技术研发创新关联与绩效，基于索洛余值进行了基于 FDI 路径的东道国制造业投入服务化创新的改进效应与关联影响分析。

第一节 问题的提出

随着经济全球化的进一步深入发展，我国制造业对外开放度逐年提升，同时，开放经济背景下产业服务化特征也日趋显著。国家统计局数据报告，至2010年底，我国生产性服务业占全部服务业的比重已达到46%，占GDP比重的19.3%，但相比发达国家60%～70%和43%的平均水平，尚有不足①。而同时也另有研究表明，我国制造业投入服务化FDI规模与其产业改进效率呈现逐步的负相关发展趋势，在制造业FDI过程中实现投入服务化规模不断扩展的同时并未带来显著的产业增长效率提升。但不可否认的是制造业在引入FDI过程中，借助于外资携带的制造业技术、知识以及管理等方面的信息经扩散传播，为东道国企业相应学习和技术进步、效率改进提供了机会和平台，进而间接推进东道国产业经济以及技术创新的进一步增长(Borensztein, Gregorio, & Lee, 1998)②。

相比发达国家的服务化FDI产业效率改进显著正效应而言，我国制造业投入服务化借助FDI获得效率改进的效应并不显著，为此，本章针对服务化FDI内部构成因子差异以及东道国相关因素的控制性差异所引致的不同改进效率进行了测度评价，争取从中获得基于制造业投入服务化的FDI技术创新效应对我国制造业创新水平提升的有效对策，这也是今后一段时间内研究我国制造业投入服务化创新效率改进的重要线索。

日本学者并木信义(1990)③认为服务业是制造业国际竞争背后的主要支持元素，更是产业竞争的主要驱动因素，并且是国际制造业竞争主要能力的构成因素。随着世界产业格局的逐步变动，目前世界主要发达国家已经逐步完成了从制造业向制造服务化竞争格局的转变。且有类似于“通用”等公司的高度服务化转型，而这也逐步推动了以制造业高效内部服务化完成为标志的投入服务化的渐趋成形。

可见，如今的制造业竞争已经不是完全意义上的劳动生产率或者技术效益的竞争，更是生产、运营以及组织管理等方式创新的竞争，而这也是我国在逐步

① 中国服务业占比或超工业[EB/OL]. http:/news. hexun. com/2012-12-13/149023045. html, 2012-12-13.

② Borensztein, Eduardo, Jose De Gregorio, and Jong-Wha Lee. “How Does Foreign Direct Investment Affect Economic Growth?” *Journal of International Economics* 45. 1(1998): 115-135.

③ (日)并木信义. 瑕瑜互见——日美产业比较[M]. 唱新，刁永祚，译. 北京：中国财政经济出版社，1990.

进入经济新常态后，作为制造业转型升级所必须思考的一个转折性命题。换言之，接下来的制造业竞争主要依赖于单位效率提升竞争基础上的流程及服务竞争。

Aitken & Harrison(1999)①探讨了制造业投入服务化借助 FDI 进行创新的竞争效应机制。基于广大发展中国家的制造产业发展现实，两人认为可首先假定 FDI 投资中的创新部分是受资国完全竞争前提下固定投产成本各异的微观主体，那么 FDI 规模扩展的选择挤占了受资国同业竞争。这一过程同样发生在扩张规模的技术层面，造成受资国同行业新投入资本的削减与成本下降(Caves, 1974)②。因此对于广大实施投入服务化创新的制造企业而言，分享 FDI 技术创新收益的关键是如何通过自身的技术组合，特别是生产性要素的服务化组合来提升资源配置效能，从而在一个相对更为狭小的供应量上以更具技术创新含量的产品实体获得竞争空间(Borensztein, Gregorio, & Lee, 1998)，这也是 FDI 对于制造业投入服务化创新的带动和提携作用所在。

作为服务业的生产性过程参与，其融入制造业主要以投入服务化和产出服务化两部分构成(Szalavetz, 2005)③，而本章研究主要关注的是 FDI 过程中的制造业投入服务化及其 FDI，相对侧重于投入过程的生产性服务业。

作为制造业的中间投入，生产性服务业所内含的知识资本、技术资本和人力资本可以大幅度提高制造业的附加值和国际竞争力。根据郎咸平(2009)④的观点，服装业中 28%的顶级品牌纷纷建立起高级生产推进因素的强化机制，这种机制不仅包括了服装先导视觉设计以及款型论证，还包括了先进的企业内建型运输通道，从而为高端品牌的设计、生产、物流、分销节省至少 7%的成本，并且预计生成至少 13%的利润。可见，制造业投入服务化的逐步由 FDI、贸易转向自主出口与品牌经营的过程，也是推进制造业自身服务以及技术创新的投入过程，这一过程有效加快了制造业企业微观主体对市场的反应能力，最终提升了制造业及其投入服务化的技术创新效率。

其次，制造业对服务化的需求也进一步推进了后者对于前者的融入性发展。

---

① Aitken, B. and Harrison, A. "Do domestic firms benefit from foreign investment? Evidence from Venezuela." *American economic Review* 89 (1999): 605 - 618.

② Caves, Richard E. "Multinational Firms, Competition, and Productivity in Host-country Markets." *Economica* 41. 41(1974): 176 - 193.

③ Szalavetz, Andrea. "Physical capital stock, technological upgrading and modernisation in Hungary." *Acta Oeconomica* 55(2005): 201 - 221.

④ 郎咸平. 郎咸平说：谁在拯救中国经济(复苏背后的萧条与亮点)[M]. 北京：东方出版社，2009.

Stigler(1951)[①]认为随着市场分工规定进一步细化,传统产业部门对于技术以及信息服务的需求不断增多,也不断细化,这就催生了传统产业对于投入服务化引入的需求。而在进一步的外向型经济中,FDI 对于我国制造业投入服务化,必然会推动进一步的专业化分工,以及生产性服务业不断从制造业中分离出来,形成投入服务化在规模和种类这两个方面不断扩张,使其成为具有规模经济效应的独立产业部门。制造业投入服务化的这一外向扩展过程,更是服务业结合自身优势,以及产业差别的方式组合进入制造业生产流程,从而在附加值和市场竞争力的提升等方面,支撑了制造业新的扩张(陈勇兵,孙方,2011)。因此从这个意义上来说,现代经济成长其实是一个由投入服务化主导的增长过程。

但同时需要指出的是,上述制造业投入服务化的 FDI 过程分析仅限于形成机理,缺乏针对我国产业实践的进一步经验证据。就现阶段的中国制造业而言,最重要在于引入 FDI 的制造业投入服务化,是否能解决我国制造业国际竞争的问题,是否能进一步提升我国制造业的创新竞争力,以及在这一过程中,是否包含了制造业投入服务化的设计、制造、流通等环节的服务化高效率融入;而最关键的是,是否能以这一高效率融入换来进一步的服务业对于制造业投入服务化后产业技术创新的效率反哺。

本研究将在前人研究的基础上,通过结合"门槛效应"及索洛余值等研究工具及方法,进行进一步的制造业投入服务化在 FDI 过程中的质量和技术溢出效应。本章的结构安排如下:第一部分是简要的文献回顾,第二部分从理论上分析制造业投入服务化 FDI 路径的创新效应的模型应用及其验证理论基础,主要从产业进步效率的分析工具入手,阐述了全要素生产率的分析应用特征,即覆盖全部生产过程的变量选取、参数选取、非参数的测度路径。利用索洛余值、希克斯中性、索洛中性以及技术距离等角度,结合索洛余值假设以及曼奎斯特指数(Malmquist Index)基础假设,形成基于索洛中性的制造业投入服务化 FDI 创新条件的分析;并在最后阐述了以数据包络分析法(DEA)等工具,对制造业投入服务化 FDI 创新分析的不足,从而确立结合索洛余值的全要素生产率基础上的制造业投入服务化 FDI 路径创新的选择根据。第四部分,在进一步剖析 FDI 内部构成因子以及东道国相关因素的控制性差异导致的改进效率差异基础上,选择面板数据(Panel data)从两类要素,即规模化要素,以及质量的差异化特征要素,对我国现阶段制造业投入服务化的 FDI 路径创新效应进行了验证。

---

① Stigler, George J. "The Division of Labor is Limited by the Extent of the Market." *The Journal of Political Economy* 59. 3(1951):185 - 193.

第二节 文献回顾

经济全球化和资本追逐利益是当今世界范围内经济竞争的主流特色，也是任何一国或一地区外向型经济拓展的必然形态。而同时，随着全球产业的进一步拓展深化，形成了产业融合的深化与覆盖范围扩展。制造业，作为推动全球经济、国别间的经济竞争，以及民众需求的基础性产业，也正逐步经历着显著的变化，这种变化不仅表现在不断的产品竞争及其技术价值攀升上，更集中表现在生产、管理以及其他组织方式，甚至是创新方式上的进步以及多元化。而同时，FDI 在进行拓展的过程中，须面临东道国包含经济、市场竞争在内的政治乃至文化差异因素，这就使得制造业投入服务化在吸引 FDI 和吸收其技术创新的过程中，存在一定程度的因素差异影响，而最后这将反馈到投入服务化的 FDI 路径的创新吸收成效上来(Raff & Marc，2007)。同时，在进一步的 FDI 扩展过程中，存在知识以及利润的溢出效应差别，这种差别主要集中在东道国的服务化过程以及源自 FDI 出资国的制造业投入服务化中间产业，而这中间产业所包含的劳动力、信息、技术需求都进一步形成了东道国的产业效率进步，同时形成制造业投入服务化借助 FDI 路径引致的产业利润效应差异；而产业利润效应生成过程也同时带动了相应产业的组织、管理以及市场信息的进一步集中化，并形成在东道国、母国间的集成应用，以及制造业投入服务化 FDI 过程中的知识及信息溢出效应。而两类效应共同构成东道国与母国产业间的国际竞争，其间形成的效益获取差异便是制造业投入服务化获自 FDI 路径的创新质量效应差异。同时，东道国的不同制度、环境以及配套也进一步影响质量效应差异，从而进一步影响了制造业投入服务化 FDI 路径创新的发展进程(Griliches，1998)。

国外对于制造业投入服务化的 FDI 路径研究起步较早，并且主要集中在产业效应的形成机制以及效应的特征测定分析上。Caves，Christensen，& Diewert (1982)提出了制造业技术创新借助 FDI 路径获得效应外溢的观点，并认为这种外溢主要依赖于劳动以及资本两大基本要素的溢出机制，前者主要依赖于传统产业中对于劳动的信息以及管理效率提升的进步推动；后者主要是指外向型服务业务的整体拓展所形成的投入成本削减，同时这一过程还包括了产业调整背景下服务业对于制造业的信息、技术以及知识的溢出所形成的制造业生产率和创新水平的提高。Caves 同时认为，随着制造业的外向型服务化融入，知识密集程度显著提升，无论是对制造业还是服务业的本身，都形成积极的改善。Berman & Griliches(1994)将服务业 FDI 对制造业的溢出，归纳为技术工人的运用以及创新技术随着劳动流动所形成的集聚。

Rivera-Batiz，Francisco，& Ginsberg(1993)[①]基于对欧共体成员国的服务化分析，运用一个报酬递增模型对FDI的投资产业选择进行分析，并发现FDI在服务业和制造业两个不同的部门所造成的影响不尽相同，从而证实了当时普遍存在的成员国间投资成本的服务化趋向。并指出今后生产服务化的重点，应该是如何进一步解除东道国政府对于FDI流入性的开放性限制。

Grubel等(Grubel，et al.，1978)[②]通过战后美国、加拿大等国的产业数据分析证实两国是战后服务业以及生产性服务业与制造业融合发展最快的国家，并形成了显著的产业经济增长效应。而Coffey & Bailly(1989)[③]指出制造业投入服务化对于落后产业效率的促推作用是显著的，并赞成利用企业内部分工以及产业流程的相互作用形成服务化的应用。

Harrington & James(1995)从产业从业数、劳动报酬等角度证实服务化的活动以及生产组织对于制造业本身的扩张具有重要作用，并认为制造业的服务化外向扩张进一步解决了服务活动在制造业融合过程中的低层次聚集的效率改进问题，对东道国的经济形成强刺激作用，同时还形成了对于当地经济以及产业结构变动的影响。

Stare(2001)[④]认为制造业投入服务化的推进意义不仅仅在于产业经济的增长，更在于产业高度依赖背景下的国家层面推动的整个产业进步，并且是要素统筹性地发挥产业技术增进效应的关键所在。对于制造业这一进程中的组织管理水平、生产效率以及信息与技术的协同发展，服务化进程是必要的。而对于广大发展中国家而言，FDI内部技术创新的快速实现是推进东道国制造业投入服务化外部资源获取基础上稳定增效的关键。两人同时指出，制造业投入服务化在某些地区仍然以信息以及知识等要素的国际交互作用推进FDI创新进步，以及制造业自身的产业创新效应的改进。

Fernandes & Paunov(2012)强调制造业投入服务化存在显著的产业经济增

---

① Rivera-Batiz，Francisco L.，and R. B. Ginsberg. "European regional economic integration: Introduction." *Regional Science & Urban Economics* 23. 3(1993):307 - 314.

② Grubel，Herbert G.，et al. *Unemployment insurance : global evidence of its effects on unemployment*. *Unemployment insurance : global evidence of its effects on unemployment*. Vancouver:Fraser Institute，1978.

③ Coffey，William J.，and Antoine S. Bailly. "Producer Services and Flexible Production: An Exploratory Analysis." *Growth and Change* 22. 4(1991):95 - 117.

④ Stare，Metka. "Advancing the Development of Producer Services in Slovenia with Foreign Direct Investment." *Service Industries Journal* 21. 1(2001):19 - 34.

长效应；而相比之下，Moschos & Demetrios（1989）①指出在制造业投入服务化的出口过程中，存在一定程度的门槛效应，即东道国制造业的服务化应用在未到达门槛临界值时，不能获得显著的产业进步溢出效应。

Arezki，Candelon，& Amadou Nicolas Racine（2011）②基于东欧部分国家的实证数据证实，制造业投入服务化获自 FDI 路径的技术效应，需要投资对象国及其相关产业历经一定时间的累积，这种累积主要发生在相应产业的知识、信息、技术要素，以及相应的管理、组织形态等方面，并且认为随着服务化融入在制造业中的不断推广，这种累积所形成的技术溢出在产业间效应会逐步缩减，甚至影响产业在引入 FDI 过程中的投入服务化创新质量。Chen，Kokko，& Tingvall（2011）等人均赞同制造业投入服务化的 FDI 资金占有比重与引入质量存在一个先增后减的倒 U 型关联，东道国制造业投入服务化需要进一步控制投产临界点，一旦跨越了服务化投入的特定门槛值，制造业产业间溢出获利的可能性与规模都将相应趋减。

国内的研究主要从产业及其生产分工、产业竞争的价值链以及产业互动与融合角度来进行制造业投入服务化及其依赖于 FDI 路径创新的研究。整体而言，我国学者总体上赞成融合的产业互动发展是制造业投入服务化的今后趋向。郭跃进（1999）③是我国最早涉及并介绍制造业投入服务化及其发展趋势的学者。厉无畏（2002），周振华（2003）总结分析了制造业投入服务化的融合态势以及未来的融合前景，并认为制造业投入服务化对于我国今后的制造业发展具有推进作用，但同时指出制造业投入服务化不是两产业的简单融合，而是生产、服务、信息要素从产业间流动向产业统筹配置的高阶融合。赵宗瑜（2013）④认为我国制造业引入 FDI 并实践服务化的过程，促进了制造业生产对社会需求的满足，并从中获得了生产性服务业部类的逐步专业化分离，又衍生出新的制造业投入服务化需求，最终将产业价值链推向高潮。简兆权、伍卓深（2011）等从“微笑曲线”角度，阐明了我国现阶段制造业投入服务化价值链获取过程中的 FDI 开放意义，从上下游产业化服务，以及产业链服务等角度，进行了关于 FDI 分类服务化的阐述，并认为目前我国制造业投入服务化应该按照不同的产业格局及要素特色，进行不同组合路径的选取。而刘建国（2012）认为制造业投入服务化

---

① Moschos，Demetrios. “Export Expansion，Growth and the Level of Economic Development：An Empirical Analysis.” *Journal of Development Economics* 30. 1（1989）：93－102.

② Arezki，Rabah，B. Candelon，and Sy，Amadou Nicolas Racine. “Sovereign Rating News and Financial Markets Spillovers：Evidence from the European Debt Crisis.” *IMF Working Papers* 3（2011）：1—27.

③ 郭跃进. 论制造业的服务化经营趋势[J]. 中国工业经济，1999(3)：64－67.

④ 赵宗瑜. 企业国际化路径选择：FDI 抑或服务外包[J]. 商业时代，2013(33)：81－82.

FDI组合路径，取决于企业价值链以及相应的服务化效应差异，换言之，可以将制造业投入服务化的引入前后的产业溢出效应，作为服务化依赖FDI获取创新效应路径的判别依据。但同时需要考虑投入服务化过程中制造业在整个区域中的要素需求差异，以及配置、供给等综合情况，而各地政府也应对要素的跨产业联动予以引导及支持。

童洁、张旭梅、但斌(2010)认为，制造业投入服务化的FDI创新存在产品以及服务化性质的产业效率改进差异，并认为信息技术以及咨询服务是现阶段较高的产业效率改进的服务化分支。而张旭梅、郭佳荣、张乐乐(2009)认为制造业投入服务化应在其FDI过程中，逐步根据服务化的不同程度，结合制造业自身的市场进入度，进行售前售后的服务化程度划分，并利用自身要素优势逐步实现了不同程度的制造业投入服务化与FDI创新的融合。魏江，周丹(2010)认为，制造业投入服务化存在基于知识溢出的强关联。而陈宪，黄建锋(2004)基于产业分工理论，认为制造业投入服务化与制造业服务需求变动存在关联。

顾乃华(2006)从“需求遵从论”、“供给主导论”、“互动论”和“融合论”等不同角度论述并验证了制造业投入服务化的分工以及竞争特征及效应，并认为现阶段我国以FDI带动制造业投入服务化的产业竞争实力与技术创新效应的做法是可行的，并结合面板数据分析，证实了制造业投入服务化存在的产业增效正向效应。江静、刘志彪(2007)①认为制造业投入服务化创造性地桥接了两产业的共性部分，对于现阶段我国制造业的全球价值链竞争攀升具有重要意义，应强化这种针对服务化应用的FDI引入规模拓展，以此提携我国制造业品质以及综合产业竞争力。李冠霖(2002)②结合投入产出法证实了服务业存在与其他产业内部化的FDI创新关联及互动的趋势。

而在制度壁垒以及制造业投入服务化过程中FDI引进受东道国政策的影响方面，国内不少学者从不同角度进行过研究。但大多数研究主要以传统发展经济学理论为基础，诸如郭克莎(2002)、江小娟(2002)、文东伟等(2009)，都探讨了FDI在各产业分布及其对产业发展的影响，但并未考虑中国转轨时期制度环境以及制度约束下FDI影响产业结构的特殊机制。事实上，FDI对于制造业投入服务化的技术创新以及研发能力的提升，存在一定程度的东道国制度壁垒影响效应，也就是所谓的制度门槛，换言之，东道国要获取FDI的积极溢出效应必须具备一定的制度条件，这是FDI正面效应产生的前提。制度效应的扭曲有可能会导致东道国在吸收FDI过程中所形成的相关效应产生异向变动，从而进一

---

① 江静，刘志彪. 提升江苏企业自主创新能力对策研究[J]. 南京社会科学，2007(9)：134-141.

② 李冠霖. 第三产业投入产出分析[M]. 北京：中国物价出版社，2002.

步影响我国制造业投入服务化对 FDI 技术效应的获取。东道国的既定政策将有可能把推进我国制造业投入服务化技术进步进程的投资拒之门外，而同时，上述政策由于我国制造业以本土微观主体身份获取技术创新待遇时不能完全对接 FDI 投资，从而又在制造业投入服务化的本土吸收层面形成了相应的门槛阻碍，并且这种阻碍还表现在包括人力资本、制度、金融发展等各个方面的政策措施上，换言之，我国制造业微观主体在实施服务化过程中，仍然面临内部政策与外部汲取的困境，这也是现阶段我国境内制造业微观主体在投入服务化过程中从 FDI 创新路径获取吸收能力普遍不高，以及缺乏制造业投入服务化 FDI 外部溢出汲取积极性的原因所在，并在较大程度上影响甚至抑制了 FDI 对于我国制造业投入服务化的积极技术扩散与知识、管理溢出创新的传播，从而进一步影响我国制造业产业总体上的技术进步与结构升级进程（钱学锋，梁琦，2007）①，并因效应的扭曲导致 FDI 对我国现阶段制造业投入服务化技术进步的促进相对缓慢，甚至造成了 FDI 技术扩散收效与制造业投入服务化外部引入规模的不对称（张宇，2009）。

现有研究主要针对我国制造业中某些部门进行了实证，或以相对静态的角度进行了制造业的投入与效率改进评价，其中也不乏服务化 FDI 机制背景下的制造业增长改进效率评估，但主要是以制造业的自身增长效率改进或影响效应研究为主，未对影响的具体要素及影响机制进行深入研究，并缺乏结合 FDI 的行业技术引导、投入规模促进和盈利模式等要素，以及东道国的政策、企业吸收创新能力等异质性因素，进行进一步的影响机制分析。同时，对于制造业的自身要素投入规模递增后的增长与基于服务化的 FDI 创新路径的效率改进溢出效应机制，及由此而生成的服务化 FDI 技术创新特征与东道国要素和政策配套支持等控制化因素间的互动影响规律，尚缺乏研究验证。为此，本章针对上述问题，开展了 FDI 与我国制造业效率改进及两者技术溢出与投资质量关联影响的实证研究。

第三节　制造业投入服务化 FDI 路径的创新绩效溢出机理

一、从服务业国际化到制造业投入服务化的国际化

制造业投入服务化的技术创新不能借助 FDI 创新获得一蹴而就的进展，从

① 钱学锋，梁琦．FDI、集聚与东道国利益：一个空间经济学的分析框架[J]．经济理论与经济管理，2007(8)：12－18.

世界产业发展进程来看，制造业的国际化程度是早于服务业的，这也说明了为何现阶段的制造业投入服务化进程并未在完全意义上超越制造业本身的产业进步程度(Gil & Jeffrey，2005)。从产业发展的层次来看，20世纪70年代，欧洲大范围的经济"滞涨"，经典经济理论认为这是基于产业经济所产生的转折性变化，而自由性质经济思想重新抬头，推崇政府宽松化的市场引导政策占领了这一领域；而微观层次上，金融、电信以及交通、邮政以及储运业，逐步进入快速发展变革阶段(周振华，2005)。因此，制造业投入服务化的产生主要是以下几方面因素累加的结果：

第一，随着20世纪70、80年代的经济进一步全球化趋势的演进，不仅产品以及生产要素萌生了全球产业的关联特性，世界经济也逐步进入了联系日趋规范化和规模化的时期(Smith & Dennis，1987)[①]，而这一进程也逐步改变了传统产业中微观实体对于资源要素配置以及创新效应获取的点状态势，进一步形成了遍及全球网状的采集以及生产运作，这就使得各经济体为进一步适应市场需求，开展了成本规模化或者约简的服务化引入的行动(倪义芳，吴晓波，2001)，而在空间上，也形成了基于市场切入度改进的国际区域集团等平台的市场竞争模式，进而对生产的服务业提出了必然要求，最终对各国经济的相互依存、相互融合做出某种制度性安排。在具备上述特征的经济全球化大趋势之中，服务业的国际化也就成了大势所趋，从而使得经济全球化成为服务业国际化的前提。

第二，制造业全球范围服务化需求推动。制造业国际化表现为在一国之外的范围内进行制造过程的要素挖掘、资源配置以及流程整合，而这使得国际资源以及国际竞争合作变成现实(Arndt，1990)，且生产形式更大范围内逐步向制造业的全球化生产演变。而随着制造业的全球化趋势不断加强，全球化战略已成为各跨国制造业公司抢占世界市场的首选战略。特别是在全球大型企业的生产制造竞争中，逐步分化出基于本土生产经营的全球分销运营模式，这一模式催生了基于本土生产性服务业发展的运输、通信、仓储、金融、保险、信息、咨询等产业部门的繁荣(李正卫，吴晓波，2004)；而另一种模式，则主要是以全球范围内的海外投资，也就是本章研究中的FDI形式，来获取东道国的便利条件、廉价资源以及优质服务配套(Peneder，2003)，而这一过程进一步催生了东道国相应服务业以及基础制造业的增长(彭中文，李勇辉，2004)，这种增长必然包含了与劳动以及资本要素密切相关的服务化演进，从而形成了包含跨国公司在内的本土制造业服务化和东道国带动性质的服务化进步(丁宁，2015)，而对于东道国而言，这

① Smith，Neil，and Ward Dennis. "The Restructuring of Geographical Scale：Coalescence and Fragmentation of the Northern Core Region." *Economic Geography* 63.2(1987)：160-182.

种制造业投入服务化是离不开 FDI 引入与创新溢出的。另外，作为推进制造业投入服务化的东道国制造业，同步获得了相应技术人才以及资金的逐步累积，从而使其由服务业国际化走向服务化的国际化。

第三，在上述服务业国际化向服务化国际化演进的过程中，包含了大量的传统生产向服务生产模式的变更，主要表现在互联网等信息技术的生产以及组织方式的变革，这种变革包含了其中的传统生产与服务生产剥离到两者的逐步对接乃至融合（赵晓笛，2007）；传统服务业领域随着生产性服务化的范围广度，以及深度扩展而获得投入性服务业务扩展；金融服务业发生了内部创新、逐步由内部向外部、革新性的创新方式改变，并与制造业融资等类型金融业务形成复合，以及由此形成的更新、更具资金吸引优势的金融创新中心也纷纷成立（谢家智，王文涛，江源，2014）。

同时，作为 21 世纪的显著特征，信息化普及并融合于各个产业，而其中服务业的灵活转移以及融入应用，开始了制造业投入服务化的国际进程。服务业开始由生产成本高的地区转移到生产成本低的地区，大量融合了服务性、知识性的产业资金进行离岸转移。这一进程的逐步演进，在总体上不仅显著削减了市场交易成本，并形成更为优化的资源配置，而且对于服务化应用实施产业凸现了产品以及服务本身的差异化竞争优势（Aharoni & Nachum, eds, 2002）；并且信息化为服务企业提升服务产品的差异性提供了良好途径，更高信息含量的投入性质服务化提升了服务本身的品质和服务传递的效率，因此具备更高信息含量的投入化服务将受到更多产业的青睐；最后，信息技术有效提升了信息服务传递的精度水平，大大削减了制造业的交换成本，从而为经济全球化协调制造业投入服务化提供了必要保证。综上所述，FDI 路径下制造业投入服务化的信息技术以及网络化进步，也有效推动了制造业投入服务化的国际进程。

二、产业互动背景下的制造业投入服务化 FDI 扩展

从互动论的视角来看，制造业及其服务化是一种产业的融合，也是两产业间对于资源要素，以及生产流程化的互动融入。一方面，制造业对于服务业的配套产生了大量的需求，使后者逐步融入制造业的应用，也主要依赖于前者对于技术进步中的服务化需求（Griffin & Karolyi, 1998）；另一方面，诸如金融、电信、交通服务业的繁荣也进一步推动了 FDI 形式服务业对于制造业的服务化深化运用；在进程上，FDI 与制造业投入服务化的产业融合，主要依赖于服务业的高速专业化分化，以及制造业的进一步精细化竞争。

从供给的角度而言，制造业与服务业供给内容各不相同，而生产性服务业桥接了以上两产业，并不断催生出新的产业与专业化服务供给（Petit &

Tolwinski，1997)[①]。而在制造业投入服务化的进程中，按照市场供给原理，制造业为进一步提升竞争以及资源驾驭的能力与效率，会进一步形成新的服务模块及对专业服务化过程的需求，特别是在块状以及集群化的制造业发展过程中，其对于服务化的需求会逐步赶超原先的购买服务业成品这一类型的需求，从而实现制造业与服务业两种产业类型的融合(路红艳，2009)。作为制造业的服务化演进形式，服务业以“打包”形式的出让服务，逐步被制造业内生性的模块流程所取代，从而出现了基于制造业投入服务化需求的进一步服务分工精细的进步，这使得制造业投入服务化从条件迈向实践，并在多个生产环节增加最终产品的附加值并实现了产业链的延长(Ghemawat & Kennedy，1999)，而逐步削减制造业的成本，使后者逐步显现出服务化引入的优势，特别是在其 FDI 过程中，能为制造业的国际化竞争奠定支撑基础。

从需求的角度以及制造业的竞争进步内生性要求来看，制造业投入服务化以及生产性服务业等发展，都是基于制造业的自身产能、生产运营模式的变更升级，而由此引致的需求，也都是基于生产过程、产品要素以及流程而分化生成的精细化需求(Vernon & Raymond，1996)。虽然这一观点的分析中心，因倾向于制造业对服务业的带动而对两产业的均衡发展而言有所偏颇，但其对产业融合过程的剖析是符合两产业互动实质的，换言之，服务业与制造业的融合，以及制造业的服务化需求都是建立于两产业基本生产效能提升这一基础之上，这也进一步说明，本章所研究的制造业投入服务化 FDI 创新路径，其引入的效益以及相关质量是制造业投入服务化亟待思考的重要问题，且制造业服务化不得不面临制造业自身的 FDI 外部化的转变(筱原三代平，1957)，因此以制造业投入服务化的 FDI 路径及其创新过程为视角，进行理论溯源、依据探求，再逐步深入分析制造业投入服务化 FDI 路径及其创新的形成机制及效能评估，从而获取其中的引进效率改进的研究脉络是科学而可行的。

三、FDI 与本土创新之间的博弈

FDI 创新既有正面效应，也有负面效应，其与东道国本地自主创新两股力量的博弈最终决定其对产业发展与经济增长的总体效应及运动方向。事实上，仅仅考虑 FDI 创新带来的技术、知识、管理等溢出效应对制造业投入服务化创新的正向推动作用是相对狭隘的，这主要是由于制度约束的普遍存在，当前我国借助 FDI 获得创新除了产生一定正面效应外，其负面效应也正在逐步凸显。一方

---

① Petit, Maria Luisa, and Boleslaw Tolwinski. “Technology Sharing Cartels and Industrial Structure.” *International Journal of Industrial Organization* 15. 1(1997):77 - 101.

面,FDI 创新大量流入导致我国经济增长的外资依赖性上涨,国内企业创新受到抑制,外资的正面溢出效应大大削弱,不利于产业结构升级;另一方面,在开放经济条件下,FDI 创新的进入并不必然导致东道国产业增长以及国民收入的显著增长。由于所有权在海外,FDI 创新投资者会将东道国的部分或全部利润传递回母国,从而形成收入(产出)漏出效应。理论上,如果 FDI 创新未能增加东道国收入,则无法通过累积效应推动东道国经济增长以及相应的产业结构调整优化。实际效果上,制度约束下的 FDI 创新对东道国产业造成的产出漏出效应将进一步引致产业收缩效应,进而引发本土制造产业比重下降(张宇,2009)。此外,大量中低端 FDI 创新流入第二产业,使得我国第二产业内部结构长期锁定于劳动密集型、中低技术加工型、中低端出口导向型行业,从而导致第二产业内部结构固化乃至形成产业结构中低端锁定效应,阻滞甚至破坏了产业内部自有的动态演进规律。

第四节 制造业投入服务化 FDI 路径的创新效应分析工具及方法

一、产业进步效率分析工具

全要素生产率(Total Factor Productivity, TFP),又称"总要素生产率"或"总和要素生产率"。一般来说,主要是指所有生产要素除了劳动、资本之外所形成的效率改进,这一概念主要剔除了劳动与资本两大类要素,探讨了知识、技术、规模化创新等因素(Alex Eapen, 2013),以及相关教育对于产业效率改进的基础支撑作用,突出了产业融合过程中的因素相互作用机制。TFP 的分析框架获得了包含著名经济学家萨缪尔森、诺德豪斯等人在内的广泛赞同并被沿用至今。作为本章使用的分析工具,TFP 对比之前的分析工具,具有技术效率改进理论针对制造业投入服务化过程 FDI 创新分析方面的优势,详析如下:

第一,覆盖全部生产过程的变量选取

早在二战之前,生产率仅仅是指劳动生产率,即按照单位劳动的产出量进行计算,其本质是单位产出的劳动投入计量,对于产业运行的分析忽视了其他投入要素(Forbes & Kirsch, 2011)。而后丁伯根以首届诺贝尔经济学奖获得者身份提出了全要素生产率,即 TFP 的概念。这一概念当初仍仅仅包括劳动和资本两大要素(Tibergen, 1948)[①];而之后,肯德里克等人于1991年提出了一个观点,即只有融合产出的投入过程全部要素的贡献分析,才是真正意义上的全要素生产率分析(Kendrick, Wyrwoll, & Szabo, 1991)[②]。至此,全要素生产率步入了全部投产要素的技术进步效率分析时期。而后,希朗·戴维斯在前人研究基础上,提出了投产过程中包含劳动力、资本、原料、能源等要素在内的全要素生产率内涵观点(Davis, 1955)[③]。

第二,明确的参数选取方法

TFP分析框架的参数选取方法也有其特色。著名经济学家罗伯特·索洛(Solow, 1957)在其1957年的《技术进步与总量生产函数》[④]论文中,论述了生产过程拟合了投产进步要素,从而实现了基于TFP框架的分析方式应用,同时,索洛还吸纳了技术进步要素对于TFP分析框架的改进,从数量上确定了产出增长率、全要素生产率增长率和各投入要素增长率的产出效益之间的联系,建立了著名的索洛模型。根据索洛的观点,测定产业技术进步的全要素生产率应该是剔除了投产中的劳动生产率以及资本生产效率的全部其他要素贡献结果,即:

$$\dot{\varphi} = \dot{Y} - \alpha\dot{K} - \beta\dot{L} \tag{8.1}$$

式中 $\dot{Y}$、$\dot{K}$、$\dot{L}$ 分别对应了产业的产出效率改进的增长、资本以及劳动力投入的增长效率。而 α、β 分别表示相应的资本和劳动力要素的投入弹性系数,以上要素共同构成分析对象所对应的全要素生产率,即 φ。索洛认为,这部分应归功于技术进步的产业带动,因此 φ 在后来逐步被称为索洛余值。

第三,非参数测度路径

全要素生产率在研究应用过程中,也实现了不同测算路径的实现。索洛余值的核心思想是围绕劳动以及资本要素的产业技术进步进行效率测度,但对于不同产业而言,其技术进步并非依赖于简单的投产要素改进,存在知识、信息、技术以及多种管理模式等创新的综合实现。因此技术进步,特别是当今阶段复杂的产业结构调整状况下的产业技术进步不能以简单的全要素生产率的要素进步

---

① Tinbergen, Niko. "Social Releasers and the Experimental Method Required for Their Study." *The Wilson Bulletin* 60.1(1948):6-51.

② Kendrick, George W., Karl-Heinz Wyrwoll, and Barney J. Szabo. "Pliocene-Pleistocene Coastal Events and History Along the Western Margin of Australia." *Quaternary Science Reviews* 10.5(1991):419-439.

③ Davis, Hiram S. *Productivity accounting*. *Productivity accounting*. Philadelphia: University of Pennsylvania Press, 1955.

④ Solow, Robert M. "Technical Change and the Aggregate Production Function." *The Review of Economics and Statistics* 39.3(1957):312-320.

测度来衡量。而运筹学家 Charnes，Cooper，& Rhodes(1978)等在索洛余值基础上发展起来的方法，也逐步克服了这一不足，并提出基于 DEA 模型的 CCR 模型[①]，为滞后的系统工程管理以及决策应用提供了可行思路。

综上所述，TFP 分析工具不仅具有分析劳动以及资本要素之外的产业技术革新改进效率的工具价值，而且其自身分为参数以及非参数估计，为不同的产业进步以及技术效率改进提供了重要思路。另外，作为产业技术分析工具，具有统计方法的高度适配性，其对于多元统计，特别是面板数据分析的匹配，使得全要素生产率能在复杂的参数前提下满足针对随机变量分布进行假设的需求，以及参数复合影响环境下进行要素的针对性技术贡献分析的需要，从而为复杂产业结构调整及其效率测度提供较好的应用支持。

二、希克斯中性分析

在产业技术进步过程中，同样存在被剔除的劳动以及资本要素的互相替代等问题，这里假设两要素比例，即$\frac{L}{K}$恒定，那么当产业在 FDI 过程中的服务化发生上述两要素的边际替代时，则形成了希克斯中性的技术进步，反映到基础生产函数中，可重定义为：

$$Y = A(t)F(K, L) \tag{8.2}$$

这里 $A(t)$指的是剔除劳动及资本要素，但同时存在上述两要素技术替代后的产业技术进步。

作为本章研究标的，制造业投入服务化的 FDI 路径创新本身就是一种改进型的产业调整，而其过程必然包含了相应的基础生产要素的外源性学习、模仿以及改进过程，而这一过程不可避免地形成了劳动以及资本要素对于生产效率的改进。因此，基于 FDI 的制造业投入服务化改进包含了一定程度的希克斯中性，即存在使得资本和劳动这两种要素的效率获得同步提高的引入技术进步的可能。

根据上述分析，结合我国制造业投入服务化 FDI，假定劳动力以及资本两大生产要素边际产量比恒定，即$\frac{\mathrm{d}Y}{\mathrm{d}L}$、$\frac{\mathrm{d}Y}{\mathrm{d}K}$两者之比不变，由此本章研究所测度的引入 FDI 后制造业投入服务化技术改进效率在实质上属于“产出增长型”技术进步。从而，相应地通过上述定义可测定基于 $A(t)$的技术进步的产业改进贡献。

三、索洛中性的应用

对于产业技术进步过程中的资本以及劳动力因素间的互相替代，索洛进一

① Charnes, Abraham, William W. Cooper, and Edwardo Rhodes. “Measuring the Efficiency of Decision Making Units.” *European Journal of Operational Research* 2.6(1978):429-444.

步提出了中性观点，即索洛中性。他认为资本与劳动力要素间的互相替代不仅仅表现在产业技术进步过程中的投产比恒定相对严苛的假设情况，还表现在其中某一变量的变动引起另一变量的相应替代性变动。在制造业投入服务化引入FDI的过程中，存在$\frac{K}{L}$不变前提下，技术变动引起的劳动要素效率也就是工资报酬水平的提升，而在原先索洛余值假设下，假设后者恒定不变，就意味着制造业投入服务化引入FDI过程中的劳动力要素降低或者资本要素降低，这又是基于产业技术改进过程中，对于索洛余值剔除两大基本要素的其中一类要素的效率替代性改进。同理，当假定劳动产出不变，则资本报酬获得相应的单位水平提升。最终，按照式(8.3)表示索洛中性：

$$Y = F[A(t), L] \tag{8.3}$$

结合我国制造业投入服务化引入FDI过程来看，主要是以技术进步形成的替代性资本效率提升获得的索洛中性，也就是资本增长性技术进步。

四、产业FDI及其效率评价

现有研究主要基于“前沿分析法”的数据包络法(DEA)进行了单独产业引入FDI的质量以及效率评价。作为产业引入FDI的技术效率改进以及质量效应的研究工具，DEA模型工具虽然具有多投入多产出的决策单元分析优势，但仍然不可避免地存在对同属生产前沿面的决策单元分析不足的缺陷，因此在接下来的分析中引入了索洛余值分析工具，评价制造业投入服务化引入FDI路径创新质量效应，并通过面板数据进行引入FDI后的全要素生产率的测定评估。

最后，提高经济增长质量的一个核心问题是实现资源的有效配置，而仅仅从全要素增长角度测度技术改进效率，特别是针对制造业投入服务化的效率改进并不能保证资源的有效配置。因此以全要素生产率测度技术进步的指导意义在于确立现阶段我国制造业投入服务化借助FDI路径的创新关联因素与对策实践。

第五节　制造业投入服务化FDI路径的创新溢出效应分析

一、基于索洛余值创新效率改进分析

根据上述分析，结合我国现阶段制造业投入服务化的FDI现状，本章的研究标的具有多时序动态特征。也即制造业投入服务化的自身进步效率，以及引

入 FDI 后的技术进步效率都会包含资源配置、技术水平、人力资本等要素的作用变化，也就是说，制造业投入服务化的 FDI 所推进的产业技术进步伴随着要素的技术改进。为此，结合了前人研究基础，将 Malmquist 指数测定思路融入制造业投入服务化过程中引入 FDI 对于其技术效率改进贡献的测度中，并进行相应的 FDI 质量评价。

一般而言，Malmquist 指数的求解需要借助另一种效率描述工具——距离函数。通过距离函数，可以实现 Malmquist 生产率指数的非参数描述，所以，将其分解为生产资源配置效率变化率和技术进步率的变化。同时，基于 Malmquist 指数的非参数测定思路所进行的索洛余值分析，对于制造业投入服务化的 FDI 路径下的技术进步以及质量评价具有分析的精度价值。

本章研究对于技术效率的计算借鉴了 Caves，Christensen，& Dlewert (1982)①，以及 Dalenius(1959)②等提出的方法，推算出 Malmquist 指数，按照两组从 0 期到 1 期的输入和输出和，再进行索洛余值测定的方法。对于基于 Malmquist 指数的索洛余值，本章采用了数据包络分析软件 DEAP2.1 进行测定。

同时，为避免直接选择第 0 期或者第 1 期的技术效率作为标杆给验证结果带来的影响，将 Malmquist 指数定义为两个指数的几何平均数。同时，根据现有文献中关于我国制造业投入服务化 FDI 分析，我国东部地区制造业投入服务化 FDI 规模增幅较大，但表征其效率改进的 TFP 增进较小，而中部地区表现则相反，西部地区在服务化 FDI 上形成了较高的制造业 TFP 增进，本章研究结合了东道国服务化 FDI 中的行业"门槛效应"及地理等要素禀赋差异，并根据制造业的服务化 FDI"门槛效应"，结合我国制造业投入服务化利用 FDI 形成技术效率改进的禀赋差异，将行业产出及劳动率作为制造业的服务化 FDI 对于其增长效率改进的自变量，并结合服务化 FDI 背景下要素产出弹性，进行进一步的溢出效益测度分析。同时，关于制造业投入服务化的 FDI 创新投入效率改进，近年 TFP 评价针对的是投入要素的即期效果，缺乏投入生命周期的总体评估效力，因此，折算索洛残值仍按照 CD 函数作为基本框架，并进行希克斯中性分析框架设定(Hicks，1950)③，以确保服务化 FDI 环境下制造业的各投入要素间边际替

① Caves，Douglas W.，Laurits R. Christensen，and W. Erwin Diewert. "The Economic Theory of Index Numbers and the Measurement of Input，Output，and Productivity." *Econometrica*：*Journal of the Econometric Society* 50.6(1982)：1393－1414.

② Dalenius，Tore. "Förslag till Organisation av ett Svenskt Statistiskt System." *Ekonomisk Tidskrift* 61.4(1959)：240－257.

③ Hicks，John Richard. "A Contribution to the Theory of the Trade Cycle." Oxford：The Clarendon Press，1950.

代不影响最终的效率改进验证结果，从中获得希克斯中性假设下的 FDI 路径对于制造业投入服务化创新溢出报酬的因子贡献。综上所述，本章基于上述科布道格拉斯生产函数的模型演变为以下基本框架：

$$Y = AF(F,\ L)$$

其中 Y、K、L 表述同上，A 即为上述参与制造业投入服务化 FDI 路径的创新溢出报酬贡献的效率因子，则其对应的索洛残值折算框架如下：

$$\overset{*}{k}(t) = sf(k(t)) - (n+g+\delta)k(t) \tag{8.4}$$

其中，$k(t)$、$sf(k)$、s、$f(k)$分别对应制造业在引入 FDI 基础上的单位有效劳动力、均化资本存量变动比率、前者对应的实际服务化 FDI 投资额度占比，以及相应的均产出报酬。而$(n+g+\delta)$刻画的是约束一国产业平均产量的均衡投入。

尽管上述过程存在借助于 FDI 获取更高增长和效率改进的路径与瓶颈突破效应，但这一效应实质是水平化的，换言之利用式 8.4 进行的我国制造业投入服务化 FDI 路径的创新溢出效应估算，仅仅是针对制造业总体均产量进行的效率改进评述，其中由于产业自增长而形成的效率改进贡献不能被有效析出，从而模糊了投入服务化 FDI 对于我国制造业发展的索洛残值折算的溢出意义，针对上述弊端，进一步确定上述模型的参数，以供残值模型进行检验，综上所述，结合希克斯中性模型可得：

$$\overset{*}{y}(t)/y(t) = a_{L(t)}\frac{\overset{*}{L}(t)}{L(t)} + a_{k(t)}\frac{\overset{*}{K}(t)}{K(t)} + R(t),\ s.t.\ a_{k(t)} + a_{L(t)} = 1 \tag{8.5}$$

由式(8.5)经移项可获得的索洛剩余方程，但其所对应的制造业各溢出效应要素弹性由于测算困难，在应用上适应于定性分析，而本章研究主要针对制造业的服务化进行 FDI 路径的创新溢出效应及引入质量的影响关联分析，结合式(8.5)利用差分方程对溢出效益的索洛残值进行替代，获得式(8.6)：

$$\frac{\Delta A}{A} = \frac{\Delta y}{y} - \left(\alpha\frac{\Delta K}{K} + \beta\frac{\Delta L}{l}\right) - \frac{\Delta A}{A}\cdot\frac{\Delta F}{F} \tag{8.6}$$

式中，$\frac{\Delta A}{A}$、$\frac{\Delta y}{y}$、$\frac{\Delta K}{K}$、$\frac{\Delta L}{L}$ 分别对应引入 FDI 背景的制造业技术贡献、产出效率、行业投入资本递增规模、行业投入劳动力递增规模；α、β 对应刻画两类行业投入要素弹性，并在技术贡献与知识要素边际增量乘积$\frac{\Delta A}{A}\cdot\frac{\Delta F}{F}$相对整个索洛残值实测方程可忽略，且两要素弹性总和为 1 的前提下，将制造业具体生产的人均资本改进增长与技术改进效率，作为制造业投入服务化 FDI 路径的最终创新溢出效应衡量构成因素，且其中的技术改进部分溢出增长贡献以式(8.4～8.6)计算：

$$\frac{\Delta A}{A}=\frac{\Delta(Y/L)}{Y/L}-\alpha\left[\frac{\Delta K}{K}-\frac{\Delta L}{L}\right],\ s.t.\ \alpha+\beta=1 \tag{8.7}$$

$$\frac{\Delta y}{y}-\frac{\Delta L}{L}=\frac{\Delta A}{A}+\alpha\left[\frac{\Delta K}{K}-\frac{\Delta L}{L}\right] \tag{8.8}$$

式(8.8)主要由以人均规模增长中扣除人均资本改进增长与引入 FDI 创新资本部分的乘积构成。

上述索洛残值的技术溢出效应折算中的 α、β 对应行业两类投入要素弹性，利用相对较为准确的代数法加以确定①，那么基于一般科布道格拉斯生产函数的行业要素组合最优化条件为：

$$\frac{MP_K}{P_K}=\frac{MP}{P_L} \tag{8.9}$$

将对应 P_L、P_K 设成总和为 1，则可以获得对应最优化要素组合条件为：

$$e^{*}MP_K=MP$$

且

$$\begin{aligned}MP_L&=\frac{\partial y}{\partial L}=\beta AK^{\alpha}L^{\beta-1}\\ MP_K&=\frac{\partial y}{\partial K}=\alpha AK^{\alpha-1}L^{\beta}\end{aligned} \tag{8.10}$$

对上式进一步推导可获最终的 α、β 对应行业投入要素弹性为：

$$\alpha=\frac{\beta K}{K+eL},\ \beta=\frac{eL}{K+eL} \tag{8.11}$$

式(8.11)为基于具体时序年份内对应制造业要素投入测算，并且满足相对完整的 FDI 部分劳动要素额度和两要素弹性值之和为 1 的假设，接着进行要素各自弹性的测算。

根据上述分析，本研究针对我国制造业投入服务化 FDI 路径创新溢出效应索洛剩余折算作出以下假定：

(1) 设 $\frac{\Delta A}{A}$ 作为制造业投入服务化 FDI 路径创新的技术增长溢出；

① 一般以分配份额法(比较法)、经验确定法(定值法)和回归分析等方法进行溢出效益评价。

(2) 以 y 表示为制造业投入服务化 FDI 路径创新对应产值;

(3) 以产业内年均就业人口增长近似替代制造业劳动力增进,也即对应制造业的就业增进规模,增加部分对应的劳动力平均工资为 e。

(4) 设 Y 为 FDI 企业的产值,K 为 FDI 引入规模;

(5) 结合制造业发展禀赋并未造成本对测算结果的显著影响的现实,本章研究忽略了本溢出效益测算的投资时滞,即对应时序年份的投入有对应产出和技术增进,其中各项指标数据依据 2000—2013 年《中国统计年鉴》、《中国科技统计年鉴》、《中国区域创新能力报告》、《对外经济贸易统计年鉴》等折算而成,限于篇幅不再陈列,其中,国内制造业投入服务化获自 FDI 渠道的索洛残值依据对应行业的 FDI 投资流量与相应年末汇率中间价折算而成,折算结果见表 8-1。

表 8-1　制造业投入服务化获自 FDI 渠道的索洛残值统计

年份	人均产量增长率(%)	资本弹性指数	资本投入率(%)	劳动投入率(%)	技术贡献率(%)
2000	—	0.97	—	—	—
2001	39.51	0.94	73.91	109.01	71.71
2002	24.11	0.92	−4.83	15.51	42.28
2003	7.71	0.90	18.77	12.09	1.81
2004	13.67	0.90	32.31	11.31	−5.31
2005	−1.91	0.89	−0.55	8.08	5.46
2006	24.33	0.11	−66.51	−10.44	26.81
2007	23.98	0.05	213.11	15.57	3.71
2008	−0.27	0.09	−56.44	1.91	2.31
2009	0.21	0.05	73.77	13.22	−3.43
2010	17.22	0.07	138.21	27.51	5.66
2011	27.71	0.11	70.81	19.27	20.91
2012	−1.33	0.15	−17.61	8.71	1.21
2013	24.17	0.11	−1.01	7.81	24.81

根据上述溢出效应模型测算,我国制造业在投入服务化的 FDI 引入背景下,年均技术溢出贡献率增进幅度为 15.23%。同时,我国在 2000—2013 年间,FDI 对于制造业投入服务化创新绩效的贡献经历了 2010 年的 5.66%和 2006 年

的26.81%的高低骤变，也就是说我国制造业的服务化 FDI 的技术增进贡献方面溢出具有发展过程中的不稳定特征；FDI 的制造引入与国民经济增长部分中的技术贡献溢出部分关联相对适中，但也没有较为显著的改善贡献。

再者，存在东道国与 FDI 技术差距的制造业技术增进溢出正相关，即当东道国与 FDI 输出国间的行业差距较小时，该技术的服务化 FDI 有利于进一步的产业技术改进，而这一正相关的溢出效益产生是以最低技术和劳动力基本匹配作为最低要求和前提的，否则制造业的服务化 FDI 引入将进入"雁行模式"中的"末端贫困"(梁亭亭，2012)；但同时，我国中部和增进规模相对趋缓的东部地区，在制造业引进方面恰逢产业的标准化和成熟期的机遇，迎合了制造业结合服务化 FDI 的扩大化发展溢出需求。

最后，我国制造业在中、东、西部各地区呈现出地域差异的空间分布特征外，整体上表现出变动不稳定和非均衡，形成了总体上我国制造业技术改进效率在索洛余值机制上的发挥尚存不足，而作为东道国的相关行业服务化 FDI 路径创新，在资源要素方面的累积溢出效应低于技术以及资本类要素的扩张溢出，并且就索洛残值的基本假设而言，我国目前的资本与劳动力要素投入实现与 FDI 路径创新完全匹配的可能性较小(邱斌，杨帅，辛培江，2008)，而在劳动力的技术能力要素携带上，在相对整体落后于平均国际水平的前提下，FDI 对于制造业的投入服务化创新溢出效应更多地集中于资本要素，因此，制造业投入服务化借助 FDI 的创新应以资本要素的敏感性作为溢出效应的主要考虑因素。

二、制造业投入服务化 FDI 创新效率改进的关联影响测度

根据上述分析可知，制造业的发展与该行业的服务化 FDI 创新存在关联，但影响这一关联效应的因素又是多方面的，且事实上作为类似于中国的东道国国家，逐步开放的外资引入政策会面向更为多元化的 FDI，以及其在东道国各个领域的资本融入，而东道国不同行业的技术门槛、劳动力因素以及制度与政府支持等均构成我国制造业技术效率依托于 FDI 创新路径的改进要素贡献差异(陈田英，陶田中，2006)[①]。

一般而言，刻画外部引入技术性质变量的控制属性的影响主要包括产出占比对应的规模经济性、发展区域均规模、技术含量、技术的地方化程度等，因此本研究以制造业投入服务化 FDI 特征变量(FCHARA)；以政策支持(Goverments Supportings, GS)、主体创新能力(Enterprises Creative Capacity, ECC)、企业吸

① 陈田英，陶田．中国与东南亚国家制造业比较研究[J]．改革与战略，2006(6)：15－18.

收能力(Enterprises Absorbing Capacity, EAC)以及人力资源(Human Resources Supporting, HRS)等因素构成制造业的服务化FDI控制特征变量(CON)加以诠释,其中控制变量的具体选取及释义如表8-2所示:

表8-2 制造业投入服务化FDI路径的改进及创新关联控制变量

变量指标	变量选取	变量释义
人力资源支持(HRS)	制造业中科研人员的全产业就业人数占比	HRS越高,行业素质、产业改进效率越高
企业吸收能力(EAC)	制造业企业主体的消化吸收费用对产业FDI技术引入占比	EAC越高,行业吸收FDI的技术改进可能越大
企业创新能力(ECC)	制造业研发费用投入的行业销量占比	ECC越大,制造业创新能力、改进效率越大
政府支持(GS)	政府制造业投入的财政支出占比	GS越高,制造业改进效率越高

而代表制造业的服务化FDI趋势的外资引入特征变量,则主要由FDI盈利($PROF_{fdi}$)和技术(TEC_{fdi})、投资规模($AVSC_{fdi}$)以及东道国本地技术接驳衔接程度($T-LCL_{fdi}$)等因子加以描述,分别刻画描述FDI在华盈利能力、在华FDI的制造业技术转移先进性、FDI本土化企业技术或规模倾向性、FDI的制造业技术转移可能及意愿程度,其中TEC_{fdi}和$T-LCL_{fdi}$由外资制造企业的TFP及其增值的销售额占比折算而成,而$AVSC_{fdi}$则由制造业投入服务化FDI总产值均规模的产业总产值占比折算而成,数据如本章前文所述,分别源自《中国科技年鉴》、《对外经济贸易统计年鉴》、《中国统计年鉴》。

为了进一步验证我国制造业投入服务化FDI质量的效率改进关联影响因素,构建如下面板数据模型:

$$\ln P_t = C + \beta_1 \ln FDI_S + \beta_2 FDI_C + \beta_3 CTRL + \beta_4 * FDI_S * FDI_C + \tau_t \tag{8.12}$$

式8.12中P表示制造业源自FDI技术创新的综合效率值,规模FDI_S、引入特征FDI_C、控制特征变量$CTRL$分别表示了对应时序年份制造业引入FDI数量额度,及由制造业的FDI盈利($PROF_{fdi}$)和技术(TEC_{fdi})、投资规模($AVSC_{fdi}$)以及东道国本地技术接驳衔接程度($T-LCL_{fdi}$)等因子共同构建的引入特征,以及由人力资源支持(HRS)、企业吸收能力(EAC)、企业创新能力(ECC)、政府支持(GS)等因子共同构建的控制特征,见表8-3。

务化 FDI 在人才支持上的制造业改进效率的质量因子贡献未能实现。

第六节 主要结论与政策建议

本章针对我国制造业投入服务化 FDI 路径的创新在其全要素生产率以及改进效率的溢出报酬进行了验证，并结合投入服务化 FDI 的数量规模、技术构成、盈利能力以及对应的本地化程度等差异化质量因子，进行了我国制造业投入服务化 FDI 引入质量差异的关联影响分析。结果证实我国制造行业进入技术门槛、劳动力以及政府支持等因素均构成我国制造业效率改进要素贡献差异；制造业投入服务化 FDI 路径的创新溢出虽然存在与 FDI 技术差距的制造业技术增进溢出正相关，但相对较低且过程不稳定，且在资源要素方面的累积溢出效应低于其在技术以及资本类要素的扩张溢出。投入服务化 FDI 中的技术构成占比，这一指标成为制造业的服务化 FDI 质量对于我国制造业效率改进的最显著关联因子，但其仍存在关于规模递减的趋势特征。对此，本章研究提出以下对策建议：

第一，针对制造业的服务化依托 FDI 路径的创新溢出效应低正相关和不稳定性，以及技术与资本要素的溢出相对高依赖，需要进一步强化增大制造业的投入服务化 FDI 技术占比(Cotti & Skidmore, 2010)[①]，应该首先从当前阶段的地方政府产业治理考核角度入手加以完善，根据波特理论可知，政府对于技术创新在引进和自我创新方面的引导管理是一个角色的平衡问题，当今政府对于产业治理既不能袖手旁观，又不能无为而治。但对照我国现阶段制造业投入服务化的产业调整现实，为数不少的地方政府在产业调整的绩效考核方面过于片面，尚未发挥通过外部性竞争的引导来强化市场对于专业竞争费用下降，以及专业分工的进一步细化的调节作用，从而致使制造业投入服务化不能很好地进入技术效能、投资质量的提升通道。著名经济学家吴敬琏在分析国际金融危机的冲击对国外经贸以及技术创新影响中国产业创新和经济增长的问题时提出：经济外部环境因素对于出口大幅下滑、需求不足只是经济衰退的外因，而真正的内在因素却是具有粗放增长方式本质的，过度依赖投资和低附加值产品的被动式出口

① Cotti, Chad, and Mark Skidmore. "The Impact of State Government Subsidies and Tax Credits in an Emerging Industry: Ethanol Production 1980 - 2007." *Southern Economic Journal* 76.4(2010): 1076 - 1093.

（吴敬琏，2002）[①]，为此，政府应更加重视具有创新性质的经济活动，而不是简单地把产业结构优化和产业升级等同于引进新项目（Streb, Wallusch, & Yin, 2007）[②]；将对制度安排的重视等同于技术演进自身，因为只有建立充满活力的新体制，才能实现经济增长方式的转变，从而真正做到自主创新，并最终建成创新型国家。也就是说对于现阶段的我国而言，竞争性现代市场经济体制才是技术创新基础性的条件，政府应该做好技术创新以及 FDI 引入工作的过程常规化和制度化的平衡。

同时，政府的引导性还在于公共供给的有效实现。亚当·斯密认为，君主应尽的义务中包括"建设并维持某些公共事业及某些公共设施(其建设与维持绝不是为着任何人或任何少数人的利益)，这种事业与设施，在由大社会经营时，其利润常能补偿所费而有余，但若由个人或少数人经营，就绝不能补偿所费。"[③]因而政府在技术引导的工作过程中存在选择产品供给或公共产品角色的问题。因此，总的来说政府的角色定位是一种决策的平衡，既要考虑地方的科技、技术创新的绩效以及产业的筹划（Sawabe & Egashira, 2007），而同时又不能忽略自身的公共产品供给的角色，也即是以何种角色来推进地方产业，特别是本研究中的制造业与服务业融合，并进行基于制造业投入服务化的 FDI 技术创新吸收，对此各地政府更应该有平衡各方的合理定位。

根据前述分析，本章建议，应该充分结合地方制造业发展现状特色，合理制定本区域制造业发展规划，比对周边区域的发展现状，切实落实适合地方制造业投入服务化及其 FDI 发展的计划，政府同时需要做好重大、重点项目的监测、评估及其跟踪工作（Moulaert & Djellal, 1995）。我国政府可以适当考虑借鉴台湾地区的"新兴策略性产业"，即在产业发展行动计划制定的同时，具体细化执行措施，特别是结合其中的细化具体措施执行时间表，对照执行与监督；而政府同时需要引领好各地方产业比对世界同类产业的先进发展方向，并在统筹视角的基础上加以优势对比与资源配置的宏观分析，为地方各产业的发展提供建议与引导思路（芮明杰，陈娟，2004）。换言之，现阶段我国政府应积极做好结合各地 FDI 引进与创新，并把"将愿景落实为任务，将任务落实为行动"原则指导的制造业投入服务化 FDI 服务的角色定位工作落到实处。

当然，各地政府还应该做好在引导地方制造业产业的服务化 FDI 过程中政

---

① 吴敬琏. 银行改革：当前中国金融改革的重中之重[J]. 世界经济文汇，2002(4)：3－10.

② Streb, Jochen, Jacek Wallusch, and Shuxi Yin. "Knowledge Spill-over from New to old Industries: The Case of German Synthetic Dyes and Textiles (1878－1913)." *Explorations in Economic History* 44. 2(2007)：203－223.

③ (英). 亚当·斯密. 国富论：下卷[M]. 郭大力、王亚南，译. 北京：商务印书馆，1974：25.

策的统筹协调，这种协调不仅仅指的是制造业内部的政策供给配套的协调，更重要的是在制造业自身、服务业、对外经贸、商务服务、信息咨询等跨产业范畴上，相关部门予以宏观的观测、分析、引导与决策。要逐步改变以往各部门自行制定措施，来推进制造业投入服务化的技术增进的方式，特别是针对制造业投入服务化而言，其 FDI 更是涉及多产业领域和多元主体的一种外资引入（Gilsing，& Nooteboom，2005），不仅涉及利益主体广泛，而且相关配套措施、政策便利、产业运营复杂程度更高。而政府的正确引领将为更高效的制造业投入服务化 FDI 奠定基础。政府更应该以打造同一个市场目标的定位，对制造业投入服务化进行 FDI 创新的政策供给配套。可以尝试放宽对于地方政府的服务化 FDI 绩效的短期考核，从而带动各职能部门针对长远角度的产业外资引入环节绩效提升形成务实思考与实践，也强化了对于投入服务化 FDI 的创新及其溢出条件与质量把控，有条件的地区可以就投入服务化相关的 FDI 投资活动及规模进行分类型分析，组织专家和行业人士进行实地调研考察，通过 FDI 渠道实现的投入服务化在当地制造业创新效率改进方面的溢出贡献。

第二，对于本研究中的制造业投入服务化 FDI 控制变量中政策环境因素应予以重视，特别是其中政府的支持等方面，应逐步开放各类生产要素流通，这里不仅仅要突出政策对于要素开放的进一步倾斜，更重要的是，各地微观主体能充分认知在国际竞争中自身所持有要素及其比对国际市场的不足与存在优势，并从中获取提升现有制造业投入服务化 FDI 程度的实践决策（Taylor，Artman，& Woelfer，2012）。从企业自身优势、竞争现状出发组合出更具竞争力的 FDI 应对策略，对于企业内部已经充分领先的因素予以保持，对于尚存提升空间的因素则予以强化，同时不能忽视将 FDI 的外部技术溢出吸收作为企业提升自我技术创新要素的关键路径。另外，从制造业产业集群角度审视新环境下，特别是经济新常态进程中的 FDI 技术创新与自主研发创新的平衡，产业群作为技术创新研发的网络组织，更应该抱团出“组合拳”，形成优势要素的合力来应对 FDI 对我国制造业投入服务化技术创新效能改善的影响，从中汲取国外先进的技术服务以及管理优势，并对自身的不足进行面向整个制造业产业群视角的投入服务化创新思考与实践，从而形成更具制造业投入服务化区块特色的 FDI 应对创新策略。

而在微观主体而言，制造业企业应该从提高要素利用效率入手，通过各自的技术优势产品与服务供给，特别是要利用融合了创新技术以及服务要素的产品，来充分吸引外资对于我国更高技能劳动力要素向生产制造业或生产性服务业的投产集聚，这是一种应对外资挤占东道国技术创新研发空间与技术进步效益的迂回策略，这种策略的关键点在于“能进能出”，也就是说不仅能出让一定的制造业投入服务化外部引入以及投产的空间，使外部资本尤其是其中的优秀外部资本，或者富含技术创新带动活力的FDI资金进入我国制造业领域；同时，也要控制上述这些相对优秀的外部资本对于我国制造业技术的前向引领，也就是以一定技术领先程度予以我国制造业微观主体获得技术模仿、学习、消化吸收的可能性空间（熊勇清，李世才，2010）[①]。同时，我国微观主体也要尽可能创造充分的技术接合主动意愿性、接合能力以及接合后的提升空间，其对应的内容集中表现在以下几个方面：

首先，在吸引FDI进行意愿性合作创新过程中，我国制造业需要更多的技术先进工作人员等人力资源的内部培训机制、投入资金、人员配备；更快速的FDI外部技术投入的捕捉、分析团队，以及新产品市场渗透的分析专家配置组合；企业内部更灵活的创新研发与学习激励机制，以及高精尖人才更便捷的跨区域、跨产业部类的流动性政策配套。

其次，对于制造业的接合能力，主要强调各制造业微观主体以及块状或集群空间域能具备更多的新技术或新产品以及新人才的市场测试机制，让更多的技术、信息以及服务化效应得以在第一时间获得市场以及消费环节或过程的检验，从而尽可能确保在上述各方面减少错失FDI对我国制造业投入服务化技术提携的创新学习机会。

再次，对于接合后的提升空间，主要是企业主体是否能妥善选择FDI对外制造业投入服务化技术改进以及先进技术创新和服务理念的学习对象，这里主要关系到我国制造业微观主体在融入服务化过程中的技术势差问题（杨东伟，胡腾，程琛，2009），这也是本章验证的东道国本地技术接驳衔接程度这一结果的具体化。东道国较高的发展水平意味着较为成熟的市场结构和竞争机制、较为完善的基础设施和金融体系、较高的人力资本存量和技术水平，这些因素使东道国在对服务化的技术及外来资本的转化吸收上更具优势（陈柳，刘志彪，2006）[②]。相反，如果东道国的发展水平较为低下，FDI的服务化技术溢出效应就不显著，甚至会阻碍东道国的技术吸收和技术进步，换言之，是否能充分发挥FDI对我国制造业投入服务化的技术创新能力提升的改进效益，还涉及两国的技术差异，这种差异过大会影响本地制造业微观主体对于先进服务化技术的吸收效果，过小则会影响本地制造业微观主体自身的服务化技术创新能力的提升幅度。因此，对于广大制造业微观主体而言，不仅要在投入服务化过程中积极争取尽可能

① 熊勇清，李世才. 战略性新兴产业与传统产业耦合发展的过程及作用机制探讨[J]. 科学学与科学技术管理，2010，(11)：84－87.

② 陈柳，刘志彪. 本土创新能力、FDI技术外溢与经济增长[J]. 南开经济研究，2006(3)：90－101.

高水平的基础设施与金融支撑，更重要的是筹备好自身对于制造业投入服务化 FDI 改善其技术创新能力的人力资本储蓄，来尽快缩小我国汲取制造业投入服务化在 FDI 过程中的技术势差。这里需要强调的是人力资源储备不仅是诸多要素中相对更直接的影响因素，也是制造业微观主体更持续的投入服务化技术改进动力源，特别是具备相对技术领先优势的制造企业，更应以集聚过程中的协同引导意识与责任，逐步尝试各种制造业技术与管理经营信息，并争取各环节对于 FDI 的学习和交流以及合作，强化制造企业自身对 FDI 先进技术与知识累积、消化，通过外部产品及项目合作等形式创新，进而扩展我国制造业自主效率改进的机遇；从本章的验证结果来看，投资规模差异是构成我国制造业投入服务化吸收 FDI 技术溢出的关键因素之一，但现实是我国制造业既存在中大规模产业群，又有大量的中小民营企业，而后者相对更为普遍，也就是说从制造业微观主体层面来强化技术投资规模存在一定的瓶颈限制。对于广大制造业微观主体而言，单纯通过投产规模重组合并来增强这方面的技术引入规模并不是可行策略，而应该考虑充分发挥现有制造业块状以及集群的优势，以空间条件换取竞争现实优势，这种优势不仅仅是持续的，更是具有制造业投入服务化 FDI 技术提升接合后发展空间的。无论是近年来我国制造业产业集群发展的事实还是国内外研究的实证结果，都一致表明了制造业投入服务化进程与其东道国本土产业集聚间的互动影响存在必然联系（江锦凡，2004）。虽然不同类别的制造业投入服务化对于 FDI 背景下的本土制造业有着集群发展形态与趋势的差异，并且制造业核心所在空间域内外的集群平衡性差异，也会进一步导致制造业投入服务化进程与东道国产业自身集群或转化进程上的非完全意义的协同发展，但整体而言，无论是综合并进的中西部区域，还是以民营为主的专业市场内深化集群的长三角区域，抑或是受外资及高新技术产业推进的珠江三角洲区域，制造业投入服务化的 FDI 无疑都有力地推动了作为东道国自身产业块状或集群的进一步向心凝聚（卢长宝，2010），而这种向心进步也是我国制造业投入服务化推进 FDI 技术创新能力吸收与改进规模的关键性本土优势，这种本土优势主要表现在以下两方面：

第一，伴随着制造业投入服务化过程中的微观主体企业集聚，相应的分工专业化带动了劳动生产率的不断提升，劳动力及其他生产要素一定程度上都有所向心地产生聚集，物质流、信息流也随地缘因素引致的费用节约效应逐步迈向集群，就知识经济角度而言，以制造业微观主体的产业块状或集群的向心聚合生产方式，获取制度优势之外的人力资本以及隐性知识在集群空间域范畴上的传递扩散和累积效应，能进一步推动我国制造业自身在传统生产方面的创新改进，以及制造业产业群面向 FDI 挤占性竞争下的技术创新追赶，进而是制造业投入服务化的综合优势以及创新竞争力的提升、经济增长与进一步的制造业投入服务化的推进，最终产生制造业集群的“技术提升内化”的效应(张米尔，朱媛，2012)。

第二，成本降低、削减风险成为又一比较优势，积极推动着制造业投入服务化进程，并产生对我国制造业进一步的技术创新研发能力提升发展的“集约”效应。由于生产、交易成本的显著下降，使得产业或产业集群具备应对大规模服务化 FDI 挤占的原始竞争动力(李青，李文军，郭金龙，2004)，且其总和大于制造业微观主体个体总和，而这一影响带给制造业微观主体的则是与 FDI 技术竞争成本的大幅下降；另外一方面，相应的土地、能源及相应的制度管理等重要资源得以“集约化”。我国现阶段的长、珠三角集群，特别是其中的温州鹿城皮鞋产业、打火机产业集群以及海宁皮革加工集群、番禺珠宝首饰加工、深圳通信电子产业集群等都是鲜明的例子。

而从上述制造业集群的发展实践来看，制造业投入服务化过程中，东道国本土制造业集群在进一步的 FDI 过程中发展积累了蓬勃的经济增长动力，从而为以 FDI 方式及其技术溢出推进我国制造业投入服务化技术创新能力，提供了可靠的规模保障。根据现阶段我国制造业集群发展现状来看，集群过程中诸多要素聚集下的第二、三产业兴起、形成了相应的就业增长、劳动力迁移，连同制造业投入服务化通过 FDI 的进一步集群优化所形成的吸纳力，带动并扩大了产业集群形态上的向城市周边方向扩散力度，集群中心的辐射增强，并逐渐表现出复杂的空间自组织形态，从内源性集聚的制造业投入服务化的集聚化到多点化的“制造产业群落”的发展态势，为制造业投入服务化的 FDI 路径创新形成集群网络“星云”格局打下基础(Rodan & Galunic, 1998)。当然，格局的形成并非单一的时间或经济发展的存量问题，更有待合理的布局与务实地改进实践。首先，应该为合理及优势的产业集群培育创造条件，从产业规划、基础设施、综合配套等方面入手，积极治理以提升制造业块状，特别针对产业集群核心角色企业群的容载力问题(Etzkowitz, Mello, & Almeida, 2005)①，要引导企业在聚集过程中的结构性协调，逐步推进行业及劳动力和服务化技术优势的相关性契合。其次，要以产业集群与制造业投入服务化的 FDI 协同发展为治理目标，坚持在区域比较优势的基础上，避免对产业集群或块状经济发展规划引导路径创新的盲目和偏离，以及集群理论框架中各要素配备对决策路径创新面面俱到的制约弊端。

首先建议各地加大制造业增长支持的财政与融资支持，摒弃陈旧的企业体

① Etzkowitz, Henry, Jose Manoel Carvalho de Mello, and Mariza Almeida. "Towards 'Meta-innovation' in Brazil: The Evolution of the Incubator and the Emergence of a Triple Helix." *Research Policy* 34.4(2005):411-424.

制等制度壁垒，通过政府牵头合作等形式巩固投入服务化 FDI 路径创新效果的同时，推动 FDI 对于东道国本地技术转移意愿及其接驳衔接程度的提升作用，在与制造业的外资合作中提升投入产出比的效率改进能力（Helfat, et al., 2009）①。另外，在现今阶段，我国各地制造业在投产规模以及盈利能力上也受到资金的牵制，这种牵制不仅仅表现在制造业微观主体自身的技术创新融资瓶颈上，也表现在各微观主体以块状形式面对 FDI 技术创新竞争的“抱团”应对能力上。为此，建议各地各区域应尽快搭建以区（县）一级为口径和规模的制造业企业技术创新融资服务平台，同时，以个地区与以及各专业市场为载体，充分夯实基础融资信息服务、服务化咨询以及制造业投入服务化新产品、新项目融资的基础支撑条件，从而逐步构建起适应各个规模层次制造业微观主体借助引入 FDI 过程中实施技术创新的融资服务受理平台，并充分利用这些新平台推动各层级规模的制造业微观主体实施服务化创新活动，以及应对 FDI 投资挑战的技术创新融资咨询、金融项目服务指导，进而为制造业微观主体在应对 FDI 的技术创新挑战方面的融资规模扩展实践提供可靠的支撑保障。

其次，在制造业投入服务化要素引入的引导性方面，各地应在积极思考融合地方制造业特色基础上的扶持工作，特别是对于地方制造业集群或块状的竞争优势凝练，积极消除投入服务化的基础要素引入壁垒。这主要是由于在制造业引入 FDI 实施投入服务化、学习 FDI 创新的外部资本投入本身就具有相较于东道国本土企业的天然优势、静态优势和动态优势，而以上优势又是持续但不可逆的，也就是说对于东道国微观主体而言，只有切合自身实际、充分接合 FDI 技术创新，才能从 FDI 上述优势中实现要素与技术累积的汲取（Jong & Freel, 2010）②。但在现阶段我国的制造业投入服务化过程中，出现了 FDI 技术进步效应溢出的引入偏差，这种偏差集中表现在我国制造业投入服务化过程与本土企业的衔接矛盾上。因此，对于制造业投入服务化的进一步 FDI 引入，需要积极避免因为本土企业在产品及其细节方面技术，特别是引入要素的配套上缺乏与外资关联，进而被外资挤占甚至挤出的问题，甚至进一步抑制制造业微观主体实施技术创新动力情况的出现（Keller, 1995）。这里尤其要注意制造业微观主体自身在信息平台、技术以及服务标准、信息化等方面的 FDI 技术对接能力所致

① Helfat, Constance E., et al. *Dynamic Capabilities: Understanding Strategic Change in Organizations*. New Jersey: John Wiley & Sons, 2009.

② De Jong, Jeroen PJ, and Mark Freel. "Absorptive Capacity and the Reach of Collaboration in High Technology small Firms." *Research Policy* 39.1(2010): 47–54.

的接驳冲突以及由此造成的资源浪费，甚至出现FDI直接绕过东道国制造业企业的可能，从而进一步影响对我国制造业投入服务化FDI技术推进的关联和示范效应的发挥。

再次，要积极规避制造业投入服务化过程中的FDI漏出、结构锁定与固化、负向溢出效应，因为FDI对于我国制造业投入服务化的进程，以及技术创新的溢出回馈行为最终影响到FDI在东道国的绩效，也即FDI并非单纯地正向推进我国制造业投入服务化的技术进步，当要素引入壁垒超越对方的技术扩散意愿门限时，就有可能导致外部投资的收入漏出效应（陈劲，陈柾芬，余方珍，2007），从而使我国作为东道国的制造产业创新比重构成下降和产业结构的整体质量向下偏离，进而由于结构锁定与固化效应，逐步产生对我国制造业投入服务化及其技术创新改进在进一步内部高级化进程方面的阻滞作用，反而影响了我国制造业自身产业结构创新转型升级的进程。

针对制造业投入服务化过程中的FDI技术构成占比以及人力资源支持等要素与制造业创新改进贡献显著关联，应该注重制造业的人才建设结构，借鉴新增长理论对于资本累积的人力要素延展思维，我国不仅仅应进一步强化对现有产业技术人员的培训，以提升其专业技能和产业对外合作中的外部先进技术经验吸收能力与素养；更须尽快尝试产业对外合作中的人才联合培养（杨剑，梁樑，2006），以创新模式激发自有人才对FDI的技术接驳能力的培养，从而解决制造业内部接轨FDI方面人才不足的问题。

最后，制造业投入服务化FDI对于我国的就业效应是显著正相关，但这种关联结构仍存在一定程度的差异性。对于制造业投入服务化过程中的FDI，应该积极引导，特别是针对具备相对高流动性的知识携带体——人才，应该把工作重心放在帮助人才树立正确的贡献观。这主要是因为，类似于我国本土制造业企业，FDI主体内部也普遍地对人才有引入需求，因此在制造业投入服务化引入FDI的过程中，管好人才、用好人才、盘活好人才，不仅是适应世界产业经济对人才的要求，更是适应我国现阶段制造业发展的长期需求和必然选择；同时，在人才的管理上，应该注重引进人才、培育人才，但更应注重塑造人才，即将制造业投入服务化过程中各项各项FDI外部创新与人的引进培育联系起来，从人才源头调整并强化我国制造业创新的内生性创新基础，从而实现人才基础上对于FDI先进技术的汲取与利用，从而进一步发挥人才、人力资本要素对于我国制造业投入服务化自主发展的重要作用。同时，要特别注意针对人力资本在制造业各个产业细分部门的储备形式与储备特点，在充分承接并吸收国际制造业转移时所积累的经验教训的基础上，按照优劣势对比，精准指导产业人力资源储备

(Kaiser & Prange, 2004)[①],并从中凝练出可行而有效的制造业投入服务化的人力资源引进与内部培训消化吸收对策。再者,需要注意不同类型 FDI 对我国制造业投入服务化的协调,特别是对于规模以上的密集型制造产业的服务化要素引入投资,应该更加注重其中的加工贸易类人才集聚过程中,形成人力资源的培训、流动吸引与吸收性培训,尤其需要就不同类别人才、不同层次以及不同 FDI 技术创新角度的人才加强培训,形成精准的要素投入。而对于技术密集型的制造业投入服务化的 FDI 外资投入过程,更应该注意基础型人才的引进吸收,争取在本土微观企业主体可承受范围内,利用相对优厚的吸引条件积累外资人才,为我国制造业投入服务化技术创新聚合人才。而对于那些与我国制造业部门在投产方向以及类型重叠度高的 FDI,应出台更多政策,推进对方吸引我国本土基础劳动力,这主要是基于 FDI 可以给我国带来就业创造效应的考虑,并且只要合理制订有效的引导、管理和风险控制措施,就能使 FDI 发挥对制造业最大的正向就业作用(Riddel & Schwer, 2003)[②],在扩大制造业行业规模的同时,既解决了制造业传统生产模式下的劳动力就业问题,也充分发挥了我国基础劳动力资源禀赋的比较优势,以进一步提升受资国制造业各部门就业乘数效应,并削减我国的就业负担,改善我国制造业产业内部的投产劳动力、资本要素结构,从而为制造业投入服务化提供更多的技术创新改进型投资的空间。由于工业领域引入的外资就业创造作用日益减少,制定外商投资政策时,必须充分考虑到其对就业的短期影响和长期贡献,同时,鉴于多数服务业的产品供应于劳动密集型行业,我国各地政府应该引导、鼓励制造业投入服务化过程中的第三产业投资转型,并引入竞争机制,特别是针对于那些目前投入服务化相对不足的产业,应该尽快出台政策,强化产业引入与人力资本要素累积的引导,以此来尽快矫正我国制造业要素配置的扭曲,促使制造业的 FDI 引入变成既能满足其母国资本的海外投资需求,又能有效带动东道国制造业生产及其投入服务化进步的综合优化项目,并按照制造业投入服务化要求以及引入 FDI 创新过程中的人才增长的中长期化目标,争取在更长时间范围内,形成有利于我国制造业投入服务化 FDI 的技术创新能力的对策体系。

总而言之,我国制造业的服务化 FDI 路径创新是经济全球化发展的趋势,对于其引入过程中的规模和技术创新以及效率改进,应该从制造业的东道国开

---

① Kaiser, Robert, and Heiko Prange. "Managing Diversity in a System of Multi-level Governance: The Open Method of Co-ordination in Innovation Policy." *Journal of European Public Policy* 11. 2(2004): 249 - 266.

② Riddel, Mary, and R. Keith Schwer. "Regional Innovative Capacity with Endogenous Employment: Empirical Evidence from the US." *The Review of Regional Studies* 33. 1(2003):73 - 84.

放方面的政府政策、人才、企业吸收与集群创新能力等方面着手予以强化，并结合外资的技术转移及东道国本地化接驳程度、盈利能力等角度予以优化，才能获得我国制造业改进效率的全面提升。

第七节 本章小结

随着全球化经济的进一步深化发展，我国制造业引入 FDI 规模逐步扩展，但相应的产业技术创新与效率改进的效应获取显得缓慢，针对投入服务化 FDI 路径创新内部构成因子差异，引入质量差异以及东道国相关因素的控制性差异，基于面板回归分析，开展了针对制造业投入服务化 FDI 路径创新在数量规模、质量差异化特征变量、东道国控制变量差异方面的产业投入服务化改进效率影响关联验证。结果证实：我国制造业的行业进入技术门槛、劳动力以及政府支持等均构成我国制造业在引入 FDI 过程中的投入服务化创新改进要素贡献差异；制造业与 FDI 引进特征有溢出效应正关联，但关联度较低且关联过程不稳定；服务化 FDI 技术构成占比存在对于制造业改进效率的最高显著性关联，但仍存在对于规模递减的趋势特征。

第九章

制造业投入服务化基于全球价值链路径的创新战略升级

从第三至第八章的研究中，我们可以发现中国制造业投入服务化的创新在制造业内外双向的背景变化下正面临着多重竞争，而制造业投入服务化创新绩效的提升从贸易开放、FDI研发、生产协作网络的协同创新等方面都可以获得相应的路径支持，但同时制造业投入服务化创新面临创新风险，以及总体效率提升的问题。作为我国重要的支柱产业，制造业如何在投入环节以进一步的要素创新，综合利用以上路径提升自我创新能力以及创新绩效，是全书研究的落脚点所在，本章研究充分结合制造业外部贸易以及生产竞争，以全球价值链（Global Value Chain，GVC）的视角进一步分析制造业投入服务化角色以及决策定位，以期提升制造业投入服务化的全球价值链竞争创新绩效（Kaplinsky，2000）[①]。

全球价值链概念最早由克鲁格曼等人提出（Krugman & Venables，1995）[②]，指的是在全球生产网络中，每个国家由于特定的生产阶段进行的活动而获得收入值增加。斯特恩（sturgeon，2001）[③]从组织规模（organizational scale）、地理分布（geographicscale）和生产性主体（productive actor）三个维度来界定全球价值链。斯特恩认为从全球价值链的概念构成来看，它有别于生产协作网络，但又覆盖了整个生产组织和要素投入以及配置的过程，因此从某种意义上说，从全球价值链角度考察制造产业的投入服务化创新所依赖各个创新路径的效能改善，是具有综合意义的，也为解决具备开放型特征的制造产业创新方式与改进问题，提供了包含生产协作、贸易竞争等方面因素在内的升级战略思路。

---

① Kaplinsky，Raphael. "Globalisation and Unequalisation：What Can Be Learned from Value Chain Analysis?" *Journal of Development Studies* 37.2(2000)：117－146.

② Krugman，Paul，and Anthony J. Venables. "Globalization and the Inequality of Nations." *The Quarterly Journal of Economics* 110.4(1995)：857－880.

③ Sturgeon，Timothy J. "How Do We Define Value Chains and Production Networks?*" *IDS Bulletin* 32.3(2001)：9－18.

随着经济全球化的进一步深化，制造业在世界范畴内进行着要素组织与生产竞争，而发展中国家以及地区对全球的制造品贸易也逐步面临生产与技术创新的进一步激烈竞争。在这一过程中，作为投产主体的制造业企业，在策略决策上不再是单纯的投产行为，而是关乎全球竞争的行动。同时，作为进行全球竞争的主体，需要面临价值创新的取向问题，这也是导致 GVC 竞争背景下制造业投入服务化进一步基于贸易以及 FDI 等路径获得创新绩效大小的关键因素（张杰，刘志彪，2007）。基于第三至第八章对创新研发能力、绩效方面的路径探究，本章总结了现阶段我国制造业投入服务化在全球价值链范畴上的创新竞争现状；并结合 GVC 分析视角，逐步剖析了我国现阶段制造业的全球价值链竞争节点，再通过结合各章的对策建议，剖析了我国制造业下阶段以投入服务化方式应对全球竞争的创新能力与绩效提升的策略体系。经过本章的理论剖析结合前章的实证分析，我国制造业投入服务化及其 GVC 创新升级，可以沿着国内价值链开展竞争，逐步累积形成适宜制造业地域特色的优势产业链条，并从中构建适合本土投入服务化创新的要素组合配置的优化网络，再将其与全球价值链竞争网络进行结合，逐步实现基于我国制造业投入服务化微观主体发展能力的流程、产品、功能以及链式升级创新。

本章结构安排如下：首先，综合分析了基于前章实证研究的制造业投入服务化创新能力和绩效提升对策，以及制造业投入服务化的全球价值链竞争现状与问题；然后系统梳理了有关制造业投入服务化以及制造业 GVC 生产竞争与创新的理论分析与实证检验的文献；之后探讨了制造业在 GVC 框架下基于精益六西格玛管理的创新机制形成、精益生产方式（Lean Production mode）等路径的投入服务化创新互动，以及借助整合供应链（Integrated Supply Chain）管理改进的制造业投入服务化全球价值链竞争机制，并从中阐述了基于全球价值链框架的制造业投入服务化创新绩效获取的策略形成路径；最后，进一步探讨了针对我国制造业以及全球价值链竞争现状的投入服务化创新策略体系。

第一节　问题的提出

随着制造业投入服务化过程中的国际化分工不断加深、以及国际贸易成为经济增长的主要动力源，制造业不仅使我国成为世界“加工工厂”，更有托起整个中国制造业创新发展之势。从衡量产业的集聚程度专业化指数考量整个制造业投入服务化，我国制造业借助产业集群优势已在全国乃至全球范围内形成了广阔的产品领域与市场覆盖。

而同时，我国近年来制造业出口贸易明显回落，制造业中出口量大、面广的企业亏损现象，再次暴露中国制造业低端加工生产比重过大、自主研发比例过低的两大“软肋”（徐嘉玲，胡峰，2014）。在很大程度上，我国制造业在全球竞争中依然处于价值链的低端甚至底端，因此，结合GVC调整制造业投入服务化创新升级的战略性思路，对于进一步有效改善我国制造业投入服务化创新绩效是有益且必要的。

经济学家熊彼特（2000）[①]把创新定义为建立一种新的生产函数，也就是把一种从未有的关于生产要素和生产条件的“新组合”引入生产体系。安索夫（Ansoff）作为“战略管理鼻祖”提出了战略规划和管理是创新战略的重心。在克利斯·弗里曼与罗克·苏特（2004）[②]共著的《工业创新经济学》一书中，两人将创新战略的实施按照时机和程度分类，同时强调技术创新实现高效的商用转化从而参与经济竞争的重要性。

企业创新战略是指在企业经营过程中具有重大、全局性的或者是决定企业发展全局的一种谋划。时任惠而浦（Whirlpool）全球创新副总裁的南希·坦南特（Nancy Tennant）在其《战略创新》（Strategic Innovation）（Snyder，Nancy，& Duarte，2003）[③]一书中指出，创新战略应该涵盖“一系列各种各样的行动，以创新的心态和技能进行消化、吸收、内化，并渗透于组织全身的肌理和血脉”。杜超（2004）在对发展中国家技术和市场因素做了基本分类后，提出创新战略分为领先创新、跟随创新和模仿创新战略。艾志红（2004）基于现有国情，结合后发优势的原因分析，认为对于我国制造业而言，模仿创新战略是具有战略意义的选择。

自从20世纪90年代三星集团（Samaung）内部推行标杆学习（bench marking）管理体制以来，三星集团在创新管理方面逐步超越了同行竞争，这主要表现在三星集团逐步以精益生产方式，引入了生产流程环节的标杆学习机制，并通过这一机制逐步实现了基于基础六西格玛管理的精益生产（张文超，2008），同时逐步引入企业资源规划（Enterprise Resource Planing，ERP），来逐层次实现精益六西格玛的生产与创新优化管理。三星集团认为在创新的管理过程中，不仅仅是因素制约着行动，更是市场以及企业的实践竞争制约企业自身，改变着企业为获得竞争优势的下一步行动。同时，三星集团逐步实践了基于ERP方式的集成供应链管理，通过结合市场需求的信号反馈，逐步调整了其生产的要素组

---

① （美）约瑟夫·熊彼特. 经济发展理论[M]. 何畏，译. 北京：商务印书馆，2000.

② （英）克利斯·弗里曼，罗克·苏特. 工业创新经济学[M]. 华宏勋，译. 北京：北京大学出版社，2004.

③ Snyder，Nancy Tennant，and Deborah L. Duarte. *Strategic Innovation：Embedding Innovation as a Core Competency in Your Organization*. New Jersey：John Wiley & Sons，2003.

合，在不断的投入服务化进化中，提炼出劳动力、资本以及市场定位信息等要素对于企业进一步竞争实践的宝贵意义，进而以研发系统从新产品导入(NPI)系统到六西格玛设计(DFSS)系统的升级，获得前期导入式ERP对集团参与全球消费电子产品的自我产品链的集成化改造(徐峰，2010)[①]。而在进一步的创新竞争探索中，三星集团也更加注重服务化的精细投入转型，逐步开发出适合投入服务化在全球竞争环境下的创新绩效模式。

与此同时，随着全球经济竞争的进一步日趋激烈，越来越多的制造企业实体面临资源要素供给缩紧、要素报酬效率下降以及要素价格走高的矛盾问题，这又进一步促使不少企业在面临新一轮的全球竞争中，思考重新定位GVC竞争地位，并进行要素组合的创新(范红忠，2007)。虽然各国各地政府都对于制造业创新提供了相应程度的创新支持，不仅提供资金和专门化的政策，也纷纷成立了科研院所以及创新合作中心或平台，但仍然有不少企业面临诸如资金等要素不足，或无法适应瞬息万变的全球竞争市场对于创新的高要求和快节奏而面临遭遇市场淘汰的问题(刘志彪，2012)。可见，对于制造业企业微观主体而言，如何在结合全球制造业市场竞争以及世界贸易需求的基础上，以GVC竞争的基础，组织更优化的投入服务化要素，实现适应GVC竞争的创新，是解决我国制造业接轨全球经济竞争，获取制造业投入服务化创新绩效的关键所在。

第二节 文献回顾

关于全球价值链的相关研究，价值链(value chain)的提出者迈克尔·波特(Porter, 1985)[②]认为，从理论本质上看，产业升级就是相对于劳动力和其他资源禀赋，在资本(包括人力、物力)更为充裕时，国家在资本和技术密集型产业中获取发展比较优势的过程。一直到20世纪90年代末产业升级的概念才被真正引入到全球价值链的分析框架中，这时的研究偏重于国际分工角度的全球价值链研究。著名的“微笑曲线”理论提出者施振荣(1992)认为[③]，在具有与国际竞争价值链耦合与嵌入性的“微笑曲线”上，相较于高附加值水平的研发与服务，一般加工制造附加值水平较低，而关键零部件加工和销售处于中间水平，因此，发展中国家参与的竞争应由生产制造环节向研发、营销环节转移，特别是上游关键

---

① 徐峰.三星集团应用创新方法的经验分析[J].科技进步与对策，2010(4)：77-81.

② (美)迈克尔·波特.竞争优势[M].陈小悦，译.北京：华夏出版社，1985.

③ 施振荣.再造宏碁[M].北京：中信出版社，2005.

零部件生产与设计，具有比下游的纯粹加工更强的创新增值能力。Humphrey & Schmitz(2002)将价值链理论直接应用于对全球经济或产业组织的研究，以GVC的视角分析了全球范围内的产业联系及升级。其主要内容涉及有价值链的重组、协调、治理、价值链的驱动力及相关的全球产业联系及升级问题。

关于嵌入全球价值链的产业升级的影响因素，Bazan & Lizbeth(2004)在研究巴西鞋产业集群的过程中提出企业的创新能力至关重要，是产业升级的必备条件。杜龙政，刘友金(2007)针对GVC发展的现状，以及我国地方产业集群所面临的挑战与机遇，基于技术和文化两个维度，从中小企业集群和大企业集团互动的视角，分别以市场式、模块式、关系式和集群创新式的类型划分角度论述了制造业企业的集群式创新，并认为基于集群式的生产过程创新能有效促进产业集群的升级换代。

关于GVC的创新升级指的是处于GVC中的企业借力节点企业的相互交易活动获取技术进步并提升其全球竞争力，转向较高收益GVC节点的动态战略。Humphrey & Schmitz(2002)①指出在嵌入GVC时，突破节点障碍，远离市场竞争的直接压力等各种行为转变就是产业升级。关于如何“嵌链”和“重构链”，实现产业升级的措施，两人认为GVC中存在四种渐进形态的升级策略模式：从工艺升级开始，渐次经历产品升级、功能升级和链条升级，当突破性创新技术成熟时，创新升级路线轨迹也可实现跃进突破。类似地，Hobday(1995)提出了原始设备生产(Original Equipment Manufacture, OEM)、原始设计制造(Orignal Design Manufacture, ODM)、原始品牌制造(Original Brand Manufacture, OBM)的升级路线。汪斌，侯茂章(2007)认为GVC模式发展具有多样性，应根据自身的优势确定是否进入更高层级并动态调整GVC创新升级战略。

借鉴国外研究成果，我国学者也对制造业投入服务化产业的GVC升级进行了深入探讨和研究。黎继子等(2005)将GVC与产业集群供应链的整合结合起来，提出我国产业集群的升级思路。黄永明等(2006)基于GVC框架，分析了企业创新升级的微观层面障碍，提出基于企业技术、市场扩张能力充实链式升级的前提，并可以依托技术、市场因素组合获得投入服务化创新升级。朱伟明等(2007)运用GVC理论，以纺织服装制造业投入服务化为例，提出我国制造业可尝试从国际代工到ODM、OBM的环节中实现投入服务化创新的升级路线。

随着经济全球化的进一步加深，越来越多的制造业厂商面临资源要素与生

① Humphrey, John, and Hubert Schmitz. “How Does Insertion in Global Value Chains Affect Upgrading in Industrial Clusters?” *Regional Studies* 36. 9(2002):1017 - 1027.

产竞争间的矛盾，因此在投入的创新过程中，通过要素整合与创新逐步实施基于要素优化配置的创新，并切合全球竞争实际是将来的一种趋势。仇恒义(2008)认为 GVC 由众多的价值环节组成，并且只有特定战略性环节才能获取 GVC 竞争较高的附加值。针对我国现阶段相对较低的 GVC 节点地位的制造业，仇恒义同时指出应该首先解决生产制造的低附加值环节中的资源约束等问题，并针对潜在的产业内部结构性矛盾，进行基于要素组合的创新，率先实现劳动密集型制造产业结构调整，才能获得技术创新强化以及 GVC 高附加值环节的攀升机遇。

张敬川、黄晶(2008)基于经济地理学的集聚理论，认为目前的制造业全球竞争所要面临的主要是以产业组织为主的垄断竞争，应该从自由市场的自然演变来研究集聚突破的问题，并认为基于发展中国家普遍存在的政府干预经济活动的情形，以纯粹的市场竞争以及集聚突破上述问题的可行性很小。现阶段我国制造业普遍处于产业内垂直分工的低端水平，厂商的经营收益、参与市场竞争的能力、经营风险应对在总体上无法与处于产业内垂直分工高端水平的发达国家厂商匹敌，从而指出适合于广大发展中国家制造业投入服务化创新并跻身全球价值链中竞争的，应该暂时主要是凭借 OEM 方式形成发展中国家的加工工业产业集群的模式。曾蓓(2006)指出 20 世纪 90 年代以来，知识经济、网络技术、电子商务的迅猛发展持续快速地改变了全球商业模式，制造业借助 OEM 进行资源组合的创新已经是大势所趋，而基于 OEM 继而是 ODM 和 OBM、融入供应链管理(Supply Chain Management)SCM 的层级化演进是广大发展中国家制造产业追赶 GVC 竞争的有效对策，但同时应该注意产业的技术研发创新须结合现有要素，逐步削减劳动力以及资本要素的投入，强化服务化要素及其投入，逐步推进基于 OEM 的全球竞争创新。

然而，对于任何创新竞争而言都不可避免的一个问题就是以何种创新价值取向作为标准，特别是在资源要素趋紧的前提下，既要照顾到要素配置效率，又要兼顾产品市场竞争，显然，全面竞争对于大多数制造业企业微观主体而言是不恰当的，因而需要进一步研究切合全球竞争需求中对于资源要素组合的信息反馈需求，建立起资源要素的平衡配置，并结合服务化过程中的要素配置构建起全球竞争的新型创新方式(卢福财，胡平波，2008)。

刘莹(2014)强调我国制造业如果不跳出低端模仿的固有模式怪圈，就会面临被全球价值链(GVC)后期竞争的长期低端“锁定”，进而是“微笑曲线”两端的服务化延伸中的巨大生存挑战。在 GVC 中，仅有服务“外包”企业尚可维持其竞争地位，而其余厂商除非结合 GVC 进行新一轮的产品技术创新，否则将无法维持技术优势，而模仿套利的低门槛，将造成进一步的 OEM 生产创新沦陷(孙红燕，张先锋，2012）。同时，制造业企业的投入程度中服务化要素以及行业技术标准建设的相对不足，使得上述企业的知识、技术密集可能性趋弱，因此通过产业链延伸和产业创新，实施结合国际市场需求的要素组合优化创新是GVC路径的重要创新方式。刘志彪、张杰（2007）指出全球价值链（GVC）在进一步的发展竞争中，逐步形成了发展中国家代工厂商与发达国家跨国公司或国际大购买商的多种协作对接关系的主体集合。其中，作为发展中国家的典型，制造业投入服务化的创新应该以俘获型网络治理关系为主要方式，也就是说，当发展中国家无法实现基本或完全意义上的独立自主研发这种全球竞争创新模式的时候，可以通过俘获型网络塑造源自发达国家跨国公司所具有的技术势力和国际大购买商所具有的市场势力，并指出制造业厂商应逐步形成并累积自身参与全球竞争，结合服务化要素投入实施创新的过程，逐步尝试建立起适合自身发展的模式。因此，发展中国家摆脱GVC背景下被俘获关系的出路，在于结合国内市场空间的国内价值链（NVC）（National Value Chain，NVC）的培育，同时，基于GVC和NVC比较可以看出，适合我国制造业现状的创新方式，应该是逐步从NVC向GVC转变。

卓越、张珉（2008）强调我国制造业在获取分工收益的出口导向型产业发展机遇的过程中，逐步形成了以跨国采购商为主导的俘获式GVC，但尽管如此，我国绕道GVC进行NVC的竞争节点构造，仍然需要注意资源要素的配置与生产竞争的矛盾，同时，受到跨国采购商所决定的分工格局以及对升级的控制，GVC低附加值重复累积生产还会进一步造成我国制造产业在投入服务化过程中对低端加工形式的持续锁定，因此作为替代GVC方式的NVC，应该要注意在企业结合现有资源基础上的要素配置创新，且必须符合自身创新的高级进阶可能，以及结合GVC要素市场特色，也即是要确保这一类创新的全球接轨性。

周蕾（2012）指出随着发达国家占据全球服务贸易的主导地位的趋势增强，GVC价值链中的服务化地位也在逐步凸显。但广大发展中国家由于自身创新不力，仍被锁定或停留在GVC低端甚至底端，并指出应该通过服务化要素创新的融入来改变这一现状，以相对更为高效的投入服务化要素配置，选择生产性服务贸易融入GVC提升的节点中，从而获得基于投入服务化深化创新的GVC节点竞争地位竞争优势。张少军、刘志彪（2013）认为中国及其制造业产业必须面临GVC以及NVC的选择，而且在逐步的全球化进程中的产业升级和地区差距拉大过程中，还需要妥善解决资源要素配置以及全球竞争的平衡问题，两人在针对1997年、2002年和2007年广东和江苏两省的投入产出表与行业截面数据分析的基础上，以联立方程模型分析GVC和NVC的竞争创新效应关联。其主要结论有：我国制造业的GVC以及NVC存在创新绩效的弹性负相关，两者尚未成功对接，且随着行业、创新持续时间、区域创新绩效的变动，GVC 弹性趋正、而 NVC 对应弹性趋负，并建议应该结合我国制造业以及投入服务化发展的现状，逐步以 NVC 原始创新对接 GVC，并为链条对链条的竞争以及我国制造业产业升级、区域经济协调发展提供坚实的分工基础。陈健(2010)基于对"全球 500 强"中的制造类跨国公司的东道国因素、要素禀赋差异、经济地理因素和跨国公司自身四个方面的比对分析研究，证实跨国公司不同价值增值环节区位分布既受到市场规模、服务发展水平等共性因素影响而表现出一定地域协同性，同时还受一些个性因素影响而表现出了差异性特点。而这些特征，都进一步影响我国制造业在投入服务化过程中以 GVC 节点接入者身份参与全球竞争的创新效益。

第三节 制造业投入服务化基于全球价值链路径的创新竞争分析

一、精益六西格玛管理的创新机制形成

所谓精益六西格玛，主要指的是通过系统整合的理念，逐步形成企业内部管理的层级化创新，并对这种创新予以系统管理化(焦胜利，2005)，这并不仅仅是精益化管理与六西格玛的简单加总，而是两者优势特征的有机结合，并对创新研发管理具有绩效提升作用。而正因为后者，也即是六西格玛，能够严格、集中和高效地改善企业流程管理质量的实施原则和技术，以"零缺陷"的完美创新管理追求，显著削减质量提升和创新行为的成本，并对投入要素加以有序组织，从而能实现基于财务优化以及资源要素投入整体优化的效应(得・S・潘德，2002)[①]，这一管理法也对于制造业投入服务化的创新效应获取具有指导意义。因此，制造业企业微观主体也是通过对于系统的精益六西格玛进行应用整合，以精益化生产和六西格玛相互补充，来获得"1+1>2"的效果(马斯・麦卡蒂，2007)[②]，而正如现实中部分制造企业实施了六西格玛时，也注意到了精益化管理的进一步应用，但由于没有切实落实每一步精益六西格玛的执行效应，并对其加以监督和反馈，因此部分制造业企业错失了实施要素投入服务化创新的精益六西格玛效应获取的良机(McFadden, 1993)[③]。

---

① 彼得・S・潘德. 6σ 管理法——追求卓越的阶梯[M]刘合光等译. 北京：机械工业出版社，2002.
② 马斯・麦卡蒂. 六西格玛黑带手册[M]郑伟，译. 北京：电子工业出版社，2007.
③ McFadden, Fred R. "6 - Sigma Quality Programs." *Quality Progress* 26. 6(1993): 37 - 42.

这里需要指出的是，精益六西格玛的执行还离不开“戴明环”管理应用，即按照工作计划、实施、检查和处理（PDCA）的四阶段，进行相应的投入服务化运行要素与GVC创新竞争的结合性分析，在制造业投入服务化创新的计划阶段，以科学分析的方法确立GVC创新的工作目标以及相应的管理模式（汪姌姣，2006）；实施阶段主要落实各步骤中的投入服务化创新与GVC节点竞争如何结合性地开展；检查阶段突出对于投入精益六西格玛的服务化要素如何进一步结合GVC进行创新，并针对执行效能予以评估与检验；而处理阶段，则主要突出如何按照制造业投入服务化的GVC创新进行效能低下部分的环节撤销、取缔或进一步替代性改良的实践（任立肖，徐荣贞，2013）。以上计划、实施、检查和处理分别以英文P（plan），D（do），C（check），A（action）表示，所以又称为PDCA循环。在精益六西格玛的执行过程中，一次优秀的PDCA执行会推动下一个环节的PDCA有效运行，从而循环获得整个精益六西格玛效应，即推广成功的经验，总结失败的教训并制定纠偏措施，对没有解决的问题找出原因，转到下次循环。PDCA每次循环都把目标带到一个新高度，逐步升级，使创新优化目标的质量管理日臻完善。

二、精益生产方式（Lean Production Mode）的创新互动

精益生产方式主要是以最小化资源消耗为基础的企业要素组织与创新竞争的整合的一种管理模式，它的本质在于资源占用和耗费在每一个环节的最大化削减，精益生产方式主要是以“一个目标”、“两大支柱”和“一大基础”（周国华，1999），贯穿其运行过程的。其中，“一个目标”即是按照最低成本、最高效率、获取相应高质量的创新生产方式，从而逐步获得基于最优化要素配置的最高效生产（拉尔丁·海因斯，2006）。而对于制造业微观主体而言，其进行的GVC节点竞争优势的改进，以及管理创新都依赖于精益生产方式进行，而从中获取针对投入服务化要素的最优化生产创新，是GVC背景下制造业投入服务化创新的重要参考依据。“两大支柱”则是精益生产方式的精髓所在，主要包含了准时化以及人员自主化。所谓准时化主要指的是制造业投入服务化的创新生产，完全、实时、动态地契合GVC全球竞争动态及市场需求（王玮，王晓琦等，1998），特别针对各类创新后的产品投放全球市场，参与制造业世界贸易竞争后，所获得的GVC竞争优势变化，多通过精益生产方式的准时化得以反馈，从而确保进一步的GVC创新生产能够更贴近世界市场导向，获得在最合适的时间生产高质量和合适数量的创新产品，这一过程的实现，同时还推动了制造业投入服务化的GVC创新生产的“平准化”（伍爱，2003），也就是说，针对GVC进行的准时化不仅仅体现在我国制造业投入服务化的执行效能和市场动态反馈调整的实时性，

还体现在创新生产的市场信号机制，这种机制主要突出了以创新产品参与GVC竞争后的进一步创新研发，完全按GVC市场反馈来定夺的灵活特性，而进一步生产所需的服务化要素的取舍，投放的力度以及持续时长，则按照最后一个投入GVC市场的流程为依据，也就是创新管理生产对要素加以看板管理化的配置（栗贺友，郝建男，2003），其本质就是将制造业投入服务化的进一步服务化要素运用结合GVC市场需求来量身定制（詹姆斯·P. 沃麦克，1999）。既杜绝了服务化要素的浪费，又充分把握了每一步环节创新对于产品的GVC竞争能力的提升作用，还做到了兼顾制造业投入服务化创新绩效的实时评估。按照精益生产方式推进的制造业投入服务化要素看板管理化配置，逐步将环节化的产品创新形成逐个工序向前推动的模式，有效保证了环节化GVC背景下产品以及要素组合投入的创新，而根据前一道环节创新的服务化要素用量的层层展开，也为全过程的环节化GVC创新循环形成一个拉动控制系统。而人员自主化主要是指投入服务化要素创新过程中，充分发挥人力资源的要素调动作用，使人从基本的生产机制中解放出来，通过劳动力与机械设备的有机配合，促成GVC创新每一个环节劳动力要素投入的削减，并以服务化的要素取而代之，并将影响或阻碍投入服务化创新的要素逐步减少到仅剩制度与机械设备两方面的水平程度，一旦在运行过程中发生制度缺陷或机械设备的运行故障或瑕疵，按照精益生产管理，逐步逐层剖析原因，分离问题责任，从而有效降低制造业投入服务化过程在GVC创新中"人"的因素干扰（王玖河，臧秀清，牛富兰等，1998）。当然这一层面的精益生产管理方式，是相对较高水平的投入服务化创新实现，它不仅要求实施主体企业具有高效的管理机制和联动方案，更要求企业在实施进一步的GVC阶段性创新的过程中，逐步分离人、制度、机器要素，大胆在投入阶段以服务化要素替代传统人力要素，并在精益生产方式的管理各个阶段，能精准执行针对各种影响制造业投入服务化创新因素的经营管理对策。

最后需要说明的是，精益生产方式及其管理，并不是简单、被动的管理方式应用，更是一种结合制造企业微观主体现有资源，进行互动式的创新探究，也包含精益生产方式在企业内部应用过程以及对于上述各类应用模式改进的反馈。这主要是由于我国现阶段制造业投入服务化创新已经不是完全的封闭化的市场运行调整，本身GVC竞争就要求价值链中各节点厂商能高度自适应，而作为制造业企业微观主体也应该且必须快速地反映市场需求，灵活地适应市场变化。精益生产方式带给企业的投入服务化创新，不仅仅是要求，更是客观的现实压力（大野耐一，2006）。换言之，作为实施主体的制造业企业，应逐步实现产品对GVC竞争以及世界贸易市场的有效追赶，进而有效实现各节点式递推对创新产品供应丰富化的促进。

三、整合供应链管理的改进

所谓集成供应链管理ISC(Integrated Supply Chain),主要是指通过充分结合市场以及顾客的需求,平衡企业内部要素组织以及配置,并进行进一步生产组织与创新投入的调整,从而获得在计划、生产、实施、市场运作间的两个回路的优化(林勇,马士华,1998)。这里指的两个回路就是:第一,从市场竞争需求化型号回馈—要素整合集成—ISC生产流程再造并集成-业务流程重组-投放创新品的控制回路;第二,市场需求信号反馈—信息扩散—创新生产再调整—创新改进型生产生成的对策回路。其中第一个回路对于制造业投入服务化创新的作用机制在于针对每个生产创新作业或项目形成反馈式数据(邹辉霞,2004),这些数据主要包含了制造业投入服务化企业主体在进行各递进式GVC创新后的产品竞争力评估、环节化创新品在GVC背景下的价值增值,服务化投入要素对于每一次递进式创新的贡献以及制造业投入服务化GVC创新环节的分层绩效。

从中可以看出,在制造业企业微观主体实施逐步的整合供应链管理的过程中,第一回路为制造业微观主体确立了各种递进式GVC创新的效能机制以及创新的可行性,并且按照信息供给、要素供给、产品供给的方式,逐步生成有利于制造业接轨GVC竞争的创新路线(Leonard-Barton, 1995)。而通过从市场竞争需求化信号回馈,为制造业投入服务化创新提供了结合GVC市场竞争有效产品创新方向;要素整合集成则形成了适配制造业微观主体的最优化的服务化组合(Cho, 2001); ISC生产流程再造并集成,以及业务流程重组是基于以上行动企业内部投入服务化生产链重组,投放创新品则是适应GVC市场需求以及竞争变化后的递进式产品创新的进一步对策。

而第二个也即对策回路,为企业在前一阶段的集成供应链管理的基础上,实施进一步的递进式投入服务化GVC创新竞争设定了优化路径,并且可进行针对于制造业微观主体的内部服务化投产要素的进一步评估优化,这种评估优化主要是基于上一回路所引起的实施主体内部服务化要素的创新绩效变更,以及递进式创新实施之后创新产品投放全球市场的效益增益(Waller & Novack, 1995)。[①] 且对于由此生成的制造业投入服务化GVC创新要素新组合进行了产品投放收益的验证。基于以上验证与评估分析,制造业企业微观主体再按照市场需求信号反馈,逐步调整自有投入服务化要素组合,通过信息扩散测定更多环境变量下新的市场需求变动信息,进而结合创新生产再调整获得创新改进型生

---

① Waller, Matthew A, and R. A. Novack. "Effects of judgmental structure, complexity, and consistency on managerial performance." *Journal of Business Logistics* 16. 2 (1995): 137 - 152.

产所生成的对策回路(Harding，1998)。

综上所述，集成供应链管理对于制造业投入服务化的GVC路径的创新提供了面向对象的集成化生产计划与控制策略，而基于价值增值的多级生产以及创新管理的实践，为迂回生产本质的服务化创新注入了更多的市场信号以及创新递进性控制元素，以及多元复杂变化市场影响因素下的制造业投入服务化创新，提供了可行思路与科学路径框架(路应金，唐小我，周宗放，2005)。而其中基于GVC市场竞争的信号反馈结合了市场价值分析与顾客满意策略管理，确保了结合GVC的制造业投入服务化创新有效的同时，兼顾市场以及消费者的需求，并且能促使实施主体在资源要素配置更大优化情况下实现投入服务化的创新。

第四节 制造业投入服务化基于全球价值链路径的创新对策

一、GVC背景下我国制造业投入服务化创新面临的挑战

目前，我国超过三分之一的制造业企业微观主体设立了产品研发机构或相应的创新研发机制，平均科研人员占员工比为7.3%，并带动了比例超过50%的制造业投入服务化科研活动年均增幅，科技活动经费、R&D经费占主营业务收入的年均增长比已分别高达为3.7%和2.4%，经费投入方面处于全国各行业领先水平，创新的自动化设施投入累积已超过投入服务化资金的20%，[①]从创新升级模式看，我国制造业投入服务化各企业也各有特色。主要有规模以上企业以及少数具备产品研发制造能力、协同部门反应与配合能力的大型制造企业采用的领先创新战略模式；而诸多制造业企业在进一步的GVC竞争中的投入服务化采取了迂回形态的创新，还有类似于德力西等公司，为避免巨资科研成本及市场风险等不确定因素所采取的跟随创新升级方式；而更多企业采用的是跟随领先者产品的模仿创新模式，这种通过产品参数规格的反求、逆向工程等手段来获取细节，进而开发新产品的形式已经逐步通过投入服务化，在基础研究能力薄弱、但生产综合反应能力较快的制造业企业内开展。综上所述，我国制造企业在快速增长且力求创新升级的突破，但从GVC竞争态势来看还面临着严峻挑战，

① 制造业服务化成为全球趋势[EB/OL]. http://www.ceh.com.cn/UCM/wwwroot/development/sz/gn/2014/12/797679.shtml，2014-12-02.

其主要体现在：

(1) 运营成本层面：依靠低成本推动从而获取国际竞争力的制造业投入服务化却因这些因素受到阻碍。虽然持续高速增长的劳动生产率保持，不能抵消劳力成本递增带来的管理成本上扬，人民币汇率升值对外需和出口主导的制造业投入服务化竞争力产生负面影响，并且需面对需求紧缩延续和外需回落等困难。以工业毛利率和企业盈利能力双下滑以及通胀持续为特征的转型期压力，将给我国制造业谋求创新升级之举带来不利影响(陈立敏，谭力文，2004)。

(2) 创新模式层面：目前我国制造业投入服务化过程中参与终端产品生产企业达到 70%以上，而纯粹的企业 OEM 形态仅占 24.1%、ODM 形态仅占 19.6%，制造企业生产方式分布也不够理想，模仿是主选的创新实践。由于以跟进先进技术为主要姿态，缺乏研发方面的广泛探索和超前投资，很大程度上使得我国制造业投入服务化只能被动适应，难以进行技术积累和长远规划(胡耀辉，2013)①，并且被动的跟随和市场不稳定变化也不利于其巩固和发展创新产品的营销渠道竞争以及全球市场应对话语权薄弱所带来的挑战。

(3) 外部制约因素层面：我国制造业投入服务化虽存在与跨国公司合作和竞争博弈，但后者善于全球范围内的价值竞争运营、相当数量企业自有产品定价的话语权，使得产品经营方面的规划控制权仍掌握在部分大型跨国公司手中。同时，我国制造业投入服务化还不能避免印度、东盟国家及地区等初级要素密集型经济体，在 GVC 的低端的竞争加剧，以及金融危机、欧洲债务危机蔓延和人民币汇率机制变革等各种外部因素带来的不利影响。

综上所述，我国制造业投入服务化若继续依托于初级要素持久参与 GVC 竞争，容易走入出口收入持续增加但创新竞争难以实现的“贫困化增长”的两难境地。

二、我国制造业投入服务化 GVC 创新模式

关于制造业投入服务化创新升级模式，Abernathy 和 Utterback(1975)提出的 A-U 产业创新模型解释了发达国家以原技术创新为推动的产业创新演进规律。程源(2005)②则提出了与传统 A-U 模型反向的后进国家及其企业创新升级发展规律，他认为低端制造业投入服务化在嵌入 GVC 发展进行创新升级时，关键突破口是工艺创新，但制造企业若仅局限于制造或工艺方面的创新，反会限

---

① 胡耀辉. 产业技术创新链：我国企业从模仿到自主创新的路径突破——以高端装备制造企业为例[J]. 科技进步与对策，2013(9)：66-69.

② 程源. 技术创新：战略与管理[M]. 北京：高等教育出版社，2005.

制产品及企业本身价值增值的潜力，因此势必要由渐进性产品创新转向完全产品创新，结合这种反向规律，较适合的 GVC 创新升级模式应为：以流程和制造创新为基石，开发自有技术，或转向自有产品创新，或就上述两者进行结合。我国制造业投入服务化可结合自身情况，适宜适时地做出创新升级路线选择，具体详解如下：

第一路线，实现工艺改进、升级和自有创新。首先制造业投入服务化暂不选择开发自属产品或工艺技术，并放弃新产品的设计和营销，将其交由领先制造企业尝试。通常这种企业处于 OEM 的初级阶段，只进行简单产品标准化组装或生产参与的国际竞争，逐步改进提升现有工艺，为后续创新升级蓄力，而后通过新投制造工厂或流水线实现投入服务化，结合性地研发自有工艺技术，进一步增加产品附加值。

第二路线，即开始改进和设计产品，主要指制造业投入服务化从工艺领域向产品领域跨越式升级路线的选择。共有两种，分别是它有特色的改良式创新和自有特色的全新创新，我国制造企业可依托现有或新进设备流水线完成基于原始产品在功能、特色和技术性能上改进的 OEM；也可以依托上述设备力量展开自有产品品牌的 ODM，借助其高效低耗的制造技术转向新品开发。综合而言，以区域内制造企业的自主设计吸引 GVC 上端的国际领先企业；同时，本土制造业改进设计和工程技术被其所接受，接着第二路线的选择实践可使我国制造业投入服务化获得从 OEM 阶段向 ODM 的升级转移，迈出自有新品第一步，实现产品升级。

第三路线，在自有产品开发的基础上提升其工艺，建设自有品牌。这一阶段是基于前两个路线的积累而形成的跨越式创新升级。我国制造业投入服务化完成这一步的升级需要相当的制造和研发能力。设计和销售自有产品，从 ODM 阶段向 OBM 阶段转移，实现产品和功能共同升级。凭借高效运转的制造设备和新产品的独立开发能力，本地企业便完成了向 OBM 的跨越，并使自己的品牌国际化，进入产业的高附加值环节（如设计、研发和营销环节），成功实现功能升级。

第四路线，即企业以直建自有国际品牌的方式嵌入 GVC 发展，实现创新升级。这是提升价值链的最困难方式，企业需要做到投入服务化过程中齐备资金、创新机制、研发团队、管理体系等创新升级因素以及汇率、政策等外部制约因素的全面适宜，对于目前的我国制造业投入服务化而言，尝试由现有生产竞争的工艺提升跳跃到自有国际品牌创立研发，或迅速转向专有新品开发，尚不可行，且第四路线表示，品牌自我提升需要转向另一种自有新品开发，实现跨越价值链的升级。

三、基于 GVC 的我国制造业投入服务化创新升级战略构建

根据上述分析可知，我国制造业投入服务化要想提升在 GVC 中的地位，必须将产业嵌入价值链中，通过结合对生产制造系统的更新改造，实施 GVC 创新升级，建立先进制造能力并逐步实现对核心制造技术的掌握，实现从低级、辅助环节向更高附加值环节的跃迁，获得企业 GVC 地位的改善，进而分享较大的利润份额。

第一，流程升级战略

在流程升级阶段，企业通过重组生产系统或引进新的生产工艺以提高整个加工制造的流程效益从而降低成本，继续参与 GVC 低端竞争。鉴于“发明创造没有实力，消化吸收已有能力”的实际情况，采用国内外企业中更高效率生产线、即时生产等先进设备或技术，进而对其再消化吸收和创新（周文光，黄瑞华，2012），使实施投入服务化的企业在尽可能短的时间内，缩短与先进企业在设备和技术上的差距，就企业自身而言，无论是否实行创新，都存在产品生产流程。对于企业运营过程而言，流程就是其为了执行客户价值创造而执行的各类生产过程，是对于产品价值创造的一系列行为的组合（徐从才，丁宁，2008）。而所谓基于流程实行制造业投入服务化的创新，就是针对研发输入进行加工处理，产生输出一系列行为任务和决策。从本质上来说，制造业投入服务化的 GVC 流程创新，是站在全球高度进行客户创造和价值传递（Coe & Helpman, 1995），并在其中的投入化业务实际中，以创新的运作方式、技术创新结合研发获得一定量的流程创新累积。根据波特的价值链理论分析，产业的流程创新应该基于企业内部流程创新，这就包含了具有技术竞争力产品在研发、设计、生产、交付等任意环节的局部性质的改良，或者对于企业的核心业务流程加以一定程度的辅助环节改良的创新（刘明宇，芮明杰，姚凯，2010），特别是其中涉及产业内部财务、行政、后勤、人力资源等方面的创新（Hung, Tseng, & Dai, 2011）①。但究竟选择哪个环节，则是以各环节对于产业技术研发创新能力以及产业创新绩效提升的显著程度作为筛选依据，而不是以是否属于企业研发创新核心部门或环节为判断标准（Nieto & Quevedo, 2005）②。这主要是由于企业内部的技术研发创新，不仅依赖于企业现有的技术创新能力，也与企业内部供独立自主研发创新的资源要素，对于研发创新的支撑程度有关。因此对于现阶段我国制造业企业微观主

---

① Tseng, Chun-Yao, Da Chang Pai, and Chi-Hsia Hung. “Knowledge Absorptive Capacity and Innovation Performance in KIBS.” *Journal of Knowledge Management* 15.6(2011):971-983.

② Nieto, Mariano, and Pilar Quevedo. “Absorptive Capacity, Technological Opportunity, Knowledge Spillovers, and Innovative Effort.” *Technovation* 25.10(2005):1141-1157.

体而言，首先要做好企业或周边组织环境所形成的流程创新，不仅能有效激活企业内部供于技术研发创新的各种资源的创新活力，而且能在结合目前阶段下的制造业企业微观主体 GVC 竞争节点现状，进行有条件的局部创新，并对满足客户以及全球竞争的市场需求程度进行有效提升，从而使得整个制造业投入服务化应对 GVC 竞争的创新都具有重要的战略意义。而从流程创新的本质来看，这一类型的创新形态，不仅仅是制造业投入服务化结合制造业、服务业内部创新的相应资源要素的合理决策，也是通过结合主导制造业企业微观主体现有生产与竞争模式及核心业务流程，形成新的产业研发创新模式的必然选择(Kostopoulos, et . al, 2011)①。为此建议，应该在结合熊彼特理论关于工业产业创新组织形式的分析框架基础上，改变企业的组织形式和运作方式，通过局部创新，适应性地结合 GVC 竞争对于我国制造产品在全球市场的贡献等信息反馈，来实现制造业企业微观主体内部的创新资源要素盘活，进一步提升制造企业投入服务化应对全球竞争压力与现实环境的能力，以及流程创新对企业自身和整个产业研发创新竞争力的推动作用。

就具体的流程创新环节以及着力方向来看，应该从现阶段我国制造业企业微观主体可操作的方向入手，这些方向包括产品局部功能以及功效实现的局部技术创新，也可以是基于产品功能在世界市场的行销或营销、知识与文化创新(郭志仪，杨琦玮，2009)。因为对于整个制造业而言，任何一个产品在全球市场中的竞争都包含了其完整的生产链关系，其中每一环节又对应了具体的生产与创新的静态节点信息，如若直接进行颠覆整个生产链关系的创新，那么不仅所付出的代价是巨大的，而且有可能获得的收效是微小的(张少军，李东方，2009)。换言之，作为制造业企业微观主体，在 GVC 下的投入服务化流程创新中，不能仅仅专注于产品创新或者其对应的全部有形资源及投入，以免企业遭受长期的、持续的投入收效不及预期。相反，如果在上述过程中，积极做好每一个流程环节的制造业投入服务化创新可行性分析，同时针对企业内部现有的研发创新可配置资源进行创新论证；再结合逐步的新产品市场竞争状况，分析实行局部流程创新对于这一竞争创新过程的影响；进而以逐步的流程创新尝试，结合动态的效应分析，获得制造业投入服务化 GVC 节点的流程创新实时绩效。由此，为实施企业主体节约了客观的创新投入与时间，从而催生客观的竞争经济效应，同时也为进一步的 GVC 层进式创新奠定基础。

同时，应根据制造业企业微观主体的 GVC 竞争现状及其投入服务化创新

---

① Kostopoulos, Konstantinos, et al. "Absorptive Capacity, Innovation, and Financial Performance." *Journal of Business Research* 64.12(2011):1335 - 1343.

的能力，逐步融入六西格玛项目优化，尝试分别从制造业产品的外观、包装设计、配件以及零配件组合服务、售后服务与安装等方面进行组合式流程创新（许庆瑞，郭斌，王毅，2000），不仅要注重简化企业内部用于投入服务化创新的要素冗余，而且要结合性地发挥企业在 GVC 节点中的强项，充分发挥基于流程创新后的 GVC 节点竞争效应，从而为进一步的后续创新奠定基础。

第二，产品升级战略

按照 Gereffi 的观点，供货于美国购买商的东亚制造商走出了一条自 OEM—ODM—OBM 的升级之路。相应地，作为 GVC 中一个重要组成部分，我国制造业投入服务化，也应从其与全球购买商的交易中学会制造流程改善的方法和产品线更新的升级力量。我国制造业投入服务化的产品升级战略的关键在于对核心技术的掌握，并在对较高附加值价值占有的基础上，努力推进产品创新，一方面逐步发展自己的产品设计、研发能力，提高产品等级和档次（殷梅英，王梦光，刘士新，2003），另一方面也需要力争培育出具有自主知识产权的产品，从而获得超过竞争对手的产品优势，稳固自己的较高价值 GVC 节点地位，进而促使我国制造业投入服务化的 GVC 竞争力得到明显改观。不过，由于此时我国制造业投入服务化的自主品牌经营能力尚不完善，因而其生产运营是围绕着原有价值链、原有 GVC 领导企业展开，不能取得对价值链的控制权，产品升级还不足以保证 GVC 领导地位的获取（Thonemann, 2002）[①]。因此，可能的选择是消除体制障碍，推动区域内中资企业规模扩张，使其获得研发投资实力，同时辅之以政府设立的风险投资基金及技术创新平台，扶持企业进行核心技术研发，实现制造业投入服务化企业的技术升级。

从这个角度而言，应从制造业产品的形式、价值以及品牌等角度加以创新。首先，就产品形式而言，作为制造业产品，存在设计、物流包装、数量组合、使用包装等不同构成角度的产品形式，特别是在当今制造品世界贸易市场需求逐步多元化的发展过程中，产品构成类目渐趋丰富，制造业产品的系列化都是产品形式创新的重要组成（Helo, 2000）。因此，作为制造业企业微观主体，应该充分分析现阶段实施 GVC 背景下投入服务化产品创新升级的现状，按照企业是否具有实施创新的对象产品筛选分析为基础，评估企业现有内部资源和投产研发创新的可利用程度，以及可调配程度（Naumann, Jackson, & Rosenbaum, 2001）；并结合市场需求程度，进行进一步的产品形式的改善论证，论证主要考虑上述产品外形、包装等环节步骤的改善，对于制造业产品的贸易市场竞争优势有多大程度的

① Thonemann, Ulrich Wilhelm. “Improving Supply-chain Performance by Sharing Advance Demand Information.” *European Journal of Operational Research* 142. 1(2002): 81 - 107.

提升(江小涓,2008);同时需要围绕这一类型的产品形式创新是否会对其他诸如产品价值以及产品品牌创新产生负面影响(Marques, Caraça, & Diz, 2006),特别是对于制造品贸易市场的细化,应该更加注重其在包装、分组形式等方面的创新,在当今制造品市场上以不同的包装等形式加以区别的制造品逐渐呈上升趋势,而基于不同产品形式组合进行的产品升级创新相对不足;而同时,在服务化要素投入制造业过程来看,后者对于制造业产品的差异化竞争,特别是 GVC 竞争的推动作用尚不明显(Markose & Sheri, 2004)。因此建议应该将各种不同的产品形式创新,作为对服务化要素提升制造业产业竞争力的重要途径,以更全面地推进制造业投入服务化的 GVC 产品形式的升级创新。

转型升级创新,主要指的是企业根据现有产品线,按照市场对于产品的需求,逐步从相对弱势的产品线转向相对优势的产品线进行创新的过程(Amin, 2010)[①]。而升级创新中的产品转型创新主要是指企业在现有产品线基础上,对产品进行改造升级,使产品获得更大的质量优势和“性价比”优势,从而形成市场竞争力的一种创新方式。针对目前我国制造业企业微观主体所面临的 GVC 竞争现状,我国制造业企业微观主体应该首先分析清楚自己的弱势产品和相对强势产品,这就需要企业在经过充分的市场调研,开展审时度势的行业判断,特别是针对全球化经济过程中的经济一体化趋势,应该有充分的认知,对于企业所处的全球价值链竞争的节点地位,以及比较优势产品在全球价值链中的地位,有明确的定位(Levy & Howard, 2009),从而使得企业可以结合产品竞争与市场供求现状,根据投入服务化的力度,进行适合产品需求的转型创新。在进行产品转型创新的过程中,应首先注意转变生产组织方式,这里主要指的是围绕产品的生产业务重组,要突出主竞争力产品的主业,逐步削减甚至剥离次竞争力的副业,从而有效缩短产品生产链;同时要进行基于制造业投入服务化要素组合的集中管理,不能需要什么,就生产什么,供给什么,尤其要注意适当削减相对竞争弱势的产品创新投入力量,甚至有效关停一部分生产线或相关部门(Chen & Liu, 2014);当然,从长远看,制造业企业微观主体还要注意产品转型创新所需要的人力资源更新,这就要求制造业积极做好“走出去,请进来”的工作,对产品创新的相关研究人员有组织、有步骤地进行交流邀请,也可以派遣优秀创新工作人员参与对方的制造业产品创新项目研发。当然,在这一过程中,需要特别注意对投入服务化过程中的转型创新的质量控制,尤其是涉及产品专用特性、精密度或者规模量大的产品,实施 GVC 竞争创新的投入服务化创新主体,应该时刻注意按照

① Amin, Saman Hassanzadeh. “Coordinating Production and Recycling Decisions with Stochastic Demand and Retur.” *Journal of Systems Science and Systems Engineering* 19.4(2010):385 - 407.

用户需求为导向，时刻渗透“质量重在预防”的管理思想（邓军，余忠华，杨基平等，2005），让“一贯质量管理”模式进入到投入服务化产品转型创新的质量控制工作中。尤其是对于不断引入服务化要素后，不能忽视服务改善带来的其他生产要素投入组合运行所产生的质量风险。具体而言，应该以产品质量先期策划为主导，并以转型后的产品质量结合服务化要素渗透后的产品部件进行逐步质量分析，再按照部件为单位进行质量控制，逐步对照服务化要素引入前后的质量数据，以比对的方式决定进一步 GVC 转型创新的深化改进细节，并以质量策划控制整个转型创新的生产过程，再结合国外先进经验的设计来逐步优化分解制造业投入服务化的 GVC 转型生产创新。另外，需要强调的是，由于结合 GVC 竞争节点的分析是动态的，因此相应背景下的转型创新需要进行企业的精细化管理，因为只有精细化管理才能对照 GVC 动态竞争信息，获得有关于投入服务化创新形成了何种竞争优势进步的有效剖析，并为转型新产品的创新提供包含可靠性以及安全性在内的要素投入全方位信息，这里建议可以结合统计过程控制（Statistical Process Control，SPC）SPC 等质控工具，对照企业生产过程中的各项指标，进行结合性创新，以对照 GVC 竞争现状的制造品质量市场要求，进行稳定的转型创新质量控制，再加以一定力度的服务化要素引入质量变动干预，从而进一步消除质量问题的产生。

第三，功能升级战略

按照程源提出的反向 A－U 模式发展规律，我国制造业投入服务化不能仅限于流程上的技术改良来获得创新升级，更重要的是将升级路线上移到自有的产品创新上来。

我国制造业投入服务化的功能升级战略，主要可依托自主品牌重构价值链而确立 GVC 的领导地位。由流程创新为 GVC 重构夯实基础，并由产品创新作为 GVC 重构实现关键点的突破。随着价值链内企业通过激烈的竞争排挤，取代原有领导企业，推翻原有价值链治理层级结构的拘束，经营自主品牌的能力逐步提升，围绕自主品牌，摆脱 GVC 中低节点劳动加工格局，获得更高附加值以及诸如技能和薪酬水平的提升，企业得以对 GVC 环节实现服务化的重组创新（施建伟，陈圻，2002）。从产业链角度来看，可以通过整合供应链（ISC）方法促进我国制造企业的功能升级，也就是在现有技术水平和产品结构上，控制、影响并优化整个供应系统，优化资源在每一个环节的配置，从而获得更高的内部创新价值。因此 ISC 是从整个供应链中选取最重要的步骤着重管理，提高企业的工作效率，并可建立一个具有快速反应能力和以客户需求为基础的制造业投入服务化供应链系统，提高整个供应链而非单个环节的效率，降低整个供应链系统的成本、库存和物资储备，为制造业提供更好的服务。

关于集成供应链管理方法对于产品的功能创新应用，应该突出集成化管理对于投入服务化要素引入的全程控制，如果企业仍然按照传统方式进行物料采购和服务化模块的引进，那么这种前项流程是缺少管理的。同时，这种模式必然包含着大量的传统生产方式信号对于投入服务化的影响与干扰，而在叠加了GVC竞争元素后，这种叠加信号的干扰力度会更强，从而影响GVC路径下以ISC方式对于制造业企业微观主体的GVC功能升级创新及其创新绩效的获取（黄永明，何伟，聂鸣，2006），而这种缺乏需求管理的供应链前项就是纯粹的投入服务化要素组织以及物料引进。为此建议制造业企业微观主体在实行相应的产品功能创新升级时，需要强化基于GVC竞争网络的节点分析，以改进产品功能的价值进步与市场竞争力进展来合理推进创新收效，特别是针对投入服务化要素在产品功能创新环节增加后获得的相应效益，以及投入之间的比重，并针对性地进行相关采购和功能升级的创新研发。

对于功能升级而言，应该逐步实践各种不同方式的创新组合：第一个方式便是功能组合方式，即根据现有产品的已有功能，结合GVC优势的发展趋势，针对我国制造业企业微观主体内部已经有的投入服务化要素，进行选择性配套的创新组合，这些组合既可以是少数几个新功能的组合（陈圻等，2003），也可以是产品已有功能对相对新功能的组合，也可以针对全球竞争需求以及跨产业常规功能需求进行功能叠合，总之这些创新功能的选择性组合是以产品的核心功能为基点，在组合的过程中，推动服务化要素的充分使用，以服务化性质对比功能叠合前后的产品价值变动进而提升制造业在GVC全球竞争需求下的要素效益；第二种方式便是矛盾削减方式，即以逆向思维进行产品的功能创新，也就是利用反向操作法则，进行产品功能升级的“逆向思维”（刘友金，袁祖凤，易秋平，2012）①。对于制造品而言，相对容易进入市场和相对容易模仿，是其共有的特征，然而这也使得我国制造业参与全球竞争必然面临大规模的产品同质化。为此，在一定时期，以更多的服务化要素投入，换取企业自身除传统资源以外的要素规模优势，再结合GVC创新的现实方向思考产品功能定位，化繁为简，去粗取精，并对比相应产品的技术发展趋势，再反向推之，会获得GVC节点竞争的空白，从而可以凭借已经累计的大量资源，重新获得产品功能的重新组合以及市场竞争的有利地位。

另外，在实施功能创新的过程中，逐步针对企业现有状态下的GVC产品，从其功能、形态、结构、材料等进行服务化投入的市场结合性分析，例如产品的形

① 刘友金，袁祖凤，易秋平.共生理论视角下集群式产业转移进化博弈分析[J].系统工程，2012(2)：22-28.

态可以引进哪些服务化要素并对其进行改造，对产品结构和材料，可以凭借现有的哪些服务部门获得创新构思等等，从中再实施联想、借鉴、类比、模拟，最终形成GVC竞争背景下新的产品功能创新思路，再对拟进行功能创新的产品，按照功能与结构的要求（张杰，刘志彪，2007），形成不同功能定位的产品改进功能创新，从而提供制造业企业微观主体针对GVC需求节点特征的投入服务化创新。

第四，链条升级战略

与前三种GVC升级战略都围绕着原有价值链及产品展开创新有所不同，作为我国嵌入GVC进行创新升级的最高形式（程源，2005），完全摒弃原有价值链系统而专注于全新、更高价值的产业价值链构建，制造业主要依赖于技术突破创新获取逆价值链的跨越式发展来实现，并且凭借GVC获得强大的竞争优势，从而获得不可动摇的主导地位，进而成为市场垄断者。

对于GVC竞争而言，最终创新升级竞争应该是以链条升级为主要形态。这主要是因为随着GVC节点竞争的进一步激烈，在制造业产品的市场以及世界贸易竞争范围内，已经很难有产品可以通过完整的产业链进行不重复竞争的空间了，而随着部分产品完成从流程、升级、功能创新后，也已经形成接轨GVC竞争生产的相对较为完善的配套，而制造企业的进一步竞争不能再继续以上述三种形态进行，否则将面临更多的竞争效仿厂商的进入，从而稀释了竞争利益，而此时投入服务化的制造业要素相对收益也会显著下降（凯文·莱恩·凯勒，2003）[①]。为此，开辟全新的创新竞争链条，将投入服务化的精力逐步转移到产业链控制力层面是明智的选择，也是制造业企业微观主体实现投入服务化创新的必然选择。

在具体的执行过程中，制造业企业微观主体应该从原材料供应、全新或者全系产品的布局与生产制造、行销品牌、销售渠道的遴选、物流配送的优化、零售终端的精细化管理等环节入手，加强投入服务化要素及其与制造业产品的GVC竞争效应结合（张国良，陈宏民，2007），从而形成更高效的投入服务化创新效能。从竞争节点到网络的协同，应该将制造业企业微观主体与周边协作关联主体定位成战略协作关系，从而在原先上下游产业链的整个行业基础上形成动态关联，以及生产前后向服务化要素的创新共生生态系统，才能使得共同关联的生产主体获得共同发展，互惠互利，齐头前进的GVC竞争机会（邓立治，王辉坡，何维达，2009），而在进行基于流程、升级、功能创新后，我国制造业企业微观主体应争取获得生产创新过程中的风险应对能力的提升，从而为整个制造业GVC全球

① （美）凯文·莱恩·凯勒.战略品牌管理[M].李乃和 等，译.北京：中国人民大学出版社，2003.

价值链竞争的抵御风险能力提升，以及创新绩效获得有利条件。同时，由于我国制造业投入服务化主体企业自身尚不齐备链条升级能力，依托高校及科研院所，形成新产品研发、产销的创新机制并与各方力量形成成果共享、风险共担模式，是较科学的层进式链条升级创新模式。具体地说，是以流程、产品和功能升级为基础，由我国制造业投入服务化这一创新主体，依托区域政府及区域产业经济助推政策及社会中介服务等多方力量构成的体系，将制造业产业集群、高校及科研机构、区域内国际研发资源经由互联网等的平台构成的智能 agent 联系起来，使信息、技术、知识要素在各主体之间双向流动，将创新资源整合到一个虚拟组织内(刘兰剑，2011)①，并共享于各主体成员。在这种模式中，各主体可通过远程登录、电子邮件、网络视频会议、BBS 等方式与智能 agent 之间进行交流，并将创新市场需求信息、产品及合作意向、创新实施思路及方法，更高 GVC 节点的产品技术创新进展及交流创新成果，作为推动制造业链式创新智能 agent 的重要构成来源，并促使上述信息、知识向制造业投入服务化的设备生产线、员工技能培训和全新品试产、投产的转换、吸收和创新(全利平，蒋晓阳，2011)。鉴于我国制造企业规模的现实制约，股份制的技术创新型产权组织可以作为一种产业升级在驱动力方面的尝试，我国制造企业或上述链式创新体系结构内创新主体通过专利、非专利技术作价方式认购有限公司或股份公司的股份，也就是说技术出资者以股东身份，将其相应的科技成果作为公司法人资产，并且以市场化、资本化运作带动区域内制造业投入服务化的链式创新升级，技术作资参股，创新利益分配，具有活力，不失为我国制造企业获得 GVC 层进创新升级的一个有益创新尝试。

第五节　本章小结

我国制造业投入服务化过程中提升自我创新能力与绩效的路径，不仅有基于现有全球生产网络的协同创新，也有充分贴近制造业贸易背景的贸易改进与 FDI 技术研发；而且制造业投入服务化过程同样是微观主体企业参与全球竞争的过程，这一过程要求其能充分挖掘自身竞争优势，合理剖析自身的全球价值链竞争弱势，开展基于全球价值链竞争的投入服务化创新体系化决策：制造业企业应该基于现有生产工艺及技术，以重组生产流水线和创新开发视角等实践，逐步开展基于更高效率的生产线，即时生产等先进方法获得流程创新；再结合全球制

① 刘兰剑. 网络能力、网络治理与企业成长间关系及研究动向分析[J]. 软科学. 2011(3)：105－109.

造品贸易，逐步以“干中学”形式，渐进优化服务化后的制造流程改善，形成产品创新；并在结合自有品牌创新的基础上，以国内竞争链逐步构建 NVC 创新框架，最后实现摒弃原有价值链系统而专注于全新、更高价值的产业价值链构建，从而在更高形式上，实现我国制造业投入服务化嵌入 GVC 进行创新升级的链式创新。

第十章 总结与研究展望

第一节 全书总结

本书在结合制造业产业竞争现状分析的基础上，深入分析了我国制造业投入服务化的创新依赖机制，并通过理论分析与实证研究，逐一验证了我国制造业依托知识生产研发创新、技术创新生产网络协同创新以及 FDI 和贸易等路径与投入服务化创新绩效的关联，确立了投入服务化创新增效的各类渠道；并基于制造产业的生产协作网络组织形式，剖析了制造业投入服务化协同创新的绩效与风险；再结合我国制造产业的贸易竞争机制，逐步探讨了各渠道对制造业投入服务化创新能力与绩效提升的可行对策，特别针对技术创新研发以及投入服务化的制造业创新能力与绩效提升的空间影响因素验证研究，本书研究在制造业投入服务化的创新路径全局对策体系上，结合了不同创新绩效与能力提升区域，形成相应创新研发路径的不同策略应对，并得出了以下重要结论：

制造业投入服务化创新的一个重要标志，就是知识生产研发创新的要素集聚，知识生产研发创新路径不仅关联着制造业投入服务化创新投入的能力与绩效，也与制造业如何以相关要素组织生产，并进一步从贸易及生产竞争中获取创新绩效提升紧密关联。上述关联归纳起来主要有以下两点：

（1）我国制造业投入服务化要素的配置在整体上尚未获得显著的知识生产的创新效应，但知识生产研发创新在创新主体、创新活动方面已经逐步凸显出对于创新的作用机制。制造业投入服务化创新研发投入、制度环境创新和市场融入的创新与其投入服务化知识生产研发创新绩效空间差异呈显著正相关；而科研院所及高校等组织机构对于制造业投入服务化的知识生产研发创新在投入和产出上呈现显著负相关。

（2）制造业投入服务化创新人力资本尚未获得显著正关联，与创新规模增长具有显著关联；制造业投入服务化技术研发创新在财力投入与创新产出成果间、人力资本投入与创新产出成果，以及财力投入、人力资本投入与创新产出成果三者间存在互动调整影响关联：人才要素投入在制造业投入服务化创新中主要通过调节政府及产业的R&D和科技投入资金与创新成果质量正相关，前者的投入越大意味着科技投入对创新成果质量的正向影响越大，而财力方面要素，也即是一般意义上的资本投入也参与产业人力投入对创新成果正向影响的调节。制造业投入服务化创新的人力、财力在服务化进程中的投入已密切耦合于制造产业发展的时空轨迹中，进而构成对制造产业发展中创新投入的结构性制约，并形成通过两者均衡演进所引致的产业经济发展理性要求。

在制造业投入服务化的协同创新路径上，通过现状分析，发现制造产业基于现有生产组织网络，进行协同创新，存在可行性，而立足于生产协作网络进行的制造业投入服务化在要素的统筹配置、特别是人力资本等方面都与制造产业的现有生产以及全球贸易竞争网络密切相关，从研究中获得以下重要启示：

（1）制造业企业微观主体的自身协同创新能力，及其参与协同创新的程度，构成对于其创新能力提升的主要基础；因此，对于微观主体而言，需要选择产生积极关联影响效应的协同生产关系，并对这种实现机制及效率的提升进行对比分析。制造业投入服务化创新主体之间的各类协作创新组织或辅助体，政策引导等是对协同创新推动的主要因素。协同创新围绕环境以及制造业企业微观主体的创新协作能力，构成整个产业的协同创新能力差别层级，政府引导、创新协作联盟、人力资本以及创新激励保护措施，都对制造业投入服务化协同创新具有显著的影响作用；其中政策引导，特别是制造业投入服务化协同创新网络具有显著正关联。

（2）伴随着制造业投入服务化创新的进一步深入，协同创新网络所形成的创新风险，存在基于企业微观主体的规模以及创新能力所构成的差异，而根据不同协同创新能力与适应性网络组织角色定位，主体间的相互作用形成了新的协同创新网络制衡关系，但同时也面临进一步的组织网络生产协同与创新的风险，且协同创新网络中的风险层次性构成了整个网络创新过程中不断生成的新的创新风险的基础因素。我国制造业企业以自发创新为主，决定其抵御风险的态势是自我抵御风险，其化解风险的路径是分析损失、比对协同创新绩效，进而进行生产投资与要素配置的决策，因此须进一步强化制造业投入服务化协同创新应对风险的整体御险能力。

制造业投入服务化的过程，也同样是制造产业参与全球贸易以及生产竞争的过程，而这期间，我国制造产业同样面临产业内部生产效率以及外部竞争过程中的要素趋紧等问题，制造产业只有通过逐步结合生产贸易竞争的现有条件，同时不断组织服务化要素投入后的优化重组，才能兼顾生产及竞争，特别是其中的生产规模扩展中如何以更高的要素组织效率水平获取生产以及贸易竞争等方面的优势凸显，是今后一段时间内，我国制造产业投入服务化创新在贸易、FDI及其研发创新路径上亟待解决的问题，相关启示主要有：

(1) 制造业投入服务化过程中的企业主体实施自主创新，但同时也利用了生产协作网络，进行加强服务化要素重组的优化配置活动；部分企业主体因自身在贸易生产竞争合作链条中的弱节点竞争地位，而招致其投入的服务类别要素不能完全贡献于制造业投入服务化创新；但进一步的竞争协作关系促进了生产协作网络内部的贸易路径对投入服务化创新的绩效改善；而产品及其技术含量的进一步增加的需求倒逼国内制造业投入服务化的进一步要求，真正意义上克服了技术创新管理模式的束缚，并最终从贸易路径中获得制造业投入服务化产品以及产业创新的技术进步。

(2) 行业进入技术门槛、劳动力以及政府支持等因素构成了我国制造业基于FDI的创新路径改进要素贡献的差异；制造业投入服务化虽然与FDI路径创新的技术增进溢出正相关，但相对较低且过程不稳定，且在资源要素方面的累积溢出效应低于其在技术以及资本类要素的扩张积累过程中的技术构成占比，但仍存在关于规模递减的趋势特征。

最后，我国制造业产业在进行创新研发，实现追赶世界制造业的过程中，存在自我创新的层次化特征，以及相应的创新改进步骤化特点。制造业投入服务化不仅仅涉及两个产业间的要素融合，更关系到我国在产业转型创新，以及参与世界产业竞争过程中的整体产业统筹发展问题。通过梳理前面各制造业投入服务化创新路径的验证研究发现，制造产业应该进一步结合既有GVC竞争框架体系，发挥本土以及产业协同优势，从贸易以及生产网络的协同创新中寻找提升知识要素以及技术创新研发的能力与绩效，并逐步攀升投入服务化的全球价值链创新节点，相关启示如下：

制造业企业应该基于现有生产工艺及技术，以重组生产流水线和创新开发视角等实践，逐步开展基于更高效率的生产线、即时生产等先进设备、技术的流程创新；再结合全球制造品贸易，逐步以“干中学”形式，渐进优化制造流程改善，形成产品创新；并在结合自有品牌创新的基础上，以国内竞争链逐步构建NVC创新框架，最后实现摒弃原有价值链系统而专注于全新、更高价值的产业价值链构建，从而在更高形式上，实现我国制造业投入服务化嵌入GVC进行创新升级的链式创新。

第二节 进一步研究的方向

制造业投入服务化、创新路径以及协同创新在国内还是一个相对较新的研究领域，特别是针对贸易以及FDI等实践渠道的投入服务化过程以及创新能力提升的实践验证与路径探索而言，无论国际还是国内都仍处于探索期，但伴随着制造产业获利方式逐步由产品利润向流程、环节的服务化组合的逐步转变。我国制造业发展过程中的成本持续上涨、产能严重过剩、产业层次偏低等对制造业发展不利因素的影响也日趋显著，而无论是传统制造产业OEM向ODM、OBM升级，还是高技术含量制造业向高性能新产品的新市场领域开拓，我国制造业寻求新经济增长点的同时，都不能忽视资源、要素配置趋紧的现实问题。

以上种种，都成为经济新常态进程下，参与全球竞争的我国制造业，如何以更低资源投入获取高效生产，以要素组合创新换取竞争力，实现制造业经济升级版所亟待解决的问题。

本书对于现阶段我国制造业所面临的要素协同程度不足、综合改进模式不够明朗、差异化组合效率低，及投入与配套措施存在异步等矛盾问题，进行了结合理论和实证的尝试性研究，尚有大量相关问题有待于进一步的深入探究。

第一，基于制造业、生产性服务业互动的创新研发能力、创新绩效优化

今后的研究将逐步过渡到探究如何以制造业、生产性服务业融合，而并不仅是制造业投入服务化，来换取进一步的产业创新研发能力与创新绩效提升。随着基于创新研发能力、创新绩效导向的制造业投入服务化创新的不断深化，服务化要素呈现出依据专业化分工逐步脱离于制造业的趋向，形成迂回生产，促进要素融入制造业的生产效率提升和低物化成本的投入，来进一步降低制造业投入服务化的资源消耗水平。因此，今后研究的方向之一，便是生产性服务业中的人力和知识资本，以何种机制直接结合市场竞争，融入制造业生产投入过程，以替代形式形成制造业的资源以及能耗削减，从而实现基于贸易以及FDI、生产协作网络的协同创新；以及包含人力资本、知识的要素如何形成脱离于制造业的生产性服务业内的专门化集聚；而制造业自身再以何种组织方式将脱离出来的人力、知识资本，物化至其内部，并在内化后的进一步生产过程中，应该要具备哪些创新研发的生产与市场竞争条件，其中的机制是如何形成等问题。

第二，结合传统生产要素间关联的测度及协同性决策

创新研发能力、创新绩效在本项研究中以研究标的身份出现，而对于广大发展中国家而言，今后的制造业将面临更为直接的劳动力趋紧、研发创新资本投入效率等问题的考验，创新研发能力、创新绩效对于制造业创新特别是今后的投入服务化创新而言，将越来越并驾于上述问题，并有从产业创新研究被解释变量向平行于上述因素的解释变量转变的趋势。而且比对既有部分研究发现，对于产业创新研发能力、创新绩效改善生产中的劳动力、研发创新投产资本等要素及其相互关系的忽略，有可能导致以创新研发能力、创新绩效作为被解释变量的关联测度的验证结果，相较于将来以平行视角下整合三类要素的研究解释力度相对不足。因此，在本书研究基础上，今后可逐步尝试以全要素生产率为视角，结合方向性距离函数和数据包络分析，形成目标产业与服务化要素结合基础上的综合测度，这种综合测度包含针对期望与非期望产出异向优化的创新研发能力、创新绩效改善能力测度，对于相应的政策建议形成而言，更具平衡兼顾创新研发、劳动力以及资本等投入要素的关联优点，且在结合相关目标产业的传统生产要素上，能够平衡创新研发能力、创新绩效这一生产效能目标与其他要素间的相互作用，使得对策体系更具协同性。

第三，面向更广范围的产业科学转型策略参考

既有研究包括本研究在内主要是基于测度、验证分析以及样本实践活动形成的验证结果变动，来提炼我国制造业投入服务化的创新研发能力、创新绩效改善。而在今后的研究中，量化目标并对未来进行模拟分析也是值得关注的一个方面。在本书研究的基础上，进一步按照可计算的一般均衡模型(CGE)等，通过设定不同的创新研发能力、创新绩效目标和提升策略，可形成更大适用范围的全国乃至国际区域的制造产业投入服务化创新研发能力、创新绩效目标控制的措施及其比对不同时序以及空间的影响效应研究，并以上升后的经验研究来逐步凝练适应于我国各个不同区域乃至全国其他产业的创新研发能力、创新绩效发展指标和发展对策，由此所形成的多元对策体系，相信对具有统筹性的产业科学转型的制度安排会有一定程度上的参考意义提升。

第四，产业创新要素优化后创新研发能力、创新绩效空间域协调控制

现有研究着重定位于产业层面解决创新生产问题，但事实上随着我国制造产业的进一步投入服务化发展，各产业自身在全国各个区域的创新研发能力、创新绩效在时间和界面维度上的各项差异也日益显著。换言之，仅以本书研究和既有研究的产业定位解决创新生产以及创新能力与绩效提升的问题可能存在新的困难。假定今后的研究以及相关制造业的生产实践，将制造业企业微观主体的创新投入视作生产类投入要素，那么进一步的技术外部性和要素边际报酬递减作用下的创新研发能力、创新绩效，不仅将在产业内部，更将在全国各空间域逐步呈现出类似于资本要素和产出增长的某种特定收敛性质。但产业的进一步投入服务化生产也将进一步改变各空间域变量的相应“产出报酬”，从而进一步影响创新研发能力、创新绩效在各空间域的收敛特性是同一稳态还是各方向稳态，对进一步的产业创新研发能力、创新绩效改进对策产生深刻的影响。因此，引入创新研发能力、创新绩效在空间的收敛性分析是制造业投入服务化创新水平测度、评价、改进方面研究的又一趋势。

参考文献

1. (英)阿尔弗雷德·马歇尔. 经济学原理(上册)[M]. 陈瑞华,译. 西安:陕西人民出版社,2013.
2. 艾志红. 坚持模仿创新发挥后发优势[J]. 郑州航空工业管理学院学报(社会科学版),2004(6):101-102.
3. 安同良,施浩,Ludovico Alcorta. 中国制造业企业 R&D 行为模式的观测与实证——基于江苏省制造业企业问卷调查的实证分析[J]. 经济研究,2006(2):21-30.
4. 白积洋. 经济增长,城市化与中国能源消费——基于 EKC 理论的实证研究[J]. 世界经济情况,2010(7):57-64.
5. (美)保罗·A. 萨缪尔森,威廉 D. 诺德豪斯. 经济学(第十六版)[M]. 萧琛等,译. 北京:华夏出版社,1999.
6. (美)保罗·R·克鲁格曼,茅瑞斯·奥伯斯法尔德. 国际经济学:理论与政策(第 6 版)(上册)(国际贸易部分)[M]. 海闻等,译. 北京:中国人民大学出版社,2006.
7. (美)保罗·杰罗斯基,理查德. 吉尔伯特等. 进入壁垒和策略性竞争[M]. 崔小刚,译. 北京:北京大学出版社,2004.
8. 鲍新中,张建斌,刘澄. 基于粗糙集条件信息熵的权重确定方法[J]. 中国管理科学,2009(3):131-135.
9. (美)彼得·S·潘德. 6σ 管理法——追求卓越的阶梯[M]. 刘合光,译. 北京:机械工业出版社,2002.
10. (美)彼得·圣吉. 第五项修炼——学习型组织的艺术与实务[M]. 郭进隆,译. 上海:上海三联书店出版社,1998.
11. (日)并木信义. 瑕瑜互见——日美产业比较[M]. 唱新,刁永祚,译. 北京:中国财政经济出版社,1990.
12. 卜广志,张宇文. 基于灰色模糊关系的灰色模糊综合评判[J]. 系统工程理论与实践,2002(4):141-144.
13. 陈傲. 中国工业行业技术创新能力差异及影响因素实证分析[J]. 科学学与科学技术管理,2007(11):81-84.
14. 陈健. 跨国公司全球价值链,区位分布及其影响因素研究[J]. 国际贸易问题,2010(12):102-107.
15. 陈劲,陈柾芬,余方珍. FDI 对促进我国区域创新能力的影响[J]. 科研管理,2007(6):

7-13.
16. 陈立敏,谭力文.评价中国制造业国际竞争力的实证方法研究——兼与波特指标及产业分类法比较[J].中国工业经济,2004(5):30-37.
17. 陈柳,刘志彪.本土创新能力,FDI 技术外溢与经济增长[J].南开经济研究,2006(6):90-101.
18. 陈圻,杨泽明,李白云,姜树元.产品竞争力要素实证研究[J].北京工商大学学报(社会科学版),2003(3):13-18.
19. 陈田英,陶田.中国与东南亚国家制造业比较研究[J].改革与战略,2006(6):15-18.
20. 陈宪,黄建锋.分工,互动与融合:服务业与制造业关系演进的实证研究[J].中国软科学,2004(10):65-71.
21. 陈新跃,杨德礼,董一哲,企业创新网络模式选择研究[J].科学管理研究,2002(6):13-16.
22. 陈勇兵,孙方.国际分散化生产导致了扩展边际增长吗?——来自中国出口产品层面的证据[J].中南财经政法大学学报,2011(3):9-14.
23. 陈云.对義国以企业为主体的技术创新体系的基本判断[J].中国科技论坛,2012(3):24-28.
24. 仇恒义.全球价值链视角下我国纺织服装业升级的路径选择[J].北方经济,2008(2):44-45+96.
25. 崔杰,党耀国,刘思峰.基于灰色关联度求解指标权重的改进方法[J].中国管理科学,2008(5):141-145.
26. (英)大卫·李嘉图.政治经济学及赋税原理[M].郭大力,王亚南,译.北京:商务印书馆,1976.
27. (日)大野耐一.丰田生产方式[M].谢克俭,李颖秋,译.北京:中国铁道出版社,2006.
28. 戴彬,屈锡华,李宏伟.基于综合集成方法的产业技术创新战略联盟风险识别研究[J].科技进步与对策,2011(22):54-57.
29. (美)丹尼尔·阿尔特曼.全球经济 12 大趋势[M].陈杰,王玮玮,译.北京:中信出版社,2012.
30. (美)丹尼尔·贝尔.后工业社会的来临[M].彭强,译.北京:新华出版社,1997.
31. (美)道格拉斯.诺思.经济史中的结构与变迁[M].陈郁,罗华平,译.上海:上海三联书店出版社,1991.
32. 邓军,余忠华,杨基平等.面向产品生命周期的全面质量管理系统[J].浙江大学学报(工学版),2005(4):500-505.
33. 邓立治,王辉坡,何维达.企业自主品牌创新能力形成关键要素识别研究[J].科技管理研究,2009(11):41-43.
34. 邓雪,李家铭,曾浩健等.层次分析法权重计算方法分析及其应用研究[J].数学的实践与认识,2012(7):93-101.
35. 丁宁.流通企业"走出去"与我国产品价值链创新[J].商业经济与管理,2015(1):13-18.
36. 杜超.创新战略研究[J].技术创新,2004(8):23-42.
37. 杜龙政,刘友金.全球价值链下产业升级与集群式创新发展研究[J].国际经贸探索,2007(12):66-70.
38. (英)多纳德·海,德理克·莫瑞斯.产业经济学与组织[M].钟鸿钧,等译.北京:经济科学出版社，2000.
39. (瑞典)俄林. 地区间贸易与国际贸易[M]. 王继祖，译校. 北京：商务印书馆，1986.
40. (瑞典)俄林. 西方经济学圣经译丛：区际贸易与国际贸易[M]. 逯宇铎，等译. 北京：华夏出版社，2008.
41. 范红忠. 有效需求规模假说、研发投入与国家自主创新能力[J]. 经济研究，2007(3)：33-44.
42. (英)菲利普·赛德勒. 持续竞争力(第1版)[M]. 李宪一，译. 北京：北京大学出版社，2004.
43. (英)弗里曼，苏特. 工业创新经济学[M]. 华宏勋，华宏慈等，译. 北京：北京大学出版社，2004.
44. (加)格鲁伯·沃克. 服务业的增长：原因与影响[M]. 陈彪如，译. 上海：上海三联书店，1993.
45. 龚六堂，谢丹阳. 我国省份之间的要素流动和边际生产率的差异分析[J]. 经济研究，2004(1)：45-53.
46. 龚六堂. 动态经济学方法[M]. 北京：北京大学出版社，2002.
47. 顾乃华，夏杰长. 对外贸易与制造业投入服务化的经济效应——基于2007年投入产出表的实证研究[J]. 社会科学研究，2010(5)：17-21.
48. 顾乃华. 服务业低效率体制的成因以及后果[J]. 社会科学研究，2006(5)：73-77.
49. 郭克莎. 工业化与城市化关系的经济学分析[J]. 中国社会科学，2002(2)：44-45.

50. 郭志仪，杨琦玮. 中国制造业区域创新模式的比较研究[J]. 科技管理研究，2009(7)：50-53.
51. 国家统计局能源统计司：中国能源统计年鉴2013[M]. 北京：中国统计出版社，2013.
52. 郝强，朱梅林. 基于模糊灰色分析的方案排序及应用[J]. 系统工程，1995(5)：57-62.
53. 郝生宾，张涛，于渤. 企业自主创新能力形成的协同机制研究[J]. 工业技术经济，2011(1)：34-38.
54. 何江歌. 进口中间品价格对GDP平减指数影响分析[J]. 世界经济情况，2008(6)：26-30.
55. 何婧，徐龙炳，产业资本向金融资本渗透的路径和影响——基于资本市场"举牌"的研究[J]. 财经研究，2012(2)：81-90.
56. 何晓群，刘文卿. 浅谈加权最小二乘法及其残差图——兼答孙小素副教授[J]. 统计研究，2006(4)：53-57.
57. 贺正楚，吴艳，张蜜等. 我国生产服务业与战略性新兴产业融合问题研究[J]. 管理世界，2012(12)：177-178.
58. (德)赫尔曼·哈肯. 协同学(大自然构成的奥秘)[M]. 凌复华，译. 上海：上海译文出版社，2013.
59. 胡耀辉. 产业技术创新链：我国企业从模仿到自主创新的路径突破——以高端装备制造企业为例[J]. 科技进步与对策，2013(9)：66-69.
60. 胡永平. 对重庆上市公司R&D支出影响因素的实证研究[J]. 科学学与科学技术管理，2007(4)：59-62.
61. 胡争光，南剑飞. 产业技术创新战略联盟战略问题研究[J]. 科技进步与对策，2011(2)：74-77.
62. 黄俊，罗丽娜，陈宗霞. 联盟契约控制与研发联盟风险——共同信任的中介效应研究[J].

科学学研究,2012(10):1573－1578.
63. 黄群慧,霍景东. 全球制造业服务化水平及其影响因素——基于国际投入产出数据的实证分析[J]. 经济管理,2014(1):1－11.
64. 黄永明,何伟,聂鸣. 全球价值链视角下中国纺织服装企业的升级路径选择[J]. 中国工业经济,2006(5):56－63.
65. (美)霍兰. 隐秩序——适应性造就复杂性[M]. 周晓牧,韩晖,译. 上海:上海科技教育出版社,2000.
66. (美)吉利斯,罗默. 发展经济学(第四版)[M]. 黄卫平,译. 北京:中国人民大学出版社,1998.
67. 简兆权,伍卓深. 制造业投入服务化的路径选择研究——基于微笑曲线理论的观点[J]. 科学学与科学技术管理,2011,32(12):138－143.
68. 江锦凡. 外国直接投资在中国经济增长中的作用机制[J]. 世界经济,2004(1):3－10.
69. 江小涓,李辉. 服务业与中国经济:相关性和加快增长的潜力[J]. 经济研究,2004(1):4－15.
70. 江小涓. 服务全球化的发展趋势和理论分析[J]. 经济研究,2008(2):4－18.
71. 江小娟. 中国的外资经济:对增长,结构升级和竞争力的贡献[M]. 北京:中国人民大学出版社,2002.
72. 焦必方. 环保型经济增长——21 世纪中国的必然选择[M]. 上海:复旦大学出版社,2001.
73. 焦胜利. 6σ——全面质量管理的新量变[J]江苏商论,2005(7):115－117.
74. (美)杰拉尔丁·E. 海因斯(GeraldineE. Hynes). 管理沟通[M]. 贾佳,许勉君,译. 北京:北京大学出版社,2006.
75. (美)杰里米·里夫金. 第三次工业革命[M]. 张体伟,孙豫宁,译. 北京:中信出版社,2012.
76. 解学梅. 中小企业协同创新网络与创新绩效的实证研究[J]. 管理科学学报,2010(8):51－64.
77. 景刚,耿慧敏. 后危机时代提升我国装备制造业技术创新能力研究[J]. 科技管理研究,2011(15):1－3.
78. (美)凯文·莱恩·凯勒. 战略品牌管理[M]. 李乃和,译. 北京:中国人民大学出版社,2003.
79. (美)克拉克森,米勒. 产业组织:理论,证据和公共政策[M]. 华东华工学院经济发展研究所,译. 上海:上海三联书店,1989.
80. (美)克鲁格曼,奥伯斯法尔德. 国际经济学——理论与政策(第八版)[M]. 海闻等,译. 北京:中国人民大学出版社,2002.
81. 赖明勇,张新,彭水军,包群. 经济增长的源泉:人力资本,研究开发与技术外溢[J]. 中国社会科学,2005(2):32－46.
82. 赖斯娄,卢秀玉. 蒙特卡罗方法与拟蒙特卡罗方法解线性方程组[J]. 东华大学学报(自然科学版),2010(2):224－228.
83. (美)劳埃德·雷诺兹. 微观经济学[M]. 朱泱,贝昱,马慈和,译. 北京:商务印书馆,1982.
84. 黎继子,刘春玲等. 全球价值链与中国地方产业集群的供应链式整合——以苏浙粤纺织服装产业集群为例[J]. 中国工业经济,2005(2):118－125.
85. 李忱,李颖明. 企业经营战略协同机制的系统分析[J]. 北京工业大学学报(社会科学版),2001(4):19－22.

86. 李成刚，吴涛. 技术创新投入结构与创新绩效的关系研究[J]. 技术经济，2007(12)：23-27.
87. 李春玲，高伟，李艳丽. 基于灰色模糊优选模型的科技型中小企业人力资本投资风险评价[J]. 科学学与科学技术管理，2009(6)：188-191.
88. 李岱素. 产学研战略联盟合作机制系统研究[J]. 科技进步与对策，2009(16)26：19-22.
89. 李江帆. 产业结构高级化与第三产业现代化[J]. 中山大学学报(社会科学版)，2005(4)：124-130.
90. 李金华，刘明宇，张琰. 制造业协同创新的网络化治理机制与产业升级对策[J]. 社会科学，2013(4)：52-58.
91. 李琪. 企业技术创新能力评价指标体系及评价模型研究[J]. 科学学与科学技术管理，2004(8)：96-100.
92. 李青，李文军，郭金龙. 区域创新视角下的产业发展[M]. 北京：商务印书馆，2004.
93. 李思宏，罗瑾琏，田瑞雪. 科技人才评价与选拔体系构建思路[J]. 科技进步与对策，2009(14)：148-150.
94. 李伟铭，崔毅，陈泽鹏，等. 技术创新政策对中小企业创新绩效影响的实证研究——以企业资源投入和组织激励为中介变量[J]. 科学学与科学技术管理，2008(9)：61-65.
95. 李小建. 经济地理学[M]. 北京：高等教育出版社，2003.
96. 李晓钟，张小蒂. 江浙区域技术创新效率比较分析[J]. 中国工业经济，2005(7)：57-64.
97. 李序颖，顾岚. 空间自回归模型及其估计. [J]. 统计研究，2004(6)：48-51.
98. 李怡娜，叶飞. 高层管理支持，环保创新实践与企业绩效——资源承诺的调节作用[J]. 管理评论，2013(1)：120-127+166.
99. 李正卫，吴晓波. 制造业全球化与我国制造业的二次创新战略[J]. 科学学研究，2004(Z1)：68-72.
100. 李志宏，王娜，马倩. 基于空间计量的区域间创新行为知识溢出分析[J]. 科研管理，2013(6)：9-16.
101. (美)理查德 · R. 尼尔森. 国家(地区)创新体系：比较分析[M]. 曾国屏等，译. 北京：知识产权出版社，2012.
102. 厉无畏. 产业融合与产业创新[J]. 上海管理科学，2002(4)：4-6.
103. 栗贺友，郝建男. 看板管理运行过程中调控方法的研究[J]. 工业工程与管理，2003(6)：72-74.
104. 梁亭亭. 基于“后雁行模式”的我国产业发展的国际战略选择[J]. 对外经贸，2012(7)：62-65.
105. 廖中举. R&D投入，技术创新能力与企业经济绩效间关系的实证分析[J]. 技术经济，2013(1)：19-23.
106. 林毅夫，蔡昉，李周. 比较优势与发展战略[J]. 中国社会科学，1999(5)：4-20.
107. 林毅夫，蔡昉，李周. 中国的奇迹：发展战略与经济改革[M]. 上海：上海三联书店，1994.
108. 林勇，马士华. 集成化供应链管理[J]. 工业工程与管理，1998(5)：26-30.
109. 刘国新，闫俊周. 产学研战略联盟的冲突模型分析[J]. 科技管理研究，2009(9)：417-419
110. 刘建国. 制造业投入服务化转型模式与路径研究[J]. 技术经济与管理研究，2012(7)：121-124.

111. 刘兰剑. 网络能力,网络治理与企业成长间关系及研究动向分析[J]. 软科学,2011(3):105-109.
112. 刘明宇,芮明杰,姚凯. 生产性服务价值链嵌入与制造业升级的协同演进关系研究[J]. 中国工业经济,2010(8):66-75.
113. 刘明宇,张琰. 制造业协同创新的网络化治理机制与产业升级对策[J]. 社会科学,2013(4):52-58.
114. 刘耀彬,陈斐. 中国城市化进程中的资源消耗"尾效"分析[J]. 中国工业经济,2007(11):48-55.
115. 刘莹. 基于GVC视角下产业升级"逆服务化"内生因素探析[J]. 内蒙古农业大学学报(社会科学版),2014(3):36-40.
116. 刘颖,陈继祥. 生产性服务业与制造业协同创新的自组织机理分析[J]. 科技进步与对策,2009(15):48-50.
117. 刘友金. 论集群式创新的组织模式[J]. 中国软科学,2002(2):71-75.
118. 刘运国,刘雯. 我国上市公司的高管任期与R&D支出[J]. 管理世界,2007(1):128-136.
119. 刘志彪,张杰. 全球代工体系下发展中国家俘获型网络的形成,突破与对策——基于GVC与NVC的比较视角[J]. 中国工业经济,2007(5):39-47.
120. 刘志彪. 战略性新兴产业的高端化:基于"链"的经济分析[J]. 产业经济研究,2012(3):9-17.
121. 刘志彪. 张杰. 全球代工体系下发展中国家俘获型网络的形成,突破与对策——基于GVC与NVC的比较视角[J]. 中国工业经济,2007(5):39-47.
122. 卢长宝. FDI,空间创新与产业集群升级[J]. 亚太经济,2010(1):59-64.
123. 卢福财,胡平波. 全球价值网络下中国企业低端锁定的博弈分析[J]. 中国工业经济,2008(10):23-32.
124. 陆菊春,韩国文. 企业技术创新能力评价的密切值法模型[J]. 科研管理,2002(1):54-57.
125. 路红艳. 生产性服务与制造业结构升级——基于产业互动,融合的视角[J]. 财贸经济,2009(9):126-131.
126. 路应金,唐小我,周宗放. 集成供应链系统生产决策行为混沌特性研究[J]. 管理工程学报,2005(4):31-35.
127. 吕政,刘勇,王钦. 中国生产性服务业发展的战略选择——基于产业互动的研究视角[J]. 中国工业经济,2006(8):5-12.
128. (美)罗伯特·M·索洛. 增长理论(一种解析)[M]. 冯健等,译. 北京:中国财政经济出版社,2004.
129. (美)罗兰·罗伯森. 全球化:社会理论和全球文化[M]梁光严,译. 上海:上海人民出版社,2000.
130. (美)罗素·W·库珀. 协调博弈. 互补性与宏观经济学四[M]. 张军,李池,译. 北京:中国人民大学出版社,2001.
131. (德)马丁,海森格,沃贝克. 知识管理——原理及最佳实践(第2版)[M]. 赵海涛,彭瑞梅,译. 北京:清华大学出版社,2004.
132. (美)马斯·麦卡蒂. 六西格玛黑带手册[M]郑伟,译. 北京:电子工业出版社,2007.
133. (英)马歇尔. 货币、信用与商业[M]. 叶云龙,译. 北京:商务印书馆,1964.

134. (美)玛格丽特·A·怀特,加里·D·布鲁顿. 技术与创新管理:战略的视角(第2版)[M]. 吴晓波,杜健,译. 北京:机械工业出版社,2012.
135. (美)迈克尔·波特. 竞争优势[M]. 陈小悦,译. 北京:华夏出版社,1985.
136. 毛日昇. 中国制造业贸易竞争力及其决定因素分析[J]. 管理世界,2006(8):65-75.
137. (美)梅丽莎·A. 希林. 技术创新的战略管理(第3版)[M]. 谢伟等,译. 北京:清华大学出版社,2011.
138. 闵宗陶,杨秀云. 寡头垄断:优化产业市场结构的选择[J]. 当代经济科学,2001(4):70-74.
139. (丹麦)尼古莱·J·福斯,克里斯第安·克努森编. 企业万能:面向企业能力理论[M]. 李东红,译. 大连:东北财经大学出版社,1998.
140. 倪义芳,吴晓波. 世界制造业全球化的现状与趋势及我国的对策[J]. 中国软科学,2001(10):5-59.
141. 欧光军,李永周. 面向产品的高技术企业集群知识网络创新能力建构初探[J]. 现代管理科学,2010(9):117-119.
142. 欧阳志刚,韩士专. 我国经济周期中菲利普斯曲线机制转移的阈值协整研究[J]. 数量经济技术经济研究,2007(11):27-36.
143. 庞庆华. 基于灰色理论的企业技术创新能力综合评价模型[J]. 科技管理研究,2007(12):113-115.
144. 裴淑媛. 韦福祥. 基于顾客忠诚的服务创新战略模式及路径选择[J]. 江苏商论,2006(10):73-75.

145. (意)佩西. 人类的素质[M]. 薛荣久,译. 北京:中国展望出版社,1988.
146. 彭菊香,刘向红. 对创新人才培养的思考[J]. 技术与创新管理,2007(3):61-63.
147. 彭中文,李勇辉. 制造业企业国际化经营与其经济效益研究[J]. 世界经济研究,2004(6):41-47.
148. 齐孝福,高国力. 工业行业技术创新能力的比较评价方法——兼对山东制造业行业技术创新能力的评价[J]. 中国科技论坛,2006(5):22-25.
149. 邱斌,杨帅,辛培江. FDI技术溢出渠道与中国制造业生产率增长研究:基于面板数据的分析[J]. 世界经济,2008(8):20-31.
150. 全利平,蒋晓阳. 协同创新网络组织实现创新协同的路径选择[J]. 科技进步与对策,2011(9):15-19.
151. (法)让·梯若尔. 产业组织理论[M]. 张维迎,译. 北京:中国人民大学出版,1998.
152. 任立肖,徐荣贞. ICT创新政策管理的PDCA模型[J]. 科技进步与对策,2013(12):123-126.
153. 芮明杰,陈娟. 高技术企业知识体系概念框架及其内部互动模型[J]. 上海管理科学,2004(2):7-10.
154. (美)萨缪尔森,诺德豪斯. 微观经济学(第19版)[M]. 萧琛,译. 北京:人民邮电出版社,2012.
155. 沈利生,王火根. GDP数据修订对平减指数的影响[J]. 数量经济技术经济研究,2008(5):155-160.
156. 沈玉芳,郭利平. 跨国公司R&D全球化发展趋势及中国的对策研究[J]. 科学管理研究,2004(4):18-23.
157. 施建伟,陈圻. 增强产品竞争力的功能创新方法[J]. 南京航空航天大学学报(社会科学版),2002(4):24-26.
158. 施振荣.再造宏碁[M].北京:中信出版社,2005.
159. (美)斯蒂格利茨.经济学[M].姚开建,译.北京:中国人民大学出版社,1997.
160. 宋国宇.IT服务外包项目的综合评价及其应用——基于AHP的改进灰色聚类模型[J].技术经济,2013(7):57-64.
161. 宋海荣,董景荣,刘超.技术创新扩散模型[J].工业技术经济,2007(2):44-45.
162. 苏竣,陈玲.政府介入战略技术联盟的知识产权制度安排模式研究[J].中国软科学,2002(12):114-118.
163. 孙东川.复杂网络上的知识传播模型[J].华南理工大学学报:自然科学版,2006(6):99-102.
164. 孙红燕,张先锋.国际代工企业升级模式研究[J].国际贸易问题,2012(6):135-142.
165. 孙林岩等.21世纪的先进制造模式——服务型制造[J]中国机械工程,2007(19):2307-2312.
166. (美)唐·埃思里奇.应用经济学研究方法论[M].朱钢,译.北京:经济科学出版社,1998.
167. 唐春.技术视角下的商业方法创新过程及其专利保护研究[J].管理学报,2009(8):1119-1123.
168. 唐凌,李春杰.国际贸易争端策略选择的进化博弈分析[J].世界经济研究,2005(5):42-47.
169. 唐清泉,卢博科,袁莹翔.工业行业的资源投入与创新效率——基于中国大中型工业部门的研究[J].数量经济技术经济研究,2009(2):3-17.
170. 田雨,卢秀山,独知行等.GIS空间分析实验中的MATLAB应用[J].地理空间信息,2009(1):11-13.
171. 童洁,张旭梅,但斌.制造业与生产性服务业融合发展的模式与策略研究[J].软科学,2010(2):75-78
172. 汪斌,侯茂章.经济全球化条件下的全球价值链理论研究[J].国际贸易问题,2007(3):92-97.
173. 汪德华,江静,夏杰长.生产性服务业与制造业融合对制造业升级的影响——基于北京市与我国制造业产业的比较分析[J].首都经济贸易大学学报,2010(2):15-23.
174. 汪姌姣.论PDCA循环在企业培训管理中的实际运用[J].西南农业大学学报(社会科学版),2006(4):44-48.
175. 王波,任利成,韩树荣.基于复杂网络的中小企业创新网络构建[J].管理观察,2008(5):35-37.
176. 王春法.国家创新体系与东亚经济增长前景[M].北京:中国社会科学出版社,2002.
177. 王大洲.企业创新网络的进化与治理:一个文献综述[J].科研管理,2001(5):96-103.
178. 王海建.资源约束、环境污染与内生经济增长[J].复旦学报(社会科学版),2000(1):76-80.
179. 王蕙,张武强.国家创新的信息资源协同配置体系构建研究[J].情报理论与实践,2014(4):61-64.
180. 王玖河,臧秀清,牛富兰等.先进制造技术中的精益生产方式[J].燕山大学学报,1998(4):176-178.
181. 王玮,王晓琦等.基于模糊交货期的单件制造业准时化生产计划[J].系统工程学报,1998

(2):63－69.
182. 王小鲁，樊纲，刘鹏. 中国创新经济增长方式转换和增长可持续性[J]. 经济研究，2009(1):4－16.
183. 王英，刘思峰. 国际技术外溢渠道的实证研究[J]. 数量经济技术经济研究，2008(4):154－160.
184. (美)威廉・H. 格林. 经济计量分析[M]. 王明舰，王永宏，等译. 北京：中国社会科学出版社，1998.
185. 魏江，叶波. 企业集群的创新集成：集群学习与挤压效应[J]. 中国软科学，2002(12):38－42.
186. 魏江，周丹. 生产性服务业与制造业互动机理研究——以乐清低压电器产业链为例[J]. 科学学研究，2010(8):1171－1180.
187. 温玲玉，陈明辉. 企业环保承诺，环保创新技术对环保绩效影响之研究[J]. 科技管理研究，2010(S1):240－244+293.
188. 文东伟，冼国明. 垂直专业化与中国制造业贸易竞争力[J]. 中国工业经济，2009(6):77－87.
189. 文婍，李小建. 企业网络发育程度与区域创新能力研究[J]. 世界地理研究，2003(2):39－46.
190. (美)沃西里・里昂惕夫. 投入产出经济学[M]. 崔书香，译. 北京：商务印书馆，1982.
191. 吴爱华，苏敬勤. 人力资本专用性，创新能力与新产品开发绩效——基于技术创新类型的实证分析[J]. 科学学研究，2012(6):950－960.
192. 吴斐丹，张草纫. 魁奈经济著作选[M]. 北京：商务印书馆，1979.
193. 吴敬琏. 银行改革：当前中国金融改革的重中之重[J]. 世界经济文汇，2002(4):3－10.
194. 吴晓波，张超群，窦伟. 我国转型经济中技术创新与经济周期关系研究[J]. 科研管理，2011(1):1－9.
195. 吴玉鸣. 空间计量经济模型在省域研发与创新中的应用研究[J]. 数量经济技术经济研究，2006(5):74－85.
196. 吴玉鸣. 中国区域研发、知识溢出与创新的空间计量经济研究[M]. 北京：人民出版社，2007.
197. 吴运建，周良毅. 企业技术创新风险分析[J]. 科研管理，1996(3):34－38.
198. 伍爱. 质量管理学.（第1版）[M]. 广州：暨南大学出版社，2003.
199. 武大勇，万建平. 一类动态面板数据模型的估计[J]. 统计与决策，2006(17):151.
200. (韩)W. 钱・金，(美)勒妮・莫博涅. 蓝海战略[M]. 吉宓，译. 北京：商务印书馆，2005.
201. 席艳乐，李芊蕾. 我国制造业产业生产性服务业与制造业互动关系的实证研究——基于联立方程模型的GMM方法[J]. 宏观经济研究，2013(1):91－99.
202. 袭著燕，郑波，孙林岩. 服务型制造战略——破解山东省制造业不强服务业滞后之道[J]. 山东大学学报，2009(1):110－119.
203. (日)筱原三代平. 产业结构与投资分配[Z]. 东京：一桥大学经济研究，1957:8－14.
204. 谢家智，王文涛，江源. 制造业金融化，政府控制与技术创新[J]. 经济学动态，2014(11):78－88.
205. 谢科范. 工业技术创新风险综论[J]. 科学技术与辩证法. 1994(3):52－58.
206. 熊勇清，李世才. 战略性新兴产业与传统产业耦合发展的过程及作用机制探讨[J]. 科学

2009(9):227 - 229.
254. 张宇. FDI技术外溢的地区差异与吸收能力的门限特征——基于中国省际面板数据的门限回归分析[J]. 数量经济技术经济研究,2008(1):28 - 39.
255. 张宇. 制度约束,外资依赖与 FDI 的技术溢出[J]. 管理世界,2009(9):14 - 23.
256. 张雨. 从雁行模式到"10+3"模式[J]. 世界经济与政治论坛,2002(5):15 - 17.
257. 张运生,曾德明,秦吉波,张利飞. 基于主成分分析的 R&D 绩效评价系统[J]. 研究与发展管理,2004(2):1 - 6.
258. 赵峰,魏成龙. 创新扩散,创新群集机理分析及应用[J]. 中国工业经济,2004(12):55 -60.
259. 赵立雨. 基于协同创新的技术创新网络扩张研究[J]. 科技进步与对策,2012(22):11 -14.
260. 赵瑞芬,王俊岭,岳建芳. 创新环境对区域创新能力的贡献测度研究——以河北省为例[J]. 经济与管理,2012(2):72 - 75.
261. 赵晓笛. 世界 FDI 发展趋势[J]. 中国对外贸易,2007(11):84 - 87.
262. 郑刚,朱凌,金珺. 全面协同创新:一个五阶段全面协同过程模型[J]. 管理工程学报,2008(9):105 - 108.
263. 郑凯捷. 制造业产业链区域间分工与服务业不平衡增长[J]. 世界经济研究,2008(1):60 -66.
264. 钟书华,企业技术联盟:风险与防范[J]. 中国软科学,2000(10),87 - 89.
265. 周国华. 精益生产与企业管理精益化[J]. 软科学,1999(S1):43 - 45.
266. 周蕾. 生产性服务贸易与全球价值链提升研究综述[J]. 浙江树人大学学报(人文社会科学版),2012(2):33 - 38.
267. 周青,曾德明. 高新技术企业 R&D 绩效测度与实证分析[J]. 科学学与科学技术管理,2003(11):13 - 15.
268. 周文光,黄瑞华. 创新绩效,R&D 资本存量与吸收能力的增长路径[J]. 科研管理. 2012(11):24 - 31.
269. 周艳春. 制造企业服务化:概念界定及特征分析[J]. 西安财经学院学报,2010(2):81 -83
270. 周洋,张庆普. 颠覆式创新风险分析及规避策略[J]. 科技进步与对策,2014(20):1 - 6.
271. 周宇峰,魏法杰. 基于模糊判断矩阵信息确定专家权重的方法[J]. 中国管理科学,2006(3):71 - 75.
272. 周振华. 产业融合:产业发展及经济增长的新动力[J]. 中国工业经济,2003(4):46 - 52.
273. 周振华. 现代服务业发展:基础条件及其构建[J]. 上海经济研究,2005(9):21 - 29.
274. 朱桂龙,彭有福. 产学研合作创新网络组织模式及其运作机制研究[J]. 软科学,2003(4):49 - 52.
275. 朱海就. 区域创新能力评估的指标体系研究[J]. 科技管理,2004(3):30 - 35
276. 朱伟明,杜华伟,刘胜. 嵌入全球价值链的中国纺织服装业升级路径研究[J]. 浙江理工大学学报,2007(3):292 - 296.
277. 朱有为,张向阳. 国际制造业与服务业向中国转移的协同关系分析[J]. 中国软科学,2005(10):73 - 79.
278. 卓越. 张珉. 全球价值链中的收益分配与"悲惨增长"——基于中国纺织服装业的分析[J]. 中国工业经济,2008(7):131 - 140.
279. 邹辉霞. 编著. 供应链物流管理[M]. 北京:清华大学出版社,2004.

Reference

1. Aamodt, Agnar, and Enric Plaza. "Case-based Reasoning: Foundational Issues, Methodological Variations, and System Approaches." *AI Communications* 7.1(1994): 39-59.
2. Abrahamson, Eric, and Gregory Fairchild. "Management Fashion: Lifecycles, Triggers, and Collective Learning Processes." *Administrative Science Quarterly* 44.4(1999): 708-740.
3. Aghion, Philippe, Peter Howitt, and Cecilia García-Peñalosa. *Endogenous Growth Theory*. Massachusetts: MIT press, 1998.
4. Aharoni, Yair, and Lilach Nachum, eds. *Globalization of Services: Some Implications for Theory and Practice*. London: Routledge, 2002.
5. Ahuja, Gautam. "Collaboration Networks, Structural Holes, and Innovation: A Longitudinal Study." *Administrative Science Quarterly* 45.3(2000):425-455.
6. Ahuja, Manju K., Dennis F. Galletta, and Kathleen M. Carley. "Individual Centrality and Performance in Virtual R&D Groups: An empirical study." *Management Science* 49.1(2003):21-38.
7. Akomode, O. Joseph. "Evaluating Risks in New Product Development and the Satisfaction of Customers Through Technology." *Production Planning & Control* 10.1(1999): 35-47.
8. Amidon, Debra M. *Innovation Strategy for the Knowledge Economy: the Ken Awakening*. London: Routledge, 1997.
9. Amin, Saman Hassanzadeh. "Coordinating Production and Recycling Decisions with Stochastic Demand and Return." *Journal of Systems Science and Systems Engineering* 19.4(2010):385-407.
10. Ancona, Deborah Gladstein, and David F. Caldwell. "Beyond Task and Maintenance Defining External Functions in Groups." *Group & Organization Management* 13.4(1988): 468-494.
11. Antonelli, Cristiano. "Collective Knowledge Communication and Innovation: the Evidence of Technological Districts." *Regional Studies* 34.6(2000):535-547.
12. Arbuthnott, Andrew, Jessica Eriksson, and Joakim Wincent. "When A New Industry

145. Geringer, J. M.. "Selection of Partners for International Joint Venture." *Business Quarterly* 53. 2(1988a):31 - 36.

146. Geroski, Paul A., and Richard Pomroy. "Innovation and the Evolution of Market Structure." *The Journal of Industrial Economics* 38. 3 (1990):299 - 314.

147. Gertler, Meric S., and Yael M. Levitte. "Local Nodes in Global Networks: the Geography of Knowledge Flows in Biotechnology Innovation." *Industry and Innovation* 12. 4(2005):487 - 507.

148. Ghemawat, Pankaj, and Robert E. Kennedy. "Competitive Shocks and Industrial Structure: the Case of Polish Manufacturing." *International Journal of Industrial Organization* 17. 6(1999):847 - 867.

149. Gibson, James L., et al. *Organizations: Behavior, Structure, Processes.* Homewood, IL: Irwin, 1991.

150. Gilsing, Victor, and Bart Nooteboom. "Density and Strength of Ties in Innovation Networks: An Analysis of Multimedia and Biotechnology." *European Management Review* 2. 3(2005):179 - 197.

151. Glass, Amy Jocelyn, and Kamal Saggi. "Intellectual Property Rights and Foreign Direct Investment." *Journal of International Economics* 56. 2(2002):387 - 410.

152. Gloor, Peter A. *Swarm Creativity: Competitive Advantage Through Collaborative Innovation Networks.* Oxord: Oxford University Press, 2005.

153. Goldar, B. N., and V. S. Renganathan. "Economic reforms and RD expenditure in industrial firms in India." *Working Papers* (1997).

154. Gomulka, Stanislaw. *The Theory of Technological Change and Economic Growth.* London: Routledge, 2006.

155. Goodstein, Leonard D., and W. Warner Burke. "Creating Successful Organization Change." *Organizational Dynamics* 19. 4(1991):5 - 17.

156. Graham, A. M., and J. Rogers. "Technology innovation risk mitigation and organizational strategy: A balanced framework for technology managers." *Technology Management in the Energy Smart World (PICMET), 2011 Proceedings of PICMET '11*: IEEE, 2011:1 - 6.

157. Graves, Andrew. "Fuel, Environment and the Economy: Automobiles and the Voice of Society." *Parliamentary Brief; Vol. 2, No. 10, Summer Recess, UK* (1994).

158. Grether, Jean Marie. "Determinants of Technological Diffusion in Mexican Manufacturing: A Plant-Level Analysis." *World Development* 27. 7(1999):1287 - 1298.

159. Griffin, John M., and G. Andrew Karolyi. "Another Look at the Role of the Industrial Structure of Markets for International Diversification Strategies." *Journal of Financial Economics* 50. 3(1998):351 - 373.

160. Griliches, Zvi. "Issues in Assessing the Contribution of Research and Development to Productivity Growth." *The Bell Journal of Economics* 10. 1(1979):92 - 116.

161. Griliches, Zvi. "The Search for R&D Spillovers." *Scandinavian Journal of Economics* 94(1998): S29 - 47.

162. Grimaud, André, and L. Rougé. "Polluting non-renewable resources, innovation and

growth: Welfare and environmental policy. Resource and Energy." *Economics* 27. 2 (2005):109 - 129.

163. Guan, Jianch, and Ning Ma. "Innovative Capability and Export Performance of Chinese Firms." *Technovation* 23. 9(2003):737 - 747.

164. Gulati, Ranjay. "Alliances and Networks." *Strategic Management Journal* 19. 4(1998): 293 - 317.

165. Hall, Robert E., and Charles I. Jones. "Why Do Some Countries Produce So Much More Output Per Worker than Others?" *The Quarterly Journal of Economy* 114. 1(1998):83 - 116.

166. Hambrick, Donald C., and Ian C. Macmillan. "Efficiency of Product R&D in Business Units: The Role of Strategic Context." *Academy of Management Journal* 28. 3(1985): 527 - 547.

167. Handy, Charles. "Trust and the Virtual Organization." *Harvard Business Review* 73. 3 (1995):40 - 45.

168. Hannan, Michael T., and John Freeman. "The Population Ecology of Organizations." *American Journal of Sociology* (1977):929 - 964.

169. Hanselman, Duane, and Bruce C. Littlefield. *Mastering MATLAB 5: A Comprehensive Tutorial and Reference*. New Jersey: Prentice Hall PTR, 1997.

170. Hansen, Lars Peter. "Large Sample Properties of Generalized Method of Moments Estimators." *Econometrica: Journal of the Econometric Society* 50. 4 (1982): 1029 -1054.

171. Hansen, Morten T. "Knowledge Networks: Explaining Effective Knowledge Sharing in Multiunit Companies." *Organization Science* 13. 3(2002):232 - 248.

172. Harding, Forrest E. "Logistics Service Provider Quality: Private Measurement, Evaluation, and Improvement." *Journal of Business Logistics* 19. 1(1998):103 - 120.

173. Harrington, James W. "Producer Services Research in US Regional Studies." *The Professional Geographer* 47. 1(1995):87 - 96.

174. Hart-Landsberg, Martin, and Paul Burkett. "Contradictions of Capitalist Industrialization in East Asia: A Critique of "Flying Geese" Theories of Development." *Economic Geography* 74. 2(1998):87 - 110.

175. Hayes, Robert H. "Beyond World-class: the New Manufacturing Strategy." *Harvard Business Review* (1994):77 - 86.

176. Helfat, Constance E., et al. *Dynamic Capabilities: Understanding Strategic Change in Organizations*. New Jersey: John Wiley & Sons, 2009.

177. Helo, P. T. "Dynamic Modelling of Surge Effect and Capacity Limitation in Supply Chains." *International Journal of Production Research* 38. 17(2000):4521 - 4533.

178. Hicks, John Richard. *A Contribution to the Theory of the Trade Cycle*. Oxford: The Clarendon Press, 1950.

179. Hirschey, Mark, and Jerry J. Weygandt. "Amortization Policy for Advertising and Research and Development Expenditures." *Journal of Accounting Research* 24 (1985): 326 -335.

180. Hobday, Michael. *Innovation in East Asia: the Challenge to Japan*. Edward Elgar Publishing, 1995.

181. Hoffmann, Robert, et al. "FDI and Pollution: A Granger Causality Test Using Panel Data." *Journal of International Development* 17.3(2005):311-317.

182. Holbrook, J. Adam, and David A. Wolfe. "The Innovation Systems Research Network: A Canadian Experiment in Knowledge Management." *Science and Public Policy* 32.2 (2005):109-118.

183. Hu, Albert Guangzhou. "Ownership, Government R&D, Private R&D, and Productivity in Chinese Industry." *Journal of Comparative Economics* 29.1(2001):136-157.

184. Humphrey, John, and Hubert Schmitz. "How Does Insertion in Global Value Chains Affect Upgrading in Industrial Clusters?." *Regional Studies* 36.9(2002):1017-1027.

185. Humphrey, John. "Governance in Global Value Chains." *IDS Bulletin* 32.3(2001):19-29.

186. Hung, Shih-Chang, and Yee-Yeen Chu. "Stimulating New Industries from Emerging Technologies: Challenges for the Public Sector." *Technovation* 26.1(2006):104-110.

187. Hunt, Shelby D., and Robert M. Morgan. "The Resource-advantage Theory of Competition: Dynamics, Path Dependencies, and Evolutionary Dimensions." *The Journal of Marketing* 60.4(1996):107-114.

188. Isaksen, Arne. "Building Regional Innovation Systems: Is Endogenous Industrial Development Possible in the Global Economy?." *Canadian Journal of Regional Science* 24.1(2001):101-120.

189. Jackson, Cynthia Y. "Strategies for Managing Tensions between Public Employment and Private Service Delivery." *Public Productivity & Management Review* 21.2(1997):119-136.

190. Janszen, Felix HA, and Grada H. Degenaars. "A Dynamic Analysis of the Relations Between the Structure and the Process of National Systems of Innovation Using Computer Simulation; the Case of the Dutch Biotechnological Sector." *Research Policy* 27.1 (1998):37-54.

191. Javidan, Mansour. "Core Competence: What Does It Mean in Practice?." *Long Range Planning* 31.1(1998):60-71.

192. Jones, Gary K., Aldor Lanctot, and Hildy J. Teegen. "Determinants and Performance Impacts of External Technology Acquisition." *Journal of Business Venturing* 16.3 (2001):255-283.

193. Kahraman, Cengiz, Ufuk Cebeci, and Ziya Ulukan. "Multi-criteria Supplier Selection Using Fuzzy AHP." *Logistics Information Management* 16.6(1989):382-394.

194. Kaiser, Robert, and Heiko Prange. "Managing Diversity in A System of Multi-level Governance: the Open Method of Co-ordination in Innovation Policy." *Journal of European Public Policy* 11.2(2004):249-266.

195. Kakaomerlioglu, Dllek Cetindamar, and Bo Carlsson. "Manufacturing in Decline? A Matter of Definition." *Economics of Innovation and New Technology* 8.3(1999):175-196.

196. Kaplan, Robert S. *Cost & Effect: Using Integrated Cost Systems to Drive Profitability and Performance*. Boston: Harvard Business Press, 1998.

197. Kaplinsky, Raphael. "Globalisation and Unequalisation: What Can Be Learned from Value Chain Analysis?." *Journal of Development Studies* 37. 2(2000): 117 - 146.

198. Keeble, David, et al. "Collective Learning Processes, Networking and 'Institutional Thickness' in the Cambridge Region." *Regional Studies* 33. 4(1999): 319 - 332.

199. Keizera, Jimme A., Johannes IM Halman, and Michael Song. "From Experience: Applying the Risk Diagnosing Methodology." *Journal of Product Innovation Management* 19. 3(2002): 213 - 232.

200. Keller, Wolfgang. "Trade and the Transmission of Technology." *Journal of Economic Growth* 7. 1(1995): 5 - 24.

201. Kirat, Thierry, and Yannick Lung. "Innovation and Proximity Territories As Loci of Collective Learning Processes." *European Urban and Regional Studies* 6. 1(1999): 27 -38.

202. Kojima, Kiyoshi. "The 'Flying Geese' Model of Asian Economic Development: Origin, Theoretical Extensions, and Regional Policy Implications." *Journal of Asian Economics* 11. 4(2000): 375 - 401.

203. Kortum, Samuel. "Equilibrium R&D and the Patent—R&D Ratio: Us Evidence." *The American Economic Review* 83. 2(1993): 450 - 457.

204. Kostopoulos, Konstantinos, et al. "Absorptive Capacity, Innovation, and Financial Performance." *Journal of Business Research* 64. 12(2011): 1335 - 1343.

205. Krugman, Paul. "Urban Concentration: the Role of Increasing Returns and Transport Costs." *International Regional Science Review* 19. 1 - 2(1996): 5 - 30.

206. Kuchta, Dorota. "Use of Fuzzy Numbers in Project Risk (Criticality) Assessment." *International Journal of Project Management* 19. 5(2001): 305 - 310.

207. Kumar, Nagesh, and Aradhna Aggarwal. "Liberalization, Outward Orientation and In-house R&D Activity of Multinational and Local Firms: A Quantitative Exploration for Indian Manufacturing." *Research Policy* 34. 4(2005): 441 - 460.

208. Kung, Chaang-Yung. "Using Fuzzy Sets and Grey Decision-making to Construct the Performance Evaluation Model of Firm's Outsourcing Management—A Case Study of Avionics Manufacturer in Taiwan." *Quality and Quantity* 40. 4(2006): 577 - 593.

209. Lai, Kon S., and Michael Lai. "A Cointegration Test for Market Efficiency." *Journal of Futures Markets* 11. 5(1991): 567 - 575.

210. Lall, Sanjaya. "Technological Capabilities and Industrialization." *World Development* 20. 2(1992): 165 - 186.

211. Lamb, Hubert H. Climate, *History and the Modern World*. London: Routledge, 2002.

212. Lanctot, Aldor, and K. Scott Swan. "Technology Acquisition Strategy in An Internationally Competitive Environment." *Journal of International Management* 6. 3 (2000): 187 - 215.

213. Lau, Man-Iui, and Henry Y. Wan. "The Theory of Growth and Technology Transfer: Experience from the East Asian Economies." *Seoul Journal of Economics* 4. 2(1991):

109 - 122

214. Layton, Edwin. "Mirror-image Twins: The Communities of Science and Technology in 19th-century America." *Technology and Culture* 12. 4(1971):562 - 580.

215. Leavitt, Harold J. "Applied Organization Change in Industry: Structural, Technical and Human Approaches." *New Perspectives in Organizational Research* 55(1964):71.

216. Lefley, Frank. "Approaches to Risk and Uncertainty in the Appraisal of New Technology Capital Projects." *International Journal of Production Economics* 53. 1(1997):21 - 33.

217. Le Kama, Alain D. Ayong. "Sustainable Growth, Renewable Resources and Pollution." *Journal of Economic Dynamics and Control* 25. 12(2001):1911 - 1918.

218. Leonard-Barton, Dorothy. *Wellsprings of knowledge: Building and sustaining the sources of innovation*. Boston: Harvard Business School Press, 1995.

219. Levin, Richard C., Wesley M. Cohen, and David C. Mowery. "R&D Appropriability, Opportunity, and Market Structure: New Evidence on Some Schumpeterian Hypotheses." *The American Economic Review* 75. 2(1985):20 - 24.

220. Levine, Ross, and David Renelt. "A Sensitivity Analysis of Cross-country Growth Regressions." *The American Economic Review* 82. 4(1992):942 - 963.

221. Levitt, Theodore. "Creativity Is Not Enough." *Harvard Business Review* 41. 3(1963): 72 - 83.

222. Levy, Jason K., and Nigel Howard. "Advances in Sustainable Security Systems Engineering with Drama Theory (DT) II." *Journal of Systems Science and Systems Engineering* 18. 4(2009):003.

223. Lewis, Jordan D. "Making Strategic Alliances Work." *Research-Technology Management* 33. 6(1990):12 - 15.

224. Lewis, Tracy R., and Dennis Yao. "Innovation, Knowledge Flow, and Worker Mobility." *Unpublished Manuscript, Warrington School of Business, gainesville: University of Florida* (2001).

225. Liddle, Brantley T. "Privatization Decision and Civil Engineering Projects." *Journal of Management in Engineering* 13. 3(1997):73 - 78.

226. Lin, YH. *Least Square Method and Maximum Likelihood Estimation for Lithograph Overlay Error Analysis*. Diss. Taiwan: National Chiao Tung University, 2002.

227. Lin, Yu-Chieh, De-Nian Yang, and Ming-Syan Chen. "Data Selection for Exact Value Acquisition to Improve Uncertain Clustering." *Web-Age Information Management*. Heidelberg: Springer Berlin, 2010. 459 - 470.

228. Lindsay, Valerie, et al. "Relationships, the Role of Individuals and Knowledge Flows in the Internationalisation of Service Firms." *International Journal of Service Industry Management* 14. 1(1990):7 - 35.

229. Liu, Pang-Lo, Wen-Chin Chen, and Chih-Hung Tsai. "An Empirical Study on the Correlation Between the Knowledge Management Method and New Product Development Strategy on Product Performance in Taiwan's Industries." *Technovation* 25. 6(2005): 637 -644.

230. Love, James H., and Stephen Roper. "Internal Versus External R&D: A Study of R&D

Choice with Sample Selection." *International Journal of the Economics of Business* 9. 2 (2002):239 - 255.

231. Lovely, Mary E., and Douglas R. Nelson. "Intra-Industry Trade As An Indicator of Labor Market Adjustment." *Weltwirtschaftliches Archiv* 138. 2(2002):179 - 206.

232. Lubik, Sarah, et al. "Market-pull and Technology-push in Manufacturing Start-ups in Emerging Industries." *Journal of Manufacturing Technology Management* 24. 1(2012): 10 - 27.

233. Lucas, George L., Francis W. Cooke, and Elizabeth A. Friis. *Mechanics*. Berlin: Springer, 1999.

234. Lucas, Robert E., Jr. "On the Mechanics of Development Planning." *Journal of Monetary Economics* 22. 1 (1998):3 - 42.

235. Lundvall, Bengt-Åke, ed. National Systems of Innovation: *Toward A Theory of Innovation and Interactive Learning*. Vol. 2. London:Anthem Press, 2010.

236. Lundvall, Bengt-Åke, et al. "National Systems of Production, Innovation and Competence Building." *Research Policy* 31. 2(2002):213 - 231.

237. MacDougall, George Donald A. "The Benefits and Costs of Private Investment from Abroad: A Theoretical Approach1." *Bulletin of the Oxford University Institute of Economics & Statistics* 22. 3(1960):189 - 211.

238. MacMillan, Ian C., Donald C. Hambrick, and Johannes M. Pennings. "Uncertainty Reduction and the Threat of Supplier Retaliation: Two Views of the Backward Integration Decision." *Organization Studies* 7. 3(1986):263 - 278.

239. Maher, Mary Lou, Muthaukumar Balachandran, and Dong Mei Zhang. *Case-based Reasoning in Design*. Oxon: Psychology Press, 1995.

240. Malerba, Franco. "Innovation and the Evolution of Industries." *Journal of Evolutionary Economics* 16. 1(2006):3 - 23.

241. Malleret, Véronique. "Value Creation Through Service Offers." *European Management Journal* 24. 1(2006):106 - 116.

242. Malone, Thomas W., et al. "Tools for Inventing Organizations: Toward A Handbook of Organizational Processes." *Management Science* 45. 3(1999):425 - 443.

243. Markose, Sheri M. "Novelty in Complex Adaptive Systems (CAS) Dynamics: A Computational Theory of Actor Innovation." *Physica A: Statistical Mechanics and Its Applications* 344. 1(2004):41 - 49.

244. Markusen, Ann. "Sticky Places in Slippery Space: A Typology of Industrial Districts." *Economic Geography* 72. 3(1996):293 - 313.

245. Marques, J. P. C., João MG Caraça, and Henrique Diz. "How Can University - Industry - Government Interactions Change the Innovation Scenario in Portugal? —the Case of the University of Coimbra." *Technovation* 26. 4(2006):534 - 542.

246. Martinez, Veronica, et al. "Challenges in Transforming Manufacturing Organisations Into Product-service Providers." *Journal of Manufacturing Technology Management* 21. 4(2010):449 - 469.

247. Martinsons, Maris G. "Outsourcing Information Systems: A Strategic Partnership with

Risks." *Long Range Planning* 26. 3(1993):18 - 25.

248. Maskell, Peter, and Anders Malmberg. "Localised Learning and Industrial Competitiveness." *Cambridge Journal of Economics* 23. 2(1999):167 - 185.

249. Maskus, Keith E., and Guifang Yang. "Intellectual Property Rights, Foreign Direct Investment and Competition Issues in Developing Countries." *International Journal of Technology Management* 19. 1(2000):22 - 34.

250. Mathieu, Valérie. "Product Services: From A Service Supporting the Product to A Service Supporting the Client." *Journal of Business & Industrial Marketing* 16. 1 (2001):39 - 61.

251. Mathieu, Valérie. "Service Strategies within the Manufacturing Sector: Benefits, Costs and Partnership." *International Journal of Service Industry Management* 12. 5(2001): 451 - 475.

252. McGuinness, Tony, and Robert E. Morgan. "Strategy, Dynamic Capabilities and Complex Science: Management Rhetoric vs. Reality." *Strategic Change* 9. 4(2000): 209 -220.

253. Meijers, Evert. "Polycentric Urban Regions and the Quest for Synergy: Is A Network of Cities More than the Sum of the Parts?." *Urban Studies* 42. 4(2005):765 - 781.

254. Merlevede, Bruno, K. J. L. Schoors, and M. Spatareanu. "FDI Spillovers and Time Since Foreign Entry." *Social Science Electronic Publishing* 56. 3(2013):108 - 126.

255. Miller, Ronald E., and Peter D. Blair. *Input-output Analysis: Foundations and Extensions*. London: Cambridge University Press, 2009.

256. Mintzberg, Henry. "The Strategy Concept I: Five Ps For Strategy." *California Management Review* 30. 1(1987):11 - 24.

257. Mohamed, Sherif, and Alison K. McCowan. "Modelling Project Investment Decisions Under Uncertainty Using Possibility Theory." *International Journal of Project Management* 19. 4(2001):231 - 241.

258. Monck, C. S. P. "Science parks and the growth of high technology firms." *Science Parks & the Growth of High Technology Firms* 20. 1(1988):84 - 85.

259. Moon, Hwy Chang, and T. W. Roehl. "Unconventional foreign direct investment and the imbalance theory." *International Business Review* 10(2001):197 - 215.

260. Moschos, Demetrios. "Export Expansion, Growth and the Level of Economic Development: An Empirical Analysis." *Journal of Development Economics* 30. 1(1989): 93 - 102.

261. Moseng, B., and A. Rolstads. "Success Factors in the Productivity Process." 10*th World Productivity Congress, Available at: www. catriona. napier. ac. uk/resource/ wpc*10*th/moseng. html*. 2001.

262. Moulaert, Frank, and Faridah Djellal. "Information Technology Consultancy Firms: Economies of Agglomeration from A Wide-area Perspective." *Urban Studies* 32. 1(1995): 105 - 122.

263. Muscatelli, Vito Antonio, Andrew A. Stevenson, and Catia Montagna. "Intra-NIE Competition in Exports of Manufactures." *Journal of International Economics* 37. 1

(1994):29 - 47.

264. Mustafa, Mohammad A., and Jamal F. Al-Bahar. "Project Risk Assessment Using the Analytic Hierarchy Process." *Engineering Management, IEEE Transactions on* 38. 1 (1991):46 - 52.

265. Nam, Jouahn, Richard E. Ottoo, and John H. Thornton Jr. "The Effect of Managerial Incentives to Bear Risk on Corporate Capital Structure and R&D Investment." *Financial Review* 38. 1(2003):77 - 101.

266. Nasierowski, W., and F. J. Arcelus. "On the Efficiency of National Innovation Systems." *Socio-Economic Planning Sciences* 37. 3(2003):215 - 234.

267. Naumann, Earl, Donald W. Jackson, and Mark S. Rosenbaum. "How to Implement A Customer Satisfaction Program." *Business Horizons* 44. 1(2001):37 - 46.

268. Nelson, Richard R. *Understanding Technical Change As An Evolutionary Process.* Amsterdam: North-Holland, 1987.

269. Neu, Wayne A., and Stephen W. Brown. "Forming Successful Business-to-business Services in Goods-dominant Firms." *Journal of Service Research* 8. 1(2005):3 - 17.

270. Nieto, Mariano, and Pilar Quevedo. "Absorptive Capacity, Technological Opportunity, Knowledge Spillovers, and Innovative Effort." *Technovation* 25. 10(2005):1141 - 1157.

271. Nobeoka, Kentaro, Jeffrey H. Dyer, and Anoop Madhok. "The Influence of Customer Scope on Supplier Learning and Performance in the Japanese Automobile Industry." *Journal of International Business Studies* 33. 4(2002):717 - 736.

272. Nonaka, Ikujiro. "The Knowledge-creating Company." *Harvard Business Review* 69. 6 (1991):96 - 104

273. Norman E. Carte, Brian H. Kleiner. "Managing the Start-Up Company." *Management Research News* 16. 2/3(1993):23 - 31

274. Ocasio, William, Loewenstein Jeffrey, and Amit Nigam. "How Streams of Communication Reproduce and Change Institutional Logics: The Role of Categories." *Academy of Management Review* 40. 1(2015):28 - 48.

275. Oliveira, Eugenio, Klaus Fischer, and Olga Stepankova. "Multi-agent Systems: Which Research for Which Applications." *Robotics and Autonomous Systems* 27. 1 (1999): 91 -106.

276. Oliver, Amalya L., and Mark Ebers. "Networking Network Studies: An Analysis of Conceptual Configurations in the Study of Inter-organizational Relationships." *Organization Studies* 19. 4(1998):549 - 583.

277. Park, Se-Hark. "Intersectoral Relationships Between Manufacturing and Services: New Evidence from Selected Pacific Basin Countries." *ASEAN Economic Bulletin* 10. 3 (1994):245 - 263.

278. Park, Soo Young, and Woobae Lee. "Regional Innovation System Built By Local Agencies: An Alternative Model of Regional Development." *Australian Planner* 36. 4 (1999):193 - 199.

279. Parmigiani, Anne, and Will Mitchell. "Complementarity, Capabilities, and the Boundaries of the Firm: the Impact of within—Firm and Interfirm Expertise on

Concurrent Sourcing of Complementary Components." *Strategic Management Journal* 30. 10(2009):1065 - 1091.

280. Pawlak, Zdzisław. "Rough Sets." *International Journal of Computer & Information Sciences* 11. 5(1982):341 - 356.

281. Peneder, Michael. "Industrial Structure and Aggregate Growth." *Structural Change and Economic Dynamics* 14. 4(2003):427 - 448.

282. Phillips, Wendy, et al. "Discontinuous Innovation and Supply Relationships: Strategic Dalliances." *R&D Management* 36. 4(2006):451 - 461.

283. Pontius, Gil R., and Jeffrey Malanson. "Comparison of the Structure and Accuracy of Two Land Change Models." *International Journal of Geographical Information Science* 19. 2(2005):243 - 265.

284. Porter, Michael E. "The Contributions of Industrial Organization to Strategic Management." *Academy of Management Review* 6. 4(1981):609 - 620.

285. Prahalad, C. K., and G. Hamel. "Chapter 3 - The Core Competence of the Corporation." *Knowledge & Strategy* 68. 3(1999):41 - 59.

286. Prentzas, Jim, and I. Hatzilygeroudis. *Integrating Hybrid Rule-Based with Case-Based Reasoning. Advances in Case-Based Reasoning*. Berlin Heidelberg: Springer, 2002.

287. Pyka, Andreas. "Informal Networking and Industrial Life Cycles." *Technovation* 20. 1 (2000):25 - 35.

288. Raa, T. ten, and Edward Nathan Wolff. "Outsourcing of Services and the Productivity Recovery in U. S. Manufacturing in the 1980s and 1990s." *Journal of Productivity Analysis* 16. 2(2001):149 - 165.

289. Raff, Horst, and Marc von der Ruhr. . "Foreign Direct Investment in Producer Services: Theory and Empirical Evidence." *Economics Quarterly*, 57. 3 (2007) :299 - 321

290. Reiskin, Edward D., et al. "Servicizing the Chemical Supply Chain." *Journal of Industrial Ecology* 3. 2 - 3(1999):19 - 31.

291. Richard C. Levin, et al. "Appropriating the Returns from Industrial R&D." *Cowles Foundation Discussion Papers* (1988).

292. Riddel, Mary, and R. Keith Schwer. "Regional Innovative Capacity with Endogenous Employment: Empirical Evidence from the US." *The Review of Regional Studies* 33. 1 (2003):73 - 84.

293. Rivera-Batiz, Luis A., and Paul M. Romer. "International Trade with Endogenous Technological Change." *European Economic Review* 35. 4(1991):971 - 1001.

294. Roberts, Edward B. "Benchmarking the Strategic Management of Technology-I." *Research-Technology Management* 38. 1(1995):44 - 57.

295. Robinson, Terry, Colin M. Clarke-Hill, and Richard Clarkson. "Differentiation Through Service: A Perspective from the Commodity Chemicals Sector." *Service Industries Journal* 22. 3(2002):149 - 166.

296. Rockafellar, R. Tyrrell. "Coherent Approaches to Risk in Optimization Under Uncertainty." *Tutorials in Operations Research* 3(2007):38 - 61.

297. Rogers, Debra M. Amidon. "The Challenge of Fifth Generation R&D." *Research*

Technology Management 39. 4(1996):33 - 41.

298. Rolstadås, A. "Enterprise Modelling for Competitive Manufacturing." *Control Engineering Practice* 3. 1(1995):43 - 50.

299. Romer, Paul M. "Capital, Labor, and Productivity." *Brookings Papers on Economic Activity. Microeconomics* 1990(1990):337 - 367.

300. Romer, Paul M. "Increasing Returns and Long-run Growth." *The Journal of Political Economy* 94. 5(1986):1002 - 1037.

301. Romijn, Henny, and Manuel Albaladejo. "Determinants of Innovation Capability in Small Electronics and Software Firms in Southeast England." *Research Policy* 31. 7(2002):1053 - 1067.

302. Rooij, Mark de. "The Analysis of Change, Newton's Law of Gravity and Association Models." *Journal of the Royal Statistical Society: Series A (Statistics in Society)* 171. 1(2008):137 - 157.

303. Rothwell, Roy. "Successful Industrial Innovation: Critical Factors for the 1990s." *R&D Management* 22. 3(1992):221 - 240.

304. Saaty LT. "How to Make a Decision: The Analytic Hierarchy Process." *European Journal of Operational Research* 48. 1(1994):9 - 26.

305. Sargan, John D. "The Estimation of Economic Relationships Using Instrumental Variables." *Econometrica: Journal of the Econometric Society* 26. 3 (1958):393 - 415.

306. Sawabe, Norio, and Susumu Egashira. "The Knowledge Management Strategy and the Formation of Innovative Networks in Emerging Industries." *Journal of Evolutionary Economics* 17. 3(2007):277 - 298.

307. Scherer, Frederic M. "Firm Size, Market Structure, Opportunity, and the Output of Patented Inventions." *The American Economic Review* 55. 5(1965):1097 - 1125.

308. Schewe, Gerhard. "Successful Innovation Management: An Integrative Perspective." *Journal of Engineering and Technology Management* 11. 1(1994):25 - 53.

309. Schiuma, Giovanni, and Antonio Lerro. "Knowledge-based Capital in Building Regional Innovation Capacity." *Journal of Knowledge Management* 12. 5(2008):121 - 136.

310. Schmookler, Jacob. *Invention and economic growth.* MA: Harvard University Press,1966.

311. Seufert, Sabine, and Andreas Seufert. "The Genius Approach: Building Learning Networks for Advanced Management Education." *Systems Sciences*, 1999. *HICSS - 32. Proceedings of the 32nd Annual Hawaii International Conference on.* IEEE, 1999:1085.

312. Sharpe, Andrew, J. F. Arsenault, and S. Lapointe. "Apprenticeship Issues and Challenges Facing Canadian Manufacturing Industries." *Simon Lapointe* (2008): 179 - 185.

313. Sherwood, Robert M. "The TRIPS Agreement: Benefits and Costs for Developing Countries." *International Journal of Technology Management* 19. 1(2000):57 - 76.

314. Shi, Jianmai, et al. "Coordinating Production and Recycling Decisions with Stochastic Demand and Return." *Journal of Systems Science and Systems Engineering* 19. 4

(2010):385 - 407.

315. Simonin, Bernard L. "Ambiguity and the Process of Knowledge Transfer in Strategic Alliances." *Strategic Management Journal* 20. 7(1999):595 - 623.

316. Slovic, Paul Ed. *The Perception of Risk*. London: Earthscan Publications, 2000.

317. Smith, Neil, and Ward Dennis. "The Restructuring of Geographical Scale: Coalescence and Fragmentation of the Northern Core Region." *Economic Geography* 63. 2(1987): 160 -182.

318. Snyder, Nancy Tennant, and Deborah L. Duarte. *Strategic Innovation: Embedding Innovation As A Core Competency in Your Organization*. New Jersey: John Wiley & Sons, 2003.

319. Solow, Robert M. "A Contribution to the Theory of Economic Growth." *The Quarterly Journal of Economics* 70. 1(1956):65 - 94.

320. Soosay, Claudine A., Paul W. Hyland, and Mario Ferrer. "Supply Chain Collaboration: Capabilities for Continuous Innovation." *Supply Chain Management: An International Journal* 13. 2(2008):160 - 169.

321. Stare, Metka. "Advancing the Development of Producer Services in Slovenia with Foreign Direct Investment." *Service Industries Journal* 21. 1(2001):19 - 34.

322. Steensma, H. Kevin, and James F. Fairbank. "Internalizing External Technology: A Model of Governance Mode Choice and An Empirical Assessment." *The Journal of High Technology Management Research* 10. 1(1999):1 - 35.

323. Stewart, Frances. *International Technology Transfer: Issues and Policy Options*. Washington, DC: World Bank, 1979.

324. Swink, Morgan. "Building Collaborative Innovation Capability." *Research-technology Management* 49. 2(2006):37 - 47.

325. Syrquin, Moshe, and Hollis Chenery. "Three Decades of Industrialization." *The World Bank Economic Review* 3. 2(1989):145 - 181.

326. Szalavetz, Andrea. "Physical capital stock, technological upgrading and modernisation in Hungary." *Acta Oeconomica* volume 55(2005):201 - 221.

327. Tapio, Petri. "Towards A Theory of Decoupling: Degrees of Decoupling in the EU and the Case of Road Traffic in Finland Between 1970 and 2001." *Transport Policy* 12. 2 (2005):137 - 151.

328. Taylor, Hazel, Edward Artman, and Jill Palzkill Woelfer. "Information Technology Project Risk Management: Bridging the Gap Between Research and Practice." *Journal of Information Technology* 27. 1(2012):17 - 34.

329. Tödtling, Franz, and Alexander Kaufmann. "Innovation Systems in Regions of Europe—A Comparative Perspective." *European Planning Studies* 7. 6(1999):699 - 717.

330. Tödtling, Franz, and Michaela Trippl. "One Size Fits All?: Towards A Differentiated Regional Innovation Policy Approach." *Research Policy* 34. 8(2005):1203 - 1219.

331. Thompson, D C, et al. "Risk compensation theory should be subject to systematic reviews of the scientific evidence." *Injury Prevention* 7. 2(2001):86 - 88.

332. Thonemann, Ulrich Wilhelm. "Improving Supply-chain Performance By Sharing Advance

Demand Information." *European Journal of Operational Research* 142. 1(2002): 81-107.

333. Thorgren, Sara, Joakim Wincent, and Daniel Örtqvist. "Designing Interorganizational Networks for Innovation: An Empirical Examination of Network Configuration, Formation and Governance." *Journal of Engineering and Technology Management* 26. 3 (2009): 148-166.
334. Torkkeli, Marko, and Markku Tuominen. "The Contribution of Technology Selection to Core Competencies." *International Journal of Production Economics* 77. 3(2002): 271-284.
335. Tracey, Paul, and Gordon L. Clark. "Alliances, Networks and Competitive Strategy: Rethinking Clusters of Innovation." *Growth and Change* 34. 1(2003): 1-16.
336. Tseng, Chun-Yao, Da Chang Pai, and Chi-Hsia Hung. "Knowledge Absorptive Capacity and Innovation Performance in KIBS." *Journal of Knowledge Management* 15. 6(2011): 971-983.
337. Tushman, et al. "Convergence and Upheaval: Managing the Unsteady Pace of Organizational Evolution." *California Management Review* 29. 1(1986): 29-44.
338. Utterback, James M., and William J. Abernathy. "A Dynamic Model of Process and Product Innovation." *Omega* 3. 6(1975): 639-656.
339. Uzzi, Brian. "Social Structure and Competition in Interfirm Networks: The Paradox of Embeddedness." *Administrative Science Quarterly* 42. 2(1997): 35-67.

340. Vandermerwe, S. "Servitization of business: Adding value by adding services." *European Management Journal* 6. 4(1988): 314-324.
341. Van Groenendaal, Willem JH. "Estimating NPV Variability for Deterministic Models." *European Journal of Operational Research* 107. 1(1998): 202-213.
342. Vernon, Raymond. "International Investment and International Trade in the Product Cycle." *The Quarterly Journal of Economics* 80. 2(1966): 190-207.
343. Vilanova, Marta Riba, and Loet Leydesdorff. "Why Catalonia Cannot Be Considered As A Regional Innovation System." *Scientometrics* 50. 2(2001): 215-240.
344. Vulkan, Nir, and Nicholas R. Jennings. "Efficient Mechanisms for the Supply of Services in Multi-agent Environments." *Decision Support Systems* 28. 1(2000): 5-19.
345. Wang, Jici, and Jixian Wang. "An Analysis of New-tech Agglomeration in Beijing: A New Industrial District in the Making?" *Environment and Planning* A30. 4(1998): 681-701.
346. Wang, Zan, RuiJie Zhao, and YunFei Chen. "Monte Carlo Simulation of Phonon Transport in Variable Cross-section Nanowires." *Science China Technological Sciences* 53. 2(2010): 429-434.
347. Watson, Gregory H. *Strategic Benchmarking: How to Rate Your Company's Performance Against the World's Best*. New Jersey: John Wiley & Sons, 1993.
348. Westerlund, Joakim, and David L. Edgerton. "A Panel Bootstrap Cointegration Test." *Economics Letters* 97. 3(2007): 185-190.
349. Whittington, Richard, et al. "Change and Complementarities in the New Competitive

Landscape: A European Panel Study, 1992 - 1996." *Organization Science* 10. 5(1999): 583 - 600.

350. Wise, Richard, and Peter Baumgartner. "Go Downstream: the New Profit Imperative in Manufacturing." *Harvard Business Review* 77. 5(1999):133 - 141.
351. Wong, S. K. Michael, Wojciech Ziarko, and R. Li Ye. "Comparison of Rough-set and Statistical Methods in Inductive Learning." *International Journal of Man-Machine Studies* 25. 1(1986):53 - 72.
352. Woolthuis, Rosalinde Klein, Maureen Lankhuizen, and Victor Gilsing. "A System Failure Framework for Innovation Policy Design." *Technovation* 25. 6(2005):609 - 619.
353. Xiao, Zhi, et al. "BP Neural Network with Rough Set for Short Term Load Forecasting." *Expert Systems with Applications* 36. 1(2009):273 - 279.

Websites for reference are as follows:

http://europa. eu. int/index. htm

http://internationalecon. com/

http://jae. wiley. com/jae/

http://rri. wvu. edu/resource-documents/

http://tongji. cnki. net/kns55/navi/NaviDefault. aspx

http://web. mit. edu/krugman

http://www. cetyp. net/

http://www. eia. doe. gov/

http://www. ita. doc. gov

http://www. meti. go. jp/english/

http://www. odic. gov/cia

http://www. oecd. org/

http://www. shujuquan. com. cn/

http://www. stats. gov. cn/tjsj/

http://www. stats. gov. cn/tjsj/ndsj/

http://www. vanderbilt. edu/AEA

http://www. worldbank. org/

索引

K

L

S

T

W

X

Y

Z

后记

《制造业投入服务化创新路径研究》一书是笔者在结合前期关于我国制造业集聚的实证调研，针对浙江省制造业与生产性服务业产业耦合关联的验证与实践改进方面的深化研究。该书是笔者在主持2014年浙江省教育厅科研项目“浙江省生产性服务业与制造业产业互动发展环境质量测度及改善研究”、2014年浙江省社会科学联合会研究项目“浙江省生产性服务业与制造业产业互动的环境质量测度及改进路径探索”、2015年浙江省社会科学界联合会研究课题“浙江省知识密集型服务业创新扩散网络的结构测度及质量协同改进”、绍兴市哲学社会科学研究“十二五”规划2015年度重点课题“绍兴纺织产业低碳生产效率评价与模式创新研究——基于投入服务化的视角”、浙江越秀外国语学院横向项目“浙江纺织集群企业纺织品低能耗化营销评估与创新实践探究”等多项制造业创新领域纵、横向项目的基础上，经过六年的努力钻研，撰写而成。

本书的研究动机主要源于笔者在硕士学习和执教期间所做的有关产业创新与技术增效方面的研究、部分空间计量经济分析研究工作，以及长期以来笔者对于产业经济创新实践与创新能力及绩效增长源的思考。而该项研究最终得以顺利完成，主要得益于笔者有机会通过主持上述各项专业实证课题项目，得以组织带领学术团队成员开展深入一线的研究。在这些研究的前期调研、研究开展和样本改进实践的进一步调研过程中，笔者意识到以前做的一些有关产业技术创新方面的理论与实证研究，忽略了一些非常重要的创新增效要素与改进方式结合的思考，从而导致缺乏基于要素配置、关联关系、创新绩效等方面的验证与改进统筹研究，以及进一步探索借助创新方式促进产业增效的路径。

撰写这本专著主要有以下原因：

第一，在2014年、2015年笔者成功申请了浙江省教育厅项目(批准号：Y2014320180)、浙江省社会科学联合会研究项目(批准号:2014B142)，这本专著是以上项目的终期结题成果。同时，该本专著也是绍兴市哲学社会科学研究“十二五”规划 2013 年度重点课题(批准号:125293)的延伸成果以及绍兴市哲学社会科学研究“十二五”规划 2015 年度重点课题的阶段性成果。

第二,自 2011 年夏季以来,得益于浙江越秀外国语学院国际商学院、中小微经济研究所、校协同创新中心等学术机构所倡导的浓厚学术研究氛围,笔者在四年多的时间里,通过所主持的五项厅市级项目开展了投入服务化问题的持续和深化的研究。除此之外,笔者以主要参与人身份承担了《基于产业集群战略的浙江城市竞争力提升研究——兼与江苏的比较分析》、《基于产业集群战略的绍兴城市竞争力提升研究——兼与常州的比较分析》、《绿色金融支持低碳经济发展的措施研究——以绍兴为例》、《低碳经济背景下绿色贸易转型研究——以绍兴纺织品贸易转型为例》等多项围绕区域产业经济创新对策的纵向课题。长期的实地调研和深入的样本分析,为进一步分析制造业企业的投入服务化形成了良好的素材累积。同时,笔者所主持的项目借鉴上海大学管理学院研究基地及所含教育部人文社科规划基金项目调研模式,针对合作对象企业,在我省及周边区域进行的广泛数据提取、项目验证等联合攻关,各地市商务局、经信局、商会对以上项目的重视支持,也为本专著所实施的研究提供了良好的外部条件。

第三,笔者从 2001 年以来一直致力于产业转型技术创新方面的系统研究,针对产业投入服务化创新系列问题,笔者已在《科技进步与对策》、《技术经济》、《工业技术经济》、《科技管理研究》、《对外经贸实务》、*The Open Cybernetics & Systemics Journal* 等 CSSCI 来源期刊、EI 来源期刊以及中文核心期刊累计发表学术论文 20 余篇。因此,本专著是在笔者多年关于产业,特别是制造产业投入服务化创新、技术竞争方面研究累积基础上的研究深化和系统化成果。

第四,笔者携带拙作,曾在浙江省经济学会 2015 年青年学者论坛——“信息化与经济转型升级论坛”、“人水相亲·和谐人文——推进五水共治,实施双重战略”主题峰会等学术交流活动中进行过部分内容的交流,受到与会国内同行的普遍关注。

2005 年自山东大学经济系毕业之后,我有幸进入浙江越秀外国语学院,并获得进一步提升自我的机会,实现了平生的一大夙愿。而教研室与教科室的主持工作使得我进一步深入认识到了科研工作的严谨性,让我感受到学术科研关乎社会经济运行发展方向甚至国家产业经济变革的重要使命。在越秀,能够顺利并饱满地完成科研项目既定任务,并取得较丰富的研究成果,在很多方面得益于良师益友的关注、指导与帮助,使我在将近 10 年的光阴里受益匪浅,收获颇丰。

首先,我要衷心感谢长期指导我的上海大学管理学院、浙江越秀外国语学院教授、中小微企业发展研究所所长、中国工业经济研究会理事吴解生老师,在历次的项目合作申报以及研究开展过程中，吴教授无不悉心指导，循循善诱。吴教授治学严谨，诲人不倦，待人温和而热情，他的殷殷之意，令我时刻铭记在心。最重要的是，他让我懂得了学术研究的规范性、学术精神的严谨性。在此，谨向吴教授致以诚挚的谢意和崇高的敬意。

同时我要特别感谢在产业创新方面研究过程中曾鼓励和帮助过我的单胜江教授、顾卫平教授、朱土兴教授、朱文斌教授、任建华教授、赵海峰副研究员；也感谢国际商学院的周天华教授、崔东印教授、贺武副教授、付达院副教授、陈寿雨副教授、陈刚副教授、刘文信副教授等前辈们的激励与关心，正是因为他们的热心帮助和指导，我才更有动力克服学术研究的困难。同时，笔者依托国际经济与贸易专业指导委员会，有幸从浙江理工大学经济管理学院的战明华教授、上海大学管理学院于晓宇教授等前辈处，获得了关于制造业产业变革研究的关注与悉心指导；西安理工大学技术创新研究中心主任、陕西城市战略研究所常务副所长党兴华教授、绍兴文理学院的王会龙副教授、浙江大学的居水木博士和陈寿雨博士、杭州电子科技大学的王松教授、俞武扬博士、华东师范大学的何彦青博士也为我提供了很多帮助，也向对本书创作一直予以关注的世界汉诗协会副会长、洛阳辞赋研究院副院长、作家李牧童先生，一并表示诚挚的谢意。

此外，还要感谢梁媛媛、徐如浓、谢江、李秋珍、王满英、李瑞、干琪、叶钢等诸位同仁对我的关心与一如既往的支持。同时，本书研究过程中的调研实践也实现了横向项目“浙江纺织集群企业纺织品低能耗化营销评估与创新实践探究”的引进。产业技术创新研究也同时呼唤应用于产业生产的映射性实践，为此，笔者自 2011 年以来，承担院校驻企调研工作任务，并于 2014 年成为绍兴市科技指导员，以此身份先后对于四类不同属性的制造业企业进行投入服务化创新调研，并负责绍兴市华亚纺织品有限公司创新绩效提升专项项目，过程研究与生产实践结合使得项目创新收效良好，获得企业好评，这也是我进一步朝着产业技术创新方向进行研究的重要动力支撑。

当然，还要感谢始终如一地支持我工作和科研的父亲沈云根、母亲严文兰、贤惠的妻子李霞、活泼可爱的女儿沈奕彤。在数个传统文化气氛最浓郁的春节和闷热的酷夏期间，我忙于研究调查、成果撰写，无暇顾及家人和孩子。正是家人的辛勤付出给我解决了后顾之忧，使我可以潜心钻研，也正是由于他们的默默支持，才使我能够顺利完成该著作及相关成果。同时，我要再次感谢吴解生和党兴华两位教授为本书作序，感谢上海交通大学出版社汪俪编辑为本书所作的认真细致的工作，他们的辛勤劳动直接促成了本书的出版。

当然，若非国内外众多学者成果的“知识溢出”，本研究的完成将是难以想象的，我已在本书的“脚注”、“参考文献”等部位详细罗列并说明，并请允许我向他们表示诚挚的感谢。

最后，由于作者水平有限，加上时间仓促，本书中存在的许多不足之处，敬请读者提出宝贵意见。

沈　飞

2015 年 2 月于浙江绍兴·会稽山